Dr. phil. Mathias Jung

Geschwister
Liebe – Hass – Annäherung

Geschwister

Was anders heißt Geschwister sein
Als Abels Furcht und Zorn des Kain,
Als Streit um Liebe, Ding und Raum,
Als Knöchlein am Machandelbaum,
Und dennoch, Bruder, heißt es auch
Die kleine Bank im Haselstrauch,
Den Klageton vom Schaukelbrett,
Das Flüstern nachts von Bett zu Bett,
Den Trost –

Geschwister werden später fremd,
Vom eigenen Schicksal eingedämmt,
Doch niemals stirbt die wilde Kraft
Der alten Nebenbuhlerschaft,
Und keine andere vermag
So bittres Wort, so harten Schlag.
Und doch, so oft man sich erkennt
Und bei den alten Namen nennt,
Auf wächst der Heckenrosenkreis.
Du warst von je dabei. Du weißt.

Marie Luise Kaschnitz

In Dankbarkeit
für meine klugen,
warmherzigen Geschwister:

Dr. med. Albert Jung
Michael Jung (gest. 1946)
Dr. med. Christoph Jung
Dr. phil. Maria Theresia Jung

Dr. phil. Mathias Jung

Geschwister
Liebe – Hass – Annäherung

Ich wünsche es mir so innig,
dass ihr Kinder es recht miteinander macht
und dass ihr zufrieden miteinander alt werdet –
denn dann muss es ganz wunderschön sein.

Aus dem Abschiedsbrief einer Mutter
an ihren jüngsten Sohn

„Wird dir die Last nicht zu schwer? wurde in Indien ein Mädchen gefragt, das einen kranken Jungen auf den Schultern trug. Da antwortete das Mädchen: *„Das ist keine Last, das ist mein Bruder."*

Titelbild: Mauritius Bildagentur
Karikaturen: Reiner Taudien
Umschlagentwurf: Martin Gutjahr-Jung
ISBN 3-89189-082-6
2. Auflage 2002
© 2001 bei emu-Verlags- und Vertriebs-GmbH,
56112 Lahnstein
Gesamtherstellung: Kösel, Kempten

Inhalt

Das Geschwisterdrama

So stehen im Horizont des geschwisterlichen Begehrens Schwestern und Brüder beieinander: gleichermaßen von bewussten und unbewussten Erinnerungen und Fantasien geprägt, vom unwiederbringlichen Herkunftsort her gemeinsam und geheimnisvoll verbunden in der Anerkennung des Anderen im Eigenen, des Alter im Ego und des Anderen im Anderen.

Susan Sharwiess in: Katharina Ley (Hrsg.),
Geschwisterliches. Jenseits der Rivalität

Geschwister. Was für ein schönes Thema! Als ich das Buch *Versöhnung. Töchter – Söhne – Eltern* schrieb, da war es mir schwer ums Herz. So viel eigenes Schmerzhaftes aus Kindheit und Jugend stiegen in mir hoch. Diesmal sitze ich fröhlich in der warmen Sonne am sommerlichen Lago Maggiore und lese zum zweiten Mal alle hundertdreiundfünfzig Briefe zum Thema *Geschwister. Liebe – Hass – Annäherung.*

Achtundneunzig Frauen und fünfundfünfzig Männer haben mir geschrieben. Es sind so viele fröhliche, von Dankbarkeit handelnde Blätter, die mir aus kleinen und großen Briefumschlägen und aus dem Faxgerät entgegenströmten. Nicht ein einziger der Schreiber bedauert es, ein oder mehrere Geschwister zu haben. Sie empfinden die Geschwisterschaft als Fülle, Anstoß und Einübung in frühes Sozialverhalten, als Chance zur Identifikation und

7

Abgrenzung, als Beistand, Verbundensein und „Heimatfront" gegen die manchmal so überlegenen Riesengestalten der Eltern. Sie betrachten ihre Geschwister mit Wohlwollen, erkennen deren Vorzüge und Überlegenheiten, reiben sich aber auch an ihren Fiesheiten und Eigentümlichkeiten – wie umgekehrt wohl auch ihre Geschwister an ihnen.

So empfinde ich es auch selbst. Nach meiner Frau stehen mir meine drei Geschwister am nächsten im Leben. Auf sie kann ich mich verlassen, wenn es mir dreckig geht. Es hat solche Situationen gegeben, als ich etwa in einer beruflichen Sackgasse angelangt war oder als sich meine erste Ehe nicht mehr leben ließ. Da waren meine Geschwister Albert, Christoph und Maria Theresia jedesmal schnell zur Stelle. Natürlich haben wir uns auch im Verlaufe eines nunmehr langen Lebens aneinander gerieben und gekracht. Denn wir sind alle vier, Bruder Michael starb mit neun Jahren, ehrgeizig, beruflich ambitioniert und eigenwillige Charaktere. Lange Jahre war ich etwas neidisch auf die damals beruflich erfolgreicheren älteren Brüder. Als Jüngster war ich ihnen in der Kindheit unterlegen. Geblieben ist jedoch die Erinnerung an ihre Fürsorge, vor allem in den kalten Zeiten des Jesuiteninternates. Meine um wenig ältere Schwester beschützte mich, und ich habe sie treu zurückgeliebt. Nicht ohne Grund ist Maria Theresias und mein gemeinsames Lieblingsmärchen *Hänsel und Gretel*.

*

Wie die Achtsamkeit, Einfühlung und die Liebe, so gehören auch Ärger, Neid und Wut, wie in allen intimen Beziehungen, zur Geschwisterbeziehung. Sie ist ein ungemein lebendiger Organismus, verletzlich, aber von einer verblüffenden Regenerationsfähigkeit. Sie ist eine Basisbeziehung unseres Lebens und währt im Allgemeinen von der Wiege bis zur Bahre. Sie prägt uns außerordentlich, viel mehr, als die Psychoanalyse bislang annahm. Sigmund Freud hat in seinem psychoanalytischen Lebenswerk weniger die Geschwisterliebe als die Geschwisterkonflikte thematisiert. Seit der Untersuchung von P. Bank und Michael T. Kahn (*Geschwister-Bindung*, Junfermann-Verlag) wissen wir, dass sich Freud hierbei von den teilweise feindselig geprägten Beziehungen gegenüber seinen sechs jüngeren Geschwistern bestimmen ließ.

Tatsächlich beginnt die Geschwisterliebe in der Regel bereits früh. Ein geliebtes Kind, das in das elterliche Urvertrauen eingebettet ist, identifiziert sich meist mit der Liebe der schwangeren Mutter zu ihrem ungeborenen Kind. Es fühlt die ersten Kindsbewegungen im Bauch der Mama und freut sich auf den künftigen Spielgefährten.

Manchmal entwickelt das entthronte Älteste jedoch Hassgefühle auf das Zweitgeborene und möchte es am liebsten umbringen. Das ist ein schwerer ödipaler Konflikt. Manchmal kommt das zweite oder das letzte Kind auch schlicht ungelegen. Mechthild (Name geändert) wurde nach dem Krieg als viertes Kind und einzige Tochter geboren. Ihre drei Brüder wurden trotz glühender Hitze in Sonntagskleider gezwängt und mussten durch die Trümmerlandschaft einen halbstündigen Fußweg auf sich nehmen, um das neue Schwesterchen zu bewundern. Zwischen acht und vier Jahre alt saßen sie wie die Orgelpfeifen bei der Mutter am Bett, als der Chefarzt, mit Mechthild auf dem Arm, höchstpersönlich hereinkam. Er fragte jeden der Brüder, was ihnen das Schwesterchen wohl wert sei? Denn es wäre das schönste Mädchen, das er ihnen geben könnte. Der älteste Bruder meinte: *Ich habe es nicht bestellt. Also gebe ich auch meine Sparbüchse dafür nicht her.* Der Zweite argumentierte: *Ich habe für ein Pony gespart.* Er verzog sich für die Dauer der Besuchszeit unter das Bett der Mutter. Der jüngste Bruder war, widerstrebend, bereit, sein Erspartes zu opfern. Er unternahm jedoch noch einen diplomatischen Versuch: *Herr Doktor, wenn es nichts kostet, würden wir sie noch viel lieber nehmen.*

Oft ist es aber auch ganz anders. Wenn das Baby geboren ist, entwickelt das ältere Geschwister fürsorgliche Gefühle. Es identifiziert sich mit dem Neuankömmling, der da ganz urwüchsig schreit, quengelt, die Windeln vollmacht und die Umgebung in Trab hält. Hier darf das ältere, bereits disziplinierte Geschwister noch einmal Züge seiner bereits wegerzogenen ursprünglichen Natur neu erleben, seine regressiven Instinkte, das Kleinkind in sich, wahrnehmen.

Bruder und Schwester haben allen anderen, mühsam erworbenen Beziehungen im späteren Leben etwas Grundsätzliches voraus: Sie sind da. Man braucht nicht um sie zu werben. Die Beziehung zu ihnen ist selbstverständlich. Als Geschwister verbringen wir mehr Zeit miteinander als mit unseren Eltern. Wir schlafen oft im gemeinsamen Zimmer. Wir wachsen auf in der gegenseitigen Wildheit, aber auch in der Zuneigung und Zärtlichkeit.

In einer warmen Geschwistergemeinschaft fühlt sich jedes Kind auch widergespiegelt. Es erlebt sich in den Reaktionen der Geschwister als attraktiv, begehrenswert oder als unterlegen, langweilig. Beides kann einen eminent anspornenden Effekt haben. Man kann, um Paul Watzlawik zu zitieren, *nicht Nichtbeziehung haben*. Geschwisterbeziehungen sind nicht gleichgültig, sondern höchst lebendig, engagiert, oft bis in die Aggression hinein nährend. Geschwister halten zusammen, sie haben ihre Geheimnisse gegen die Umwelt, vor allem die Eltern. Unsere alleinerziehende Mutter begriff zum Beispiel jahrelang nicht, warum am Mittagstisch so oft eine verborgene Unruhe unter uns herrschte. Wir haben es ihr erst verraten, als wir erwachsen waren: Es tobte jahrelang ein Wettstreit zwischen uns, wer als Erster mit dem Essen fertig sei. Noch heute bin ich ein auffallend schneller Esser.

Geschwister entwickeln Vertrauen zueinander und damit eine entscheidende soziale Grunderfahrung. Je schwieriger die Situation der Eltern und die Außenbedrohung ist, umso mehr rücken Kinder oft als Überlebens- und Notgemeinschaft zusammen. Im Notfall kann man auf Geschwisterbeziehung zurückgreifen. Vieles, was wir als *Urvertrauen* in uns vorfinden, haben wir als Kinder im *geschwisterlichen* Kontext erlebt. Wir sind beileibe nicht nur durch die Eltern geprägt. Als meine Einsamkeit am stärksten war, im Jesuiteninternat, halfen mir meine Brüder auf ihre Weise. Albert, der Älteste, hörte mir liebevoll zu. Christoph, der inzwischen Zweitälteste, machte mir die herrlichen – verbotenen – Toastbrote.

Die frühe Kindheit ist ohne die Geschwisterliebe kaum vorstellbar. Die Ich-Bildung geschieht hervorragend über die Identifizierung von Geschwistern miteinander. Indem ich Eigenschaften einer älteren Schwester, eines älteren Bruders nachahme und mir aneigne, erweitere ich das Spektrum meiner Selbstkompetenz. Kind sein heißt ja, unaufhörliche neue Eigenschaften und Fähigkeiten zu erwerben. Das macht auch Angst. Fahrradfahren lernen, Schwimmen lernen, einen Baum besteigen, einem großen Hund trotzen, im Dunkeln durch den Keller gehen, sich alleine in der Stadt zurechtfinden, das alles sind Erlebnishürden, die genommen werden wollen. Geschwister machen sie mir vor. Oder ich profiliere mich als älteres Geschwister damit vor den jüngeren und gewinne aus dieser Vorbildfunktion schöpferische Kraft.

*

Als Geschwister sind wir uns aber auch im Prozess der *Deidentifikation* unerlässlich. Brüder und

Schwestern sind anders als ich. Sie haben einen anderen Charakter, eine andere Art zu sprechen, zu fantasieren, zu lachen. Sie haben verschiedene Hobbys und Fähigkeiten. Damit wird mir aber auch meine eigene Spezifik sichtbar, mein eigener Wert, meine Einmaligkeit. Ich bewundere und bestätige, ich selbst werde bewundert und bestätigt. Ich will möglicherweise nicht so sein wie ein Geschwister – diese Abgrenzung ist ein lebensnotwendiger Prozess der Deidentifikation, besonders in der Pubertät. Mit Geschwistern erobern wir die Welt. Wir üben Witz und Sprache, soziale Verantwortung und Empathie (Einfühlen) ein. Wir verständigen uns über das aufregende Neuland der Sexualität, die „Begegnung der dritten Art" mit dem anderen Geschlecht – ein pulstreibendes Unternehmen.

Besonders erweist sich, wie gesagt, die Geschwisterbeziehung in der Pubertät. Das ist eine Zeit des Aufbruchs und der Quälerei, der Neuwerdung und der Angst, der Größenfantasien, aber auch der Komplexe. Wir erleben die Faszination der Gegengeschlechtlichkeit – da wird eine Schwester Frau, ein Bruder Mann. Wir partizipieren und wir identifizieren uns. Von der älteren Schwester lernen wir als Mädchen das Schminken und die Sache mit den Jungen, vom älteren Bruder als Junge das Krawattenbinden und das „Wesen der Weiber". Wir erleben die revolutionären Aufbrüche der Geschwister in eine noch fremde Zukunft, die mit Hilflosigkeit, Frechheit, Wut und schlechtem Gewissen vollzogene Ablösung von den Eltern, wie

14

den Auftritt der Liebhaber und Liebhaberinnen unserer Schwestern und Brüder auf der familiären Bühne. Da sind zwiespältige Gefühle im Spiel. Wenn die Schwester ihren ersten Freund, der Bruder seine erste Freundin präsentiert, so reicht die Spannweite unserer Gefühle von Stolz bis zur Eifersucht. Den ersten Freund meiner Schwester haben wir Brüder ganz schön abgewertet. Das passte uns nicht. Maria Theresia gehörte uns.

Geschwister sind das Medium unserer Menschwerdung. Sie sind unsere Begleiter und unsere Kritiker, unsere Fans und unsere Gegner. Sie bilden unsere Gegenwelt gegen die Macht der Eltern. Sie kennen uns besser als alle Freunde und späteren Partner. Das ist nicht immer nur schön! Nach Geschwistern sehnen wir uns oft unermesslich. Johanna (Name geändert), eine Niederländerin und die Jüngste von sieben Kindern – der Benjamin starb im Alter von einem Monat –, erlebte mit zwölf Jahren *das endgültige Ende des wertvollen Zusammenseins mit meinen Geschwistern. Es war die gut gemeinte Einweisung in ein Mädcheninternat nach der Grundschulzeit.* Dabei hatte sie sich so auf das Lyzeum gefreut: *Beim Kennenlern-Besuch und bestandener Prüfung war ich begeistert von der wunderschönen Gartenanlage und vielem mehr. Die anfängliche Freude machte aber sehr rasch Platz für eine tödliche Sehnsucht nach meinem Zuhause, meinen Eltern, meinen Geschwistern, meiner sehr begehrten Freiheit, meiner Nestwärme und nach meinem Lebensglück in der vertrauten, geborgenen*

Umgebung. Das Internat entpuppte sich für mich wie ein Gefängnis, ohne Liebe und ohne Nestwärme. In diesem von streng katholischen Ordensschwestern geführten Internat zerbrach meine Seele vor Sehnsucht. Abends im Bett weinte ich immer leise, damit es keiner hörte. Ich hatte nur eins: Sehnsucht, Sehnsucht und nochmal Sehnsucht.

Vergeblich riss Johanna aus dem Internat aus, sie musste zurück: *Die Sehnsucht in den fünf Jahren im Internat hat ihre Spuren hinterlassen. Fast wäre ich noch ein zweites Mal davongelaufen. Ich fühle mich um einige fröhliche Jahre der Kindheit mit den Geschwistern betrogen.* Heute fühlen sich alle sechs Geschwister immer noch warm verbunden. Soeben haben sie den fünfundneunzigsten Geburtstag der Mutter mit siebzehn Enkeln und dreizehn Urenkeln gefeiert.

*

Die Geschwisterbeziehung ist eine Beziehung besonderer Art. Der Geschwister-Forscher Hartmut Kasten urteilt (in seiner Studie *Geschwister. Vorbilder, Rivalen, Vertraute*): *Im Vergleich mit anderen zwischenmenschlichen Beziehungen, insbesondere Freundschafts- und Liebesbeziehungen, fällt auf, dass Geschwisterbeziehungen einige besondere Merkmale aufweisen: Seine Geschwister kann man sich nicht aussuchen, den Kontakt zu ihnen kann man zwar abbrechen, aber die Beziehung zu ihnen wohl kaum jemals dauerhaft beenden. Damit dürfte die Geschwisterbeziehung die längste aller*

Sozialbeziehungen des Menschen sein und möglicherweise auch die Beziehung – dafür sprechen zahlreiche Forschungsbefunde – mit den größten Ambivalenzen, Uneindeutigkeiten, Widersprüchlichkeiten und Zwiespältigkeiten. Für viele – wenn auch durchaus nicht für alle – Geschwisterbeziehungen typisch ist das gleichzeitige Vorhandensein von Zuneigung und Abneigung, Verbundenheit und Abgrenzung, Hilfe/Unterstützung und Rivalität/Feindseligkeit, Nähe und Distanz, Liebe und Hass.

Die Geschwisterliebe ist wie das Leben selbst. Sie ist Nähe und Distanz, Lebendigkeit und Tod, Anziehung und Abstoßung. Wir verlassen das Elternhaus, wir gehen in die Welt, wir verlieren uns aus den Augen. Wir schlagen uns mit uns selbst herum. Wir erlernen einen Beruf, mieten eine Wohnung, bauen ein Haus. Obwohl wir früher apodiktisch verkündeten *Ich heirate nie*, stürzen wir uns in die Ehe und in die „Spießigkeit". Wir tragen unsere Kinder zur Taufe. Wir kriegen eine Lebensgeschichte. Wir legen Träume ab wie gebrauchte Kleider. Kurz, wir bestehen unsere Robinsonade der Seele. Auf der Insel unseres Erwachsenenlebens ist lange Zeit wenig Platz für die Geschwister.

Im Gegenteil, auch hier bestimmt oft, im Prozess der Deidentifikation, die scharfe Unterscheidung von den Geschwistern unseren eigenen Wert: *Ich bin nicht wie meine Schwester Hausfrau geworden! Ich bin nicht wie meine Geschwister in der Heimatstadt hocken geblieben!* Sehr oft quält uns auch die

Frage: *Bin ich so tüchtig wie meine Geschwister? Kann ich mich mit ihnen messen? Sind die Eltern stolzer auf mich oder auf die anderen?* Auf dieser Wegstrecke des Lebens entfernen sich Geschwister nicht selten weit voneinander. Das Leben ist so aufregend, es stellt vor so viele Herausforderungen, dass für die Geschwister „keine Zeit" bleibt. Außerdem sind wir auch ganz schön überheblich und intolerant.

Und doch ist das geschwisterliche Subsystem – die Ursprungsfamilie bildet das Gesamtsystem – ein Leben lang präsent. Die wohl scharfsinnigste Untersuchung zu diesem Komplex hat der Berliner Psychoanalytiker Horst Petri mit seinem außerordentlich lesenswerten Buch *Geschwister – Liebe und·Rivalität* (Kreuz-Verlag) geschrieben. Über den jungen Erwachsenen und seine Geschwister schreibt er: *Jedes der Geschwister hat inzwischen aus der ungeformten Masse seiner Triebe, Bedürfnisse und Gefühle und aus dem gemeinsamen Erfahrungsschatz der Kindheit eine in Umrissen deutlich erkennbare eigene Individualität herausgetrieben. Die entstandene Struktur verdankt sich nicht zuletzt der Dialektik der Geschwisterbeziehung – ihrer wechselseitigen Anregung, Ergänzung, Förderung und Hilfe. Die Partizipation am Entwicklungsschicksal des anderen wird ein Teil der eigenen Lebensgeschichte.*

Geschwister ziehen sich nämlich gleichzeitig, wie in einem osmotischen Prozess, gegenseitig auf der Lebensbahn weiter: Wenn das erste Geschwister selbst ein Kind bekommt, so nimmt es die Brüder und Schwestern in sein neues System hinein. Der ledige Bruder und die als Single lebende Schwester werden, ob sie wollen oder nicht, Onkel und Tante. Die bisherigen Eltern mutieren zu Großeltern, das geschwisterliche Subsystem in eine Art potenzielles Eltern-System. Denn die noch kinderlosen Geschwister sind nun selbst als Onkel oder Tante, also als Erwachsene, definiert, nicht länger mehr als Kinder. Jetzt stellt sie das Vater- und Muttersein des Geschwisters konkret vor die Frage, ob sie selbst die Elternrolle übernehmen und Kinder haben wollen. Sie werden zu Paten ernannt und übernehmen damit bereits selbst quasi elterliche Verantwortung. Geschwister lernen sozusagen von erwachsenen Geschwistern hautnah, wie es ist, Kinder zu gebären, sie zu hegen, zur Taufe, Kommunion und Konfirmation zu führen und mit ihnen Krisen durchzustehen.

Goethe bemerkte einmal in *Dichtung und Wahrheit*: *Ja, wenn es schon ein angenehmer Anblick ist zu sehen, dass Eltern ihren Kindern eine ununterbrochene Sorgfalt widmen, so hat es noch etwas Schöneres, wenn Geschwister Geschwistern das Gleiche leisten.* Goethe weist in diesem Notat auf die Geschwisterliebe als Beziehungs*arbeit* hin. Damit nähern wir uns einem Problem, das wir als erwachsene Geschwister oft verdrängen und tabuisieren: Geschwister dürfen streiten, ja, Geschwister müssen streiten – um sich im gegenseitigen Suchprozess immer wieder neu zu finden. Gerade der produktive Streit ist eine Voraussetzung zur

Wiederannäherung und Versöhnung dort, wo Gräben aufgebrochen sind. Auch hierzu bemerkte der weise Goethe in seinen *Schriften zur Literatur*: *Aber auch der Streit ist Gemeinschaft, nicht Einsamkeit, und so werden wir selbst durch den Gegensatz hier auf den rechten Weg geführt.*

Streit unter Geschwistern ist immer auch *Kontakt* zwischen Geschwistern. Wie anstrengend und ätzend ein Streit auch sein mag, so enthält er als geheime Botschaft doch auch die Sehnsucht nach Beziehung. Streit ist gelegentlich eine Liebe ganz besonderer Art. Solange wir uns streiten, so lange nehmen wir uns wahr. Solange wir streiten, so lange nehmen wir uns ernst. Solange wir uns streiten, sind wir miteinander verbunden.

Eine besondere Qualität nimmt die Geschwisterbeziehung im Alter an. Hier geht es um Wiederannäherung, Vertiefung, Verzeihen, Versöhnen und die Chance, die letzte Wegstrecke miteinander zu gehen. Dazu werden wir Schönes in den Schlusskapiteln dieses Buches lesen. Denn all die Schreiberinnen und Schreiber, die auf meinen Fragebogen mit seinen siebzehn Punkten antworteten, haben wahre Schätze der Geschwisterlichkeit an das Tageslicht befördert, ohne die Katastrophen und Verletzungen zu verschweigen.

*

Euch, den großartigen Berichterstattern, gilt mein erster und innigster Dank. Ihr habt in Wahrheit dieses Buch mit all seinen spannenden Facetten geschrieben. Oft habt ihr mir am Ende eurer fesselnd erzählten Geschwistergeschichten gestanden, dass die nächtliche Seelenarbeit am Fragebogen euch aufgewühlt und zur Wiederbelebung der Geschwisterbeziehung stimuliert hat.

Danken möchten ich auch euch vielen Frauen und Männern, die ihr mir im Rahmen meiner Sprechstunde oder bei meinen Vorträgen zum Geschwisterthema quer durch die Bundesrepublik Kostbares über eure Schwester- und Bruderbeziehungen anvertraut habt. Frau Prof. Dr. Verena Kast danke ich dafür, mit welcher Selbstverständlichkeit sie mir wissenschaftliche Literaturangaben und persönliche Folien zum Geschwisterkomplex überließ. Pfarrer Jürgen Fliege, der mich öfter als psychologischen Experten für seine verantwortungsvoll und sorgfältig vorbereiteten Talkshows einlädt, bin ich ebenso dankbar für die Zusendung medialer Unterlagen zum Geschwisterthema wie für sein amüsantes und aufschlussreiches *colloquium privatissime et gratis* über die Weltperspektive des Erstgeborenen, das er mir, unter Einsatz dramatischer schauspielerischer Mittel, in der Maske vor der Fernsehaufzeichnung hielt. Danke auch an Christine, die mir das ergreifende Gedicht *Geschwister* von Marie Luise Kaschnitz schenkte. Bedanken möchte ich mich bei meinem alten Freund, dem Solinger Künstler Reiner Taudien, für die scharfsinnigen Karikaturen auch dieses Buches. Danke an die vorzügliche technische Mannschaft der Druckerei Kösel in Kempten.

Danke an meinen lieben Sohn Martin Gutjahr-Jung, der alle meine Bücher im emu-Verlag künstlerisch hervorragend gestaltet. Dank wiederum an Annette Wölwer-Jeckel, die auch dieses Buch mit gewohnter Präzision und wohlwollendem Mitdenken vom Band transkribierte. Danke schließlich an meine geliebte Frau, Ilse Gutjahr-Jung, die seit Jahren jede Zeile meiner Bücher gegenliest, sorgsam korrigiert und mich mit einer Fülle von Anregungen stimuliert.

Im Sinne der zugesicherten Anonymität, das sei hier für das gesamte Buch vermerkt, habe ich ausnahmslos alle Namen, die der Schreiber wie die ihrer Geschwister, verändert, womit im Folgenden die salvatorische Klausel *Name geändert* entfällt. Der besseren Lesbarkeit halber verbanne ich die von mir herbeigezogene Literatur nicht in einen wissenschaftlichen Apparat im Anhang, sondern führe sie jeweils in Klammern auf.

*

Die Geschwisterschaft ist ein Drama, das wissen wir aus dem Alten Testament, aus der antiken Mythologie, der Literatur und der Geschichte prominenter Geschwister. Kain erschlägt Abel. Jakob betrügt Esau um seine Erstgeburt. Jakobs Kinder selbst werfen den hochmütig-genialen Bruder Joseph in den Brunnen, auf dass er verderbe. Die beiden Brüder der Königstochter Antigone bei Sophokles töten sich gegenseitig im Kampf um die Macht im Staate. Aschenputtel wird von den bösen Stiefschwestern unterdrückt. Dagegen lieben sich *Brüderchen und Schwesterchen* über den Tod hinaus und sind einander nie böse. Am Ende wird das Brüderchen lebendig, und es kehrt in Gestalt eines Rehs zum Schwesterchen zurück. Die beiden widerstehen kraft ihrer Geschwisterlichkeit dem Bösen.

In den alltäglichen Geschwisterbeziehungen, mit denen wir es zu tun haben, stehen Gut und Böse oft unvermittelt nebeneinander. Man liebt sich, man schlägt sich. *Geschwister gehen bis zum Rhein,/ werfen einander aber nicht hinein*, sagt man im Rheinland. Das will heißen: Geschwister streiten sich bis zur Weißglut, wenn es ernst wird, schonen sie sich und halten zusammen.

Manchmal sollte man denken, die Verletzungen können überhaupt nicht mehr heilen. Urs, heute Diplomingenieur und ältestes von vier Geschwistern, hatte als Aufsteiger der Familie seinen elf Monate jüngeren Bruder Franz, wie er schreibt, *endgültig vergrault, nachdem ich nicht zu seiner Hochzeit vor sechs Jahren ging. Wir sehen uns überhaupt nicht ähnlich. Ich, gut aussehend, selbständig, Supersportler, Akademiker, ein Kind. Er wirkt schwächlich, hat eine Einzelhandelslehre und räumt seit über fünfundzwanzig Jahren Leergut in einem Supermarkt hin und her.* Doch in einem Postskriptum meldet Urs: *Gestern rief ich Franz an, weil er Geburtstag hatte. Wir haben uns für morgen verabredet und werden gemeinsam unseren Vater besuchen ...*

*

23

In der Familientherapie spricht man von zwei unterschiedlich angelegten Beziehungen im familiären Raum, der der *Vertikalität* und der der *Horizontalität*. Vertikal, das heißt von oben nach unten, ist die Beziehung zwischen Eltern und Kind. Es ist eine extrem polare Beziehung. Die Eltern sind anordnend, stark und wissend, das Kind ist Weisungen entgegennehmend, schwach und unwissend. Die Eltern bestimmen das Geschehen, das Kind fügt sich mehr oder weniger. Die Eltern sind eine Art Prägestock, das Kind eine weiche Masse. Vertikale Beziehungen haben viel mit Autorität, Befehl und Struktur zu tun. Sie sind verantwortlich für die Herausbildung des Über-Ich, der verinnerlichten Normen und die späteren Regieskripte des Lebens.

Wir kennen als Erwachsene im Alltag gut das vertikale Übertragungsmuster, wenn wir etwa als Mann allergisch auf eine klammernde Frau reagieren, die uns an unsere Mutter erinnert, oder als Frau, wenn wir maßlos wütend sind auf einen dominanten Mann, weil wir durch ihn an den kommandierenden Vater erinnert werden. Wenn wir nicht aufpassen, verfallen wir bei diesen Vater- und Mutterübertragungen – selbst beim Psychotherapeuten – in unsere alten kindlichen Muster. Wir kuschen oder rebellieren, je nach unserem früheren infantilen Verhalten.

Die Geschwisterbeziehung ist dagegen eine eher gleichberechtigte *horizontale* Beziehung. Sie ist tendenziell demokratisch, paritätisch und damit von hoher sozialer Qualität. Die Gruppentherapie zum Beispiel ist, wie ich immer wieder beglückt feststelle, eine Wiederbelebung grundsätzlicher Geschwistererfahrungen des Einzelnen. Deshalb können Teilnehmer in einer Selbsterfahrungsgruppe, die liebevoll geführt wird, so viel *geben* und *nehmen*. Die Gruppe entfaltet aus ihrem unbewussten geschwisterlichen Erinnerungs- und Verhaltensrepertoire eine immense Entwicklungsfähigkeit, Kompetenz und Solidarität. Der Therapeut bzw. die Therapeutin kann als Vertreter der *starken Eltern* vertrauensvoll die „Geschwisterbeziehungen" der Teilnehmer zulassen, ohne zu intervenieren.

Horizontalität und Geschwisterlichkeit sind damit auch ein Modell für emanzipierte und gleichberechtigte *Umgangsformen des Sozialen* im kommunalen, nationalen und planetarischen Rahmen. Immerhin vertraten die Frauen und Männer der Französischen Revolution 1789 die Losung von der *Gleichheit, Freiheit, Brüderlichkeit.* In Schillers *Wilhelm Tell* lautet die Losung des helvetischen Freiheitskampfes gegen die Habsburger: *Wir wollen sein ein einig Volk von Brüdern,/in keiner Not uns trennen und Gefahr!* Im Freimaurerlied von 1790 heißt es: *Brüder, reicht die Hand zum Bunde.* Die Arbeiterbewegung sang: *Brüder, zur Sonne, zur Freiheit!*

Der Konstanzer Psychotherapeut Hans Sohni warnt jedoch als Herausgeber der Studie *Geschwisterlichkeit. Horizontale Beziehungen in Psychotherapie und Gesellschaft* (Vandenhock & Ruprecht) vor übertriebenen Erwartungen: *Geschwisterlich-*

keit muss geübt werden und entsteht nicht im euphorischen Entwerfen von Überschriften. Ernst machen mit Geschwisterlichkeit heißt weder, sich harmonisierend in die Arme zu fallen, noch sich in endloses Rivalisieren zu verlieren – sondern heißt, exklusive Sicherheiten zu verlassen und aufeinander zuzugehen, mit der Aussicht, mehr zu verstehen und lebendiger miteinander zu werden.

Die „horizontalen" Beziehungen gewinnen an Bedeutung. Wir alle leben heute in einer Vielfalt von Beziehungsgeflechten. Ist nicht eine Kultur im Entstehen, in der wir mit Freunden, Arbeitskollegen und Partnern geschwisterlich umgehen wollen? Wenn in der Kindheit die Akzentuierung von Unterschieden zwischen Geschwistern eine wichtige entwicklungsfördernde Funktion für meine Identität besitzt, sollte dies nicht auch in den horizontalen Beziehungen meines Erwachsenenlebens gelten? Geschwister, wie schwer sie manchmal auszuhalten gewesen sein mögen, waren die Hefe im gärenden Teig der eigenen Persönlichkeit. Das sei, bevor wir uns auf die Wanderschaft in die blühenden Psychotope der Geschwisterlichkeit begeben, an einem Beispiel kurz erläutert:

Da ist Susanne. Der Vater, Handwerker, die Mutter, Krankenschwester, zogen mit hohem Einsatz und der Fähigkeit zum persönlichen Verzicht sechs Kinder auf. Der Altersreihenfolge nach sind da zuerst die Zwillinge Gisela und Georg, dann Susanne, schließlich Beate, Leo und Hildegard. Susanne: *Wenn ich das so auflviste, dann denke ich* immer „Wahnsinn". Wie hat meine Mama, wie haben meine Eltern das bloß geschafft!, ich glaube, da blieb kaum Zeit, Raum und Kraft, um individuell auf jedes einzelne Kind einzugehen, sein Anderssein zu berücksichtigen. Susanne wird ein Jahr nach den Zwillingen geboren. Die Mutter ist vollkommen überfordert. Susanne: *Ich weiß nur, dass sich mir schon sehr früh das Gefühl eingebrannt hat, „ich komme zu kurz". Aus den Erzählungen höre ich, dass ich gerade beim Essen immer geschrien habe. Dieses Gefühl des „ich komme zu kurz" hat sehr angehalten, eigentlich bis ins Erwachsenenalter. Spuren davon sind heute noch da. Das äußert sich in solchen Aussagen wie: „Ich muss pünktlich sein oder sogar früher da sein, sonst verpasse ich etwas." Mir hat meine Mutter mal gesagt: „Für dich war eben nicht mehr Zeit als zum Füttern und zum Frischmachen." Also wie bezeichnet man so ein Kind? Schattenkind? Ja, vielleicht so. Wenn ich das lese, werde ich immer noch ein bisschen traurig. Ich spüre dann, dass mir nicht nur ein Mehr an Zuwendung gefehlt hat, sondern auch eine besondere Art der Zuwendung, etwas Weiches, Zärtliches, voller Innigkeit geschmust und gehalten zu werden, Körperkontakt, Nähe, Wärme.*

Ist Susanne verdammt, lebenslang ein *Schattenkind* zu bleiben?

Die Geschwisterkonstellation, das heißt die Platzierung als Ältester oder Jüngster, als mittleres *Sandwichkind*, also eingeklemmt zwischen den Geschwistern, steuert unzweifelhaft unseren künftigen

Lebensweg, unsere Handlungs- und Wahrneh-
mungsverzerrungen, aber auch unsere Kompeten-
zen und Leistungsstärken.

*

Wie die Geschwisterkonstellation das tut, darüber
tobt in der Wissenschaft der Streit. Der Individualpsychologe Alfred Adler und der Anthroposoph
Karl König behaupten zum Beispiel strikt, die
Platzierung in der Geschwisterreihenfolge präge
wesentlich die Persönlichkeitsentwicklung. Stimmt
das?

Karl König urteilt in *Brüder und Schwestern.
Geburtenfolge als Schicksal: Die Stellung in der
Geschwisterreihe ist ausschlaggebend für das Verhalten des Menschen innerhalb der Gemeinschaft.
Sie bestimmt ganz wesentlich die Art, wie er auf
andere Menschen reagiert; sie bestimmt seine Eig-
nung, sich mit anderen anzufreunden, – die Art, wie
er dazu fähig ist, ein Kamerad seiner Mitmenschen
zu sein und sich in eine Gemeinschaft einzugliedern
oder nicht. Sogar die Wahl des Ehepartners wird
durch die Stellung in der Geburtenreihe maßgeblich
mitbestimmt.*

Das erste Kind, so König, sei lebenslänglich ein
Verteidiger, weil es seinen *Platz an der Sonne*
behaupten müsse. Seine Stellung in der Familie wie
in der Welt sei einzigartig. Das Erstgeborene habe
zwei Gesichter, *das eine ist den Eltern zugewandt,
die die Vergangenheit verkörpern; das andere schaut*

auf seine Brüder und Schwestern, wobei es in die Zukunft blickt. Als Mittler zwischen den Eltern und den Geschwistern spiele es eine Doppelrolle.

Das zweite Kind ist, nach König, psychisch schwächer. Zweitplatzierte Kinder seien eher lebensuntüchtig: *Die zweiten Töchter und Söhne sind nur zu Gast hier. Für sie ist die Erde nichts als eine vorübergehende Wohnstatt.*

Das dritte Kind hingegen ist nach König ein Außenseiter, ein Fremdling, *manchmal fast wie abgeschnitten von allen übrigen Menschen.* Beim dritten Kind sei die Empfindung des Minderwertigkeitsgefühls *der Grundton seines sozialen Verhaltens.*

Das vierte Kind entspricht nach König wieder dem ersten, das fünfte dem zweiten, das sechste Kind dem dritten usw.

Das mag man glauben oder nicht glauben. Ich bin skeptisch. Der amerikanische Wissenschaftler Frank J. Sulloway wiederum glaubt, gestützt auf eine halbe Million Daten aus rund zehntausend Lebensläufen, in seinem Werk *Der Rebell der Familie. Geschwisterrivalität, kreatives Denken und Geschichte* folgenden Schluss ziehen zu dürfen: *Erstgeborene übernehmen die Führung bei Reformen, die im Trend liegen, bei populistischen Bewegungen und in der orthodoxen Wissenschaft. Von Spätergeborenen eingeführte Innovationen sind ganz anderer Natur. In politischen Kontroversen sind sie im Allgemeinen radikale Revolutionäre, die den Protest schüren, lange bevor dieser zu einer ver-*

breiteten Erscheinung wird. *Als Vertreter sozialer Reformen unterstützen sie die unpopulärsten Bewegungen wie Sklavenbefreiung, Sozialismus, Anarchismus und Atheismus. In der Wissenschaft treten Spätergeborene meist für ketzerische Neuerungen ein, die dem ... Kontext ihrer Zeit widersprechen. Sie warten nicht auf eine Krise, wenn sie für einen radikalen Wandel eintreten. Stattdessen sind sie eifrig bemüht, ihre selbstzufriedenen älteren Geschwister, die wenig Veranlassung sehen, den Status quo aufzugeben, mit einer Krise zu konfrontieren.*

Das sind alles gewagte Hypothesen, die von Stephen P. Bank/Michael D. Kahn (*Geschwister-Bindung*), Francine Klagsbrun (*Der Geschwister-komplex*), Horst Petri (*Geschwister – Liebe und Rivalität*) und der Mehrheit der Autoren, die ich studiert habe, nicht geteilt werden. Man kann, so scheint mir, die pralle Fülle der Geschwisterkonstellationen nicht mechanistisch in ein so enges Deutungskorsett pressen.

*

Das zeigt sich auch an Susanne, um auf sie zurück-zukommen. Denn sie ist nicht einfach, wie zu befürchten war, ein *Schattenkind* geblieben. Sie blieb nicht einfach stumm. Unter den Geschwistern übernahm sie, wie sie schreibt, die anstößige *Rolle der Unzufriedenen, derjenigen, die nicht klarkommt, die meckert. ... Eine Exotin, die immer was dagegen zu sagen hat, irgendwie nie mit uns und*

dem, was man so denkt und denken sollte, überein-
stimmt. Bestimmt hatte ich auch die Rolle der Tüchtigen. Die Botschaft, *ich bin nicht gut genug, ich
genüge nicht, es reicht nicht aus,* war bitter und
beschwerte ihre Ich-Entwicklung bis in ihr reifes
Frauenleben hinein, aber es entwickelte auch dialek-
tische Sprengkraft: *Etwas Angefangenes abbrechen,
das gab es nicht. Mal nur Faulenzen pur, ist vertane
Zeit! Man muss was tun. Das ist etwas, was mir stark
vermittelt wurde von der Kindheit bis ins Erwachsenenalter, einfach auch, weil meine Eltern das für sich
selbst lebten.*

Zwar war Susanne „eingeklemmt" zwischen ihre
Geschwister und wuchs auf emotional steinigem
Grund auf, aber die Geschwister bildeten ein reich-
haltiges Entwicklungsklima. Nie hätte Susanne es
vorgezogen, ein Einzelkind zu sein: *Ich finde es aus
heutiger Sicht wundervoll, so viele Geschwister zu
haben. In der Zeit der Pubertät weiß ich noch, dass
ich da auch anders gedacht habe. Wieso sind das hier
so viele? Es ist hier so lärmig, so anstrengend, einfach
viel zu viel los! Ich will meine Ruhe und überhaupt
ein eigenes Zimmer …!*

Susanne hat von jedem ihrer Geschwister profi-
tiert. An jedem Bruder, an jeder Schwester gibt es
etwas, was sie bewundert: *Jeder lebt ein anderes
Leben. Das macht es farbig und spannend.* An Gisela
schätzt sie ihre *Großzügigkeit und Offenheit: Sie
backt ihr eigenes Brot, das finde ich toll. Sie fährt
Motorrad. Sie hat mehrere Instrumente gelernt und
spielt jetzt ganz neu Saxophon.* An Georg, dem

31

schlanken, hübschen Mann, liebt sie seine geschickten Hände und sein fundiertes Wissen: *Er hat die wundervolle Fähigkeit, die Menschen für seine ausgefallenen Ideen zu begeistern und zu überzeugen.* Mit Beate fetzte sich Susanne lang. Als Beate ihr jedoch bei der Scheidung beistand und für sie und ihren Sohn zwei Monate Unterkunft einräumte, nahm Susanne ihre tiefere Seite wahr und gewann Beate lieb. An Leo imponiert ihr seine ruhige und besonnene Art, wie der liebevolle Umgang mit seinem zweijährigen Sohn. Nesthäkchen Hildegard, mittlerweile längst verheiratet, beneidet Susanne um ihre selbstverständliche Eingebundenheit und Erdung im Dorf und seinen Vereinen. Susanne: *Das ist etwas, was ich von mir wenig kenne.*

Inzwischen weiß Susanne aber auch um ihren eigenen Wert. Sie hat als Einzige ein Studium aufgenommen, bezeichnenderweise Psychologie. Susanne hat ihre Ernährung umgestellt. Sie ist heute unbequemer, sprachlich differenzierter und kulturell anspruchsvoll: *Ich bringe Neues mit, andere Ideen, Erfahrungen, Gedanken, Informationen. Es reicht mir nicht, nur an der Oberfläche zu bleiben, mich mit einem „ja aber" zufriedenzugeben.* So lebendig, so entwicklungsfähig und reich kann Geschwisterbeziehung sein.

Geschwisterschaft ist ein Drama, mit mehreren Akten über das ganze Leben hin verteilt, manchmal Komödie, manchmal Tragödie, oft beides. Susanne schlussfolgert: *Heute finde ich es wundervoll. Es ist etwas ganz Besonderes, eine so große Familie zu* haben, so viele verschiedene Geschwister, jeder und jede in seinem und ihrem Wesen einzigartig. Ich achte meine Geschwister und empfinde sie als einen wertvollen Schatz.

Susanne gibt uns einen schönen Ratschlag zur Pflege der *Geschwisterkultur* auf den Weg: *Als Nächstes möchte ich einmal nur mit meinen Geschwistern alleine Essen gehen. Das ist etwas, was wir praktisch nie haben, dass die Geschwister mal unter sich sind, ohne die Partner und Partnerinnen.*

*

So weit meine Überlegungen zur Einführung in den Komplex des Geschwisterdramas. Damit du, liebe Leserin, lieber Leser, eine Unterstützung bei der aufregenden Reflexion *deiner* Geschwisterbeziehungen in den Händen hast, lege ich hier den Fragebogen aus der Zeitschrift *Der Gesundheitsberater* vor, den die Schreiberinnen und Schreiber dieses Buches zum Anlass der Suche nach ihrer Geschwisterlichkeit nahmen:

1. Wieviel Geschwister hast/hattest du? Wie sind ihre Namen? Der wievielte bist du in der Geschwisterreihe? Ist ein Geschwister gestorben? Wenn ja, welche psychischen Folgen hatte dies für dich?

2. Was war deine Position unter den Geschwistern? Als Älteste/r das „Alpha-Tier"? Das Nesthäkchen? Ein mittleres Kind („Schatten-

kind")? Das einzige Mädchen? Der einzige Junge? Ein Nachzügler? Papas Liebling? Mutters Sonnenstück?

3. Hast/hattest du Halbgeschwister? Hatte/hat das Folgen?

4. Welche Rolle hast du unter den Geschwistern besetzt? Der/die Tüchtige, Rebell, Tröster, Versager, Praktische, Musische, „Pausenclown", Konfliktlöser?

5. Wärst du lieber ein Einzelkind gewesen?

6. Hattest/hast du ein Lieblingsgeschwister? Wie drückte sich das aus? Ist es heute noch eine exklusive Beziehung zwischen euch?

7. Hattest/hast du ein „negatives" Geschwister? Warum? Bis heute? Mit welchen Folgen?

8. Haben dich deine Geschwister verletzt? Gab es Hass, Neid, Rivalität, destruktive Konkurrenz?

9. Hast du dein/e Geschwister verletzt? Wodurch? Tut es dir heute Leid? Hast du dich entschuldigt?

10. Was macht *deine* Attraktivität gegenüber den Geschwistern aus?

11. Was hast du von deinen/m Geschwister/n praktisch, intellektuell, psychologisch gelernt? Gaben sie dir Vorbilder? Was war gut? Welche positive Konkurrenz gab es? Was macht dich dankbar?

12. Erinnerst du dich an ein besonders schönes, unvergessliches Geschwistererlebnis? Einen Streich oder anrührende Fürsorge? Gab es ein *Geschwistergeheimnis* vor den Eltern?

13. Gab es eine schwere *gemeinsame* Kindheitsverletzung (Trauma) wie Scheidung, schwere Krankheit und früher Tod eines Elternteils, Vertreibung, Finanzkatastrophe …?

14. Wie verlief die Entwicklung zwischen euch *erwachsenen* Geschwistern bis heute? Nähe, Streit, Entfremdung, Versöhnung?

15. Wenn du ein erwachsenes Geschwister durch Tod verloren hast – was ist damit aus deinem Leben gegangen? Welchen Satz möchtest du deinem toten Geschwister heute gerne sagen?

16. Falls „Funkstille", Kränkung oder Distanz vorherrscht, steht Auseinandersetzung und Klärung zwischen euch an? Bist du bereit, den ersten Schritt – Besuch, Telefonat oder Brief – zu tun? Gab es Erbstreitigkeiten? Bist du bereit, deinerseits um Entschuldigung zu bitten und selbst zu verzeihen, deinen Anteil am Konflikt zu erkennen und zuzugeben?

17. Was könntest du heute von deinen/m Geschwister/n lernen? Welchen Segen könnte dir eine Wiederannäherung an dein/e Geschwister bringen?

*

Eltern und Kinder leben nur ein halbes Leben mitein-
ander, Geschwister ein ganzes. Der Sohn hat seines
Vaters Kindheit und Jugend nie gesehen, der Vater
nicht mehr seinen Sohn als reifen Mann und Greis
erlebt. Eltern und Kinder sind sich also nicht volle
Zeitgenossen, das Leben der Eltern sinkt vornen in die
Vergangenheit und das der Kinder steht hinten in die
Zukunft; aber Geschwister, wenn ihr Lebensfaden
nicht zu früh abgeschnitten wurde, haben zusammen
als Kinder gespielt, gehandelt als Männer und neben-
einander gesessen bis ins Alter. Niemand weiß folglich
besser Bescheid zu geben als vom Bruder der Bruder,
und diesem natürlichen Verhalt hinzu tritt noch ein
sittlicher. Der Vater vom Sohne redend wird sich sei-
ner Gewalt über ihn stets bewusst bleiben, der Sohn
Zeugnis vom Vater ablegend der gewohnten Ehr-
furcht nie vergessen. Geschwister aber stehen unter-
einander, ihrer wechselseitigen Liebe zum Trotz, frei
und unabhängig, so dass ihr Urteil kein Blatt vor den
Mund nimmt.

Gedenkrede Jacob Grimms
auf seinen Bruder Wilhelm, 1860.

Das Einzelkind: Splendid Isolation

*In unserer Kultur wird Geschwisterbeziehungen
keine große Bedeutung beigemessen. Unsere Beziehung zu den Eltern – und später zum Ehepartner,
zum Liebespartner und zu den Kindern – wird als
einzig wichtige Bindung betrachtet. Nur wenige
Menschen realisieren, dass das Band zwischen Brüdern und Schwestern die a n d e r e wichtige Beziehung in unserem Leben ist und dass der Geschwisterkomplex ... der a n d e r e wichtige Faktor in der
Bestimmung unserer Persönlichkeit als Erwachsener
ist.*

William E. und Mada Hapworth/Joan R. Heilman,
Einer ist immer Mamas Liebling. Geschwisterbeziehungen bestimmen unser ganzes Leben

In der „Geschwister-Werkstatt" werden wir zu
Menschen geformt. Meine Schwester oder meinen
Bruder habe ich schon lange gekannt, bevor ich die
persona (C. G. Jung), die Maske meines Berufes,
meiner gesellschaftlichen Position, meiner Ge-
schlechtsidentität, meines jugendlichen, mittelalter-
lichen oder alten Entwicklungsstadiums anlegte,
bevor ich meinen Ehepartner kennenlernte und eine
eigene Familie gründete. Geschwister sind ein Teil
meiner Lebenserfahrung. Geschwisterschaft ist, per
definitionem, eine verschworene Gemeinschaft.
Nicht ohne Grund nennen sich kämpferische
Schwarze und Indianer gegenseitig *Brüder.* Nicht

zufällig heißen sich feministische Frauen *Schwestern*.

Geschwister bleiben Geschwister, wohin sie auch immer gehen, ob sie sich lieben oder hassen. Geschwister tragen ein gewisses Maß Verantwortung füreinander. Es ist der mythologische Gott des Alten Testamentes, der von Kain wissen wollte, wo Abel sei. Als dieser, aus schlechtem Gewissen über seinen Brudermord, antwortete: *Bin ich denn der Hüter meines Bruders?*, da bejahte dies Gott und bestrafte ihn. Geschwister dürfen Rivalität haben, aber sich eben nicht, wie Kain den Abel, auslöschen. Als Esau entdeckte, dass ihm sein Bruder das Erstgeburtsrecht stahl, indem er den Segen seines fast erblindeten Vaters erschlich, wollte er Jakob töten. Er warb dazu ein Heer Soldaten an. Doch im entscheidenden Moment brachte es Esau nicht über das Herz, den tödlichen Schlag gegen seinen Bruder zu führen. Er umarmte Jakob vielmehr und bat ihn um Vergebung.

Geschwister wahren ein Geheimnis. Sie bilden eine Wagenburg nach außen. Geschwister, solange sie Kinder sind, verzeihen sich gegenseitig, immer wieder. Sie tragen nicht nach. Sie sind großmütig. Oft schlagen auch im Erwachsenenalter nach Entfremdungen und Verletzungen die alten Blutsbande wieder durch. So ist es im Alten Testament Joseph, der zum Finanzminister Ägyptens avanciert, seinen neidischen Brüdern ihren Anschlag auf sein Leben verzeiht und sich aufopferungsvoll um sie kümmert. Da heißt es: *Joseph vermochte sich vor all den Leu-*

ten, die um ihn standen, nicht mehr zu halten und rief: Schafft mir alle Leute hinaus! So stand niemand bei Joseph, als er sich seinen Brüdern zu erkennen gab. Er begann so laut zu weinen, dass es die Ägypter hörten; auch am Hof des Pharao hörte man davon. Joseph sagte zu seinen Brüdern: „Ich bin Joseph. Ist mein Vater noch am Leben?" Seine Brüder waren zu keiner Antwort fähig, weil sie fassungslos vor ihm standen.

Wer Geschwister hat, der sehnt sich nach einem freundschaftlichen Verhältnis zu ihnen, nach Treue, Respekt, Verständnis und Liebe. Die Eifersüchteleien und verletzenden Gefühle der Kindheit möchten wir, je älter wir werden, hinter uns lassen. Wir sind dann froh, nicht allein zu sein, sondern ein oder mehrere Geschwister zu besitzen.

Aber wie verhält es sich mit dem Einzelkind? Bei den Vorarbeiten zu diesem Buch bin ich immer wieder von erwachsenen Einzelkindern gebeten worden, auch auf dieses Thema einzugehen. Das Einzelkind ist, so berichten mir Klienten, die selbst Einzelkinder waren, eine Art besonderes Menschenexemplar, reich und arm zugleich. Reich, weil es alle Aufmerksamkeit und Zuwendung der Eltern genießt, arm, weil es allein und oft unter den allzu mächtigen Fittichen seiner Eltern aufwächst. Es ist ihnen ihr Ein und Alles, und es zahlt dafür mit dem hohen Preis der umfassenden elterlichen Kontrolle. Die Eltern spiegeln sich allein in diesem auserwählten Kind. Ihr Blick folgt ihm überall hin. Sie bestimmen sein Leben oft in einer dirigistischen Weise.

Häufig machen sie auch das Einzelkind zu einem Partner auf der Erwachsenenebene. *Für meine Mutter und meinen Vater*, sagte mir Erich, ein heute vierzigjähriger Sportlehrer, in der Sprechstunde, *war ich abwechselnd Ehe- und Finanzberater, sogar beim Hausbau konsultierten sie mich ununterbrochen, obwohl ich erst neun Jahre alt war.*

Fast immer verwöhnen Eltern das Einzelkind zuviel. Sie stecken es in einen Kokon von Watte und Überversorgung. Sie tragen ihm, wie es so derb heißt, den Hintern nach. Sie lesen ihm jeden Wunsch von den Augen ab und demotivieren das Kind dadurch. In den Ehen, in denen sich zwei frühere Einzelkinder gefunden haben, registriere ich oft eine Art Bezugslosigkeit und Doppelegoismus. Weder die Frau noch der Mann ist es gewöhnt, sich *aktiv* auf einen Partner zu *beziehen*, etwas für die Beziehung *zu tun*. Jeder wartet, dass der andere etwas für die Ehe beiträgt. Beide sind sprechfaul. Sie haben oft eine gewisse parasitäre Grundhaltung zum Leben. Sie laden weder Freunde noch die Eltern in ihre Wohnung ein, sie lassen sich einladen. Sie danken nicht für die ununterbrochenen Hilfeleistungen der Eltern und Schwiegereltern, sondern sie jammern in Permanenz. Einfühlung, soziale Fantasie und Engagement im Zwischenmenschlichen sind diesen verwöhnten Einzelkindern des Lebens häufig fremd. Sie bringen sich nicht ein. Sie stehen merkwürdig abseits.

Das gilt natürlich nicht für alle Einzelkinder, und es soll auch keine Denunziation sein. Aber die erwachsenen Einzelkinder wissen oft selbst um die defizitären Folgen ihrer Geschwisterlosigkeit, ihre *splendid isolation*. Sie hatten niemand anderen als ihre Eltern, aber diese Eltern konnten nicht ihresgleichen sein, da sie Erwachsene waren. Sie konnten ihnen nicht den Umgang und das Spiel mit Gleichaltrigen ersetzen. Das aber ist ein Austausch, der für die Psychogenese des sich entwickelnden Kindes außerordentlich wichtig ist.

Zwei frühere Einzelkinder haben mir geschrieben. Da ist einmal Mareike. Auf sie traf die volle Wucht eines Elternpaares, das mit sich selbst nicht fertig wurde: *Die Ehe meiner Eltern war eine einzige Katastrophe. Alkohol – Vater war ein Quartalssäufer, Eifersucht, psychische Quälereien und ab und zu Handgreiflichkeiten waren an der Tagesordnung. Das Theaterstück „Wer hat Angst vor Virginia Woolf" gibt ihre Situation am besten wieder. Ich war da nun mittendrin. Ich war Eheberater, Zuhörer, Freund und Schiedsrichter.* Das Einzelkind Mareike wurde zum Bewährungshelfer der Eltern: *Ich versuchte, allen alles recht zu machen, und merkte gar nicht, wie ich meiner Kindheit beraubt wurde. Ich führte einen aussichtslosen Kampf.*

Schon damals spürte Mareike, was sie dringend gebraucht hätte: *Ich fühlte mich allein. Ich hätte mir sehnlichst Geschwister gewünscht, mit denen ich mein Leid bzw. meine Probleme – die die Probleme meiner Eltern waren – hätte teilen können. Ich sehnte mich sehr nach „Verbündeten". Ich wusste von Klassenkameraden, die Geschwister hatten. Wenn es darauf ankam, hielten diese zusammen, auch wenn es öfters mal Streit gab.*

Selbstverständlich sind Einzelkinder nicht dumm. Oft suchen sie einen Ausweg. Sie „adoptieren" sich einen Freund als Geschwister. Mareike fand eine *verständnisvolle Freundin* als eine Art Schwester und in deren Eltern sogenannte Ersatzeltern. Manchmal ist auch eine Wohngemeinschaft oder eine Clique eine Form von Geschwisterersatz – Mareike zog in eine WG (Wohngemeinschaft). Bis heute belasten die Eltern ihre erwachsene Tochter noch mit ihren Dauerproblemen. Mareike wird, wie sie selbst schreibt, lernen müssen, sich vom Elternproblem zu trennen, so wie sich ein Hund das Wasser aus dem Fell schüttelt: *Jeder ist für sein Leben selbst verantwortlich. Es wird Zeit für meine Eltern zu erkennen, dass sie selbst für sich Verantwortung übernehmen müssen.*

Das Schlimmste ist, wie Mareike festgehalten hat, dass dem Einzelkind die Kindheit geraubt wird, sobald es sich zum Komplizen von Vater oder Mutter instrumentalisieren lässt. Man nennt dieses gewaltsame Hinüberziehen des Kindes aus der kindlichen in die Erwachsenensphäre eine *Parentifizierung*, von lateinisch *parentes, Eltern*. Die Tore der Kindheit schließen sich dann erbarmungslos. Genau das hat Mareike in einem kleinen Gedicht auch ausgedrückt:

Erwachsenenheit

Ein Kind so zart und fein
Es wäre so gern ein Kind geblieben
Umsorgt von den Eltern
Die es lieben
Doch leider war keine Zeit dazu
Denn in der Ehe der Eltern gab es
Keine Ruh
Zank und Streit bestimmten
Sein Leben
Es musste stille sein, zuhören, verstehen
Und geben und geben
Es führte tapfer ein Erwachsenenleben.

Francine Klagsburn weist (*Der Geschwisterkom-plex*) darauf hin, dass die Nähe, die Geschwister in der Jugend entwickeln, sich später auszahlt: *Diese Nähe wird von der frühesten Kindheit an Schritt für Schritt ausgebaut und von den Geschwistern, ihren Eltern und der Kultur geformt, in der sie leben. Im weiteren Verlauf des Lebenszyklus von Geschwistern variiert bei jedem neuen Übergang in eine andere Lebensphase das Maß von Nähe und Distanz. Aber Wärme und Kongenialität verschwinden selten völlig, wenn sie früh etabliert wurden. Sie werden bei älteren Menschen erneut zu einer Quelle des Trostes und der geschwisterlichen Kameradschaft.* Ausdrücklich nennt die Forscherin *Intimität*, also engen Gefühlsaustausch und psychische Bindung, wie *Kongenialität*, liebevolle und wechselseitige Unterstützung, schließlich *Loyalität*, also familiäre Verantwortung, als Eigenschaften, die mehr als Zweitdrittel aller Geschwisterschaften charakterisieren. Wie heißt es doch so schön: *Blut ist dicker als Wasser.*

Friedrich, einem Einzelkind, ist der Erwerb dieser drei Kardinaleigenschaften, *Intimität*, *Kongenialität* und *Loyalität* schwer gefallen. Jetzt erst, an der Schwelle des sechzigsten Lebensalters, entdeckt er dieses unbekannte Land mit seinen heißen Feuerströmen. Er schreibt: *Mir war es nicht vergönnt, mit Geschwistern groß geworden zu sein. Meine Eltern hatten das so nicht vorgesehen. Das Schlimmste war, dass ich mich immer allein fühlte. „Keiner spielt mit mir“, wie oft habe ich diesen Satz ausgesprochen. Meine Sorgen und Ängste konnte ich auch nicht mit einem Bruder oder einer Schwester teilen. Abends, wenn ich im Bett lag, weinte ich oft und fühlte mich einsam und verlassen. Keine „Verschwörung“, keine „Geheimnisse“, von denen die Eltern nichts wissen sollten. Nein, ich habe alles zu Hause erzählt – wo denn sonst! Es kam ja auch noch hinzu, dass ich zu anderen Kindern keine Verbindung bekam. So fehlten mir also nicht nur Geschwister, sondern auch echte Freunde.*

Das Milieu war kleinbürgerlich, die katholische Lebensluft miefig und sexualfeindlich, Friedrichs Mutter bestimmend und gefühlskarg, der Vater schwach. Es gab nicht das Schwingen und Fluten einer lebendigen, von Gelächter und Unruhe erfüllten Familie: *Wenn ich heute darüber nachdenke, so empfinde ich viel Traurigkeit darüber, dass ich mich*

*in einer Mini-Familie befinde. Mein Vater ist tot,
meine Mutter schon sehr alt und geistig nicht mehr
erreichbar. Onkel und Tanten sind auch alle gestorben. Ansonsten gab es innerhalb unserer Verwandtschaft keine Kontakte, die sich auf Vettern und Cou-
sinen übertragen hätten. Dazu waren meine Eltern
nicht in der Lage. Ich habe diese wirklichen Her-
zensverbindungen, die durch dick und dünn tragen,
nicht kennengelernt. Wenn wir uns in den letzten
Jahren familiär begegnet sind, dann auf den Beerdi-
gungen; rein rechnerisch wird das noch drei Mal –
höchstens – der Fall sein. Die Begrüßungen sind
freundlich, aber eben oberflächlich. Wenn ich dies so
schreibe, spüre ich, wie ich mir auch ein Stück weit
fremd bin, in mich eingeschlossen, keine Resonanz.
Das Klingen meiner Seele ist so selten.*

Und doch gibt es keine familiäre Konstellation,
aus der nicht ein Entkommen und Wandel möglich
wäre. Sonst stilisieren wir die Geschwisterkonstellation zum tragischen Verhängnis einer antiken Tragödie. Wir sind selbst die Architekten unseres Schick-
sals.

Friedrich kennt die Bedrohung, aber auch die
Befreiung des Einzelkindes: *Heute in unserer Klein-
familie – meine Frau und ich, unser Sohn ist aus dem
Haus und studiert in Süddeutschland – bin ich auf
der Suche nach Menschen, mit denen ich diese
Schwingungen zum Klingen bringen kann. Wie
leicht lasse ich aber auch in diesem Bemühen nach.
Denn ich kenne mich mit dem Alleinsein gut aus
und weiß mich auch darin „einzurichten". Ich habe*

*einen guten Verdrängungsmechanismus, wenn es
darum geht, sparsam mit meinem Gefühlsleben
umzugehen. Dennoch: Je älter ich werde, desto stärker dränge ich hinaus, will meine Grenzen sprengen.
Es ist für mich ein Lernen, wie ich aus mir heraus auf
andere Menschen zugehen kann. Es fehlt mir einfach die Erfahrung eines Geschwisterkindes. Dieses
Spielerische, Vertrauensvolle und Sich-Verlassen-
Können. Es ist wohl mein Lebensthema.*

٭

*Zum Schluss sei die Frage erlaubt, wohin die Gesell-
schaft in Zukunft mit einer „Ein-Kind-Familie"
steuert? In den hoch entwickelten Industrielän-
dern – und die Chinesen versuchen dies seit Jahren –
werden Geschwister langsam aussterben. Auch
nimmt die Zahl alleinerziehender Mütter mit nur
einem Kind zu … Ist die Vermutung abwegig, dass
dieser Verlust an geschwisterlicher Kohärenz sowohl
Folge wachsender gesellschaftlicher Entfremdungs-
prozesse ist, als auch zur Ursache einer sich fort-
schreitenden individuellen wie kollektiven Fremdheit wird?*

Gunther Klosinski,
Geschwister mit Leib und Seele.

Die Ältesten:
Alpha-Tiere oder Ausgebeutete?

Ich kenne so gut wie keinen Erstgeborenen, der es auf Dauer bedauert hätte, vom Schicksal die erste Stelle bekommen zu haben, und der mit dem Jüngeren gerne tauschen würde. ... Vorübergehend kommen diese Wünsche häufig schmerzhaft hoch ...

> Jirina Prekop,
> Erstgeborene.
> Über eine besondere Geschwisterposition

Als Jüngster war ich auf meinen ältesten Bruder, den ich bewunderte, manchmal neidisch. Er war sozusagen der Halbgott meiner Kindheit. Er nahm diese Rolle um so mehr ein, als es nach der Scheidung meiner Eltern im Alltag keinen Vater mehr gab. Albert, so entnehme ich heute noch mit gemischten Gefühlen unseren Familienalben mit den berühmten Schwarz-Weiß-Fotos der deutschen Leica, erhielt im Vergleich zu uns jüngeren Geschwistern mehr Aufmerksamkeit. Unsere Eltern waren erfüllt von narzisstischer Freude und Grandiosität über dieses einmalige, unübertroffene Kind, das sie produziert hatten. *Handmade*, sozusagen. Jede Geste, jedes Lächeln, jeder Ausdruck unseres Götterbruders, so schien mir, wurde bewundert und für alle Ewigkeiten fotographisch festgehalten. *Seht mal, so potent sind wir*, staunten meine Eltern

gleichsam über ihr Produkt, *dieses fabelhafte neue Leben haben wir geschaffen.*

Das erste Kind verzaubert die Eltern. Es schafft ihnen Glanz, Bestätigung, Überhöhung ihrer Liebe. Dieses Premierenerlebnis ist nicht wiederholbar. Das erste Kind zeichnet Mann und Frau gleichsam mit dem Orden der Vater- und Mutterschaft aus. Es darf sich als Solitär fühlen, als Unikat und nicht mehr zu hinterfragendes einzigartiges Glück seiner Eltern. Das erste Kind wird rund um die Uhr wahrgenommen, präsentiert, gehätschelt. Kurz, es ist eine Welturaufführung, die sich nie wiederholen wird. Was heißt es dagegen schon, als Fünfter geboren zu sein. Wie muss ich stolz sein, sage ich mir manchmal sarkastisch, dass meine Eltern mich „Kriegsware" noch mit einem schönen Vornamen beglückten, anstatt mich der Einfachheit halber durchzunummerieren.

Du siehst, lieber Leser, in mir köchelt eine sanfte Empörung. Mein ältester Bruder entfacht diesen Unwillen unfreiwillig immer wieder, indem er, im Beisein von uns „übrigen" Geschwistern (der Begriff hat etwas für sich)!, vor anderen Menschen zu formulieren pflegt: *M e i n e Mutter war Ärztin.* Oder: *M e i n e Mutter hat dieses Haus ausgebaut.* Wir weisen ihn dann jedes Mal diskret darauf hin, dass es sich bei seiner Exklusivmutter ja im weitesten Sinn, zumindest biologisch, auch um *unsere* Mutter handelt ...

Mir werden an diesem Sachverhalt gleich mehrere Dinge deutlich. Einmal, dass ich aus der typischen Froschperspektive des Benjamin die Rolle des Ältesten glorifiziere. Ich sehe überhaupt nicht, welchen Preis er bezahlt für seine strategisch vorgeschobene genealogische Position. Ich nehme nur wahr, dass er alles kann, alles darf und auf die Butterseite des Lebens gefallen ist. Ich blicke ihn aus der verzerrten Perspektive meiner frühen kindlichen Unterlegenheit an, wenn ich so argumentiere. Ich sehe auch nur die möglichen Aggressionen und Attacken, die das *Alpha-Tier* gegen die jüngeren Geschwister setzt. Dass es dazu zum Teil auch gezwungen ist, aus Gründen der Führung und Verantwortung, blende ich ebenso aus wie sein durchaus schwieriges Urerlebnis: die Entthronung durch die jüngeren Geschwister. Der oder die Älteste bewegt sich zudem, anders als das Nesthäkchen in seinem Kachelofenmilieu, in einer dünneren, oft hochalpinen Luft, der Gipfelwelt der Erwachsenen.

Wenn der Erstgeborene sich stärker mit Autorität und Macht identifiziert und folglich auch die überlegene Größe und Stärke ausspielt, so ist das nicht ein Charakterfleck, sondern eine Aufgabe, die sich aus der Geschwisterkonstellation ergibt. Ob es einen Fluch oder ein Privileg darstellt, das macht das besondere Schicksal des Erstgeborenen aus.

Erstgeborener zu sein bedeutet, religionsgeschichtlich wie rechtlich gesehen, Lust und Last zugleich. Der harte Gott des alten Testamentes forderte von Abraham, seinen erstgeborenen Sohn Isaak als Opfer zu töten. Im Mittelalter wurde als Folge eines Gelöbnisses oft der erste Sohn zum

Priester oder die erstgeborene Tochter zur Nonne bestimmt. Die ältesten Söhne waren es vornehmlich, die in den beiden Weltkriegen des letzten Jahrhunderts, wie es so schauerlich hieß, *für das Vaterland* fielen, genauer, zu fallen hatten. Im bäuerlichen Erbrecht galt über Jahrtausende die männliche Primogenitur, das heißt, der älteste Sohn übernahm den Hof und entschädigte recht und schlecht seine Geschwister. Noch heute geben Männer am Arbeitsplatz und Verein einen Doppelten aus, wenn ihre Frau den ersehnten *Stammhalter* geboren hat.

Dem erstgeborenen Kind kommt fast ausnahmslos eine exponierte Rolle zu, auch in den Augen der Großeltern und Anverwandten. Jirina Prekop registriert in ihrem Buch *Erstgeborene. Über eine besondere Geschwisterposition* (Kösel-Verlag): *Die erste Geburtstagsfeier, der erste Zahn, die erste Krikel-Zeichnung, der erste Tag im Kindergarten, der erste Schultag, das erste Schulzeugnis, alles wird mit einer Intensität erlebt, wie dies bei nachfolgenden Kindern nie mehr der Fall sein wird. Das Grundthema all dieser Erlebnisse lautet: Durch dich sind wir Eltern geworden. Du bist die Krönung unserer Ehe. Durch deine Geburt wurden wir eine Familie. Du setzt unser Leben fort. Mit dir beginnt die neue Generation.* Die Eltern empfinden das Kind als einen Segen. Umgekehrt schlussfolgert Jirina Prekop, fühlt sich *das erstgeborene Kind diesem Segen gegenüber sein ganzes Leben lang verpflichtet.*

Gerade in der älteren Generation, die durch Krieg und Disziplin bestimmt war, hatten die Ältesten oft eine schwere Last zu tragen. Herbert musste gegenüber seinen jüngeren Geschwistern Hella, Hans und Hilde, den Vater, der Berufssoldat war, vertreten: *Da meine Mutter, mindestens ab 1941, meist allein für vier Kinder zu sorgen hatte, war es für mich als damals zehnjährigen Jungen eine Selbstverständlichkeit, im Rahmen meiner noch kindlichen Kräfte ständig helfend einzugreifen. Das heißt, beim Einkauf, bei der Betreuung und dem Ausfahren meiner kleinen Geschwister, bei der Hilfe im Haushalt.* Herbert half der Mutter bei der Flucht vor den einrückenden russischen Truppen: *Da sich Mutter um Großmutter kümmern musste, fiel mir das Los zu, mit für die Sicherheit meiner Geschwister zu sorgen.*

Inzwischen war Herbert dreizehn Jahre alt. Nachdem Chemnitz zur *offenen Stadt* erklärt worden war, zog er mit seiner Mutter und den drei Geschwistern durch die brennende Stadt, die Halbseligkeiten der Familie auf einem Handwagen. Eingewiesen in einen kleinen Bauernhof, packte Herbert richtig zu und leitete die Geschwister an, Brennnesseln und Löwenzahnblätter zu suchen, Ähren zu lesen, Kartoffeln zu stoppeln, Kartoffelschalen zu trocknen. Als seine jüngeren Geschwister in der sowjetischen Besatzungszone *an der Schürze meiner Mutter hingen und ständig um ein Stück Brot bettelten,* suchte Herbert in der Britischen Zone Arbeit: *So wollte ich dafür sorgen, dass sich über zugesandte Nahrungsmittel die Lebensverhältnisse meiner Angehörigen verbesserten. Es wanderten viele Pakete von mir und von Familien, die mich freundschaftlich hier aufgenommen hatten, nach Thüringen.*

Inzwischen ist Herberts Bruder Hans am Bauchspeicheldrüsenkrebs gestorben. Aber Herbert, Hella und Hilde halten zusammen: *Die durchgemachte schwere Zeit hat uns Geschwister zusammengeschweißt. Wir haben ein gutes Verhältnis zueinander. Es bestehen auch zu allen Geschwisterkindern gute Kontakte. Meine Funktion zu Kindheitszeiten wurde geprägt durch unseren fehlenden Vater – eine Art Vaterersatzfunktion.*

Verantwortung – das ist das häufigste Wort, auf das ich in den Schilderungen der Ältesten stoße. Ariane fand keine Beziehung zu ihren sieben und neun Jahre jüngeren Geschwistern Carla und Robert: *Im Umgang zwischen uns herrschte von je her eine gewisse Kälte und Uninteresse, was auch bis in die Gegenwart angehalten hat.* Das entließ Ariane jedoch nicht aus der Pflicht: *Als Älteste wurde mir von den Eltern viel an Verantwortung und Dienstleistungen schon in jungen Jahren aufgebürdet. Die Bezeichnung „Alpha-Tier" könnte von daher gesehen auf mich zutreffen.*

Wie die meisten Ältesten wurde Ariane in die Krise der elterlichen Ehe hineingezogen, wovor jüngere Geschwister meist durch einen psychologischen Schutzwall getrennt sind: *Die Konflikte, die durch die miese Ehe der Eltern in großem Maße auftraten, auch finanziell und sozial, machten mir schon früh zu schaffen. Der Ehekonflikt hat mich seelisch bekümmert, wohingegen meine Geschwister, verstandes- und altersbedingt, nichts mitbekamen. Auch von Verwandten kam keine Hilfe, so dass ich schon als Schulkind darunter zu leiden hatte.*

Ariane ist die einzige unter allen Schreiberinnen und Schreibern, die die Geschwisterschaft ablehnt: *Von so gesehen und auch von späteren Vorfällen ausgelöst, wäre ich lieber ein Einzelkind geblieben, wodurch sich die frühen Belastungen und Bedrängnisse merklich verringert hätten ... Es ist leider so, dass wir noch lebenden Geschwister sozusagen bereits untereinander gestorben sind – im übertragenen Sinne.* Von Robert haben die Schwestern nicht mal mehr eine Adresse. Ariane und Carla haben jedoch den Vater in seinen letzten Lebensjahren gemeinsam betreut. Für mich bleibt eine Frage offen: Gab es nicht eine einzige schöne Stunde zwischen euch Schwestern, liebe Ariane?

Wenn Eltern schwach sind, dann haben die Ältesten an ihrer Seite oftmals die Aufgabe, einen Elternteil zu vertreten. Das ahnen die Jüngsten nicht. Scheidungen sind so familiäre Sollbruchstellen. Rosa erlebte das: *Ich war verantwortlich. Meine Mutter war schwach, depressiv. Mein Vater hatte uns verlassen, als ich rund zwei Jahre, meine Schwester Katinka rund ein Jahr alt war. Katinka war immer hilflos und wurde bedauert. Sie war behindert, ihr rechter Arm war kürzer und nicht zu beugen.* Rosa hatte es also sozusagen mit zwei Behinderten zu tun, für die rechenschwache

Schwester Stütze in den Hausaufgaben zu sein und die Mutter psychisch zu stabilisieren: *Meine Mutter sagte immer, „wenn ich dich nicht hätte". Sie sagte mir auch, dass sie nicht mehr leben wollte. Da war ich etwa acht Jahre. Ich glaube, ich musste ihr Partnerersatz sein, Stütze für ihr Leben, sie trösten, seit mein Vater gegangen war. Ich habe sie vor allem und jedem beschützt, koste es, was es wolle. Wenn sie Streit hatte, war sie tagelang in absoluter Panik. Ich habe für alles in ihrem Leben gesorgt, ich musste „perfekt" sein.*

Man bedenke, das war ein achtjähriges Mädchen, die heute über ihre Geschwisterrolle sagt: *Ich war die Tüchtige, die Trösterin, die Praktische, der Konfliktlöser. Ich verteidigte meine Mutter „bis aufs Messer" ...* Heute sind die beiden Schwestern zerstritten, unter anderem auch wegen einer Erbgeschichte: *Bei einer Wiederannäherung müsste ich lernen, mich klar und liebevoll abzugrenzen und ihr zu sagen, dass ich keine Ratschläge möchte.*

Myriam wiederum genoss ihre Führungsrolle gegenüber der Schwester Erika und den Brüdern Jakob und Gregor: *Ich war sicherlich die Bewunderte – hübsch, gescheit, tüchtig, stark, mutig. Ich war auch die Vorkämpferin für Kinderrechte. Als Älteste war ich immer schon Mamas Stütze und Vertraute. Ich sollte ein Vorbild für die Kleineren sein. Meine Brüder erzog ich eher mit, ich mochte beide gern. Mit der Schwester klappte das nicht. Sie macht heute noch auf Konkurrenz. Sie hält sich eng an die Mutter, was niemand in der Familie versteht. Denn*

eigentlich findet sie die Eltern ja blöd, „Proleten"
etc. und spielt Dame. Armut war in der Kindheit ein
gemeinsames Thema. Die Familie konnte nie in
Urlaub fahren, nie Skifahren gehen. Wir Kinder tru-
gen geschenkte Kleidungen von anderen Familien.
Ich las viel und fantasierte mir ein wohlhabenderes
Leben. Ich erfand auch Urlaubsreisen.

Was sich aus diesen Familienverhältnissen später
entwickelte, schildert Myriam so: *Klar, dass wir alle*
einen Nachholbedarf hatten, als wir selbstständig
wurden. Ich reiste. Jakob kaufte sich ein altes Haus
zum Renovieren und ist sehr geizig. Erika hingegen
liebt Luxus und zelebriert ihre Würde als Wissen-
schaftlerin. Gregor ist Banker und leistet sich An-
fälle von Großzügigkeit. Obwohl alle in der gleichen Stadt wohnen, sehen sie sich selten. Es sind
alles Individualisten: *Wir vermeiden es, uns anein-*
ander zu messen, jeder ist eine Klasse für sich. Wir
können einander Wertschätzungen nur schwer aus-
drücken, wir sind einfach zu verschieden. Manchmal, jedoch nur manchmal, kann sich die witzige
Myriam für den Gedanken der Geburtenkontrolle
erwärmen (solche makabren Gedanken gibt es unter
Geschwistern): *Allerdings fand ich später, meine*
Eltern hätten nur zwei Kinder haben sollen. Dann
hätten wir uns mehr leisten können. Andererseits
nur ich und Erika! Ohne die Brüder wäre es fad.
Und da die Mutter eine Glucke ist und war, bin ich
froh, nicht ihr einziges Kind zu sein. Ich hatte ohne-
hin das Privileg, die „Große" zu sein. Ich hätte lie-
ber einen großen Bruder gehabt.

Dass die größere Verantwortung der Ältesten Eifersucht nicht nur ausschließt, sondern geradezu bedingt, verrät Mona, Schwester des zwei Jahre jüngeren Bruders Knut. Sie war ohnehin schon, was die Liebe ihres Vaters anging, verunsichert. Als sie fünf Jahre alt ist, verrät ihr die Mutter die Tatsache einer unehelichen Tochter des Vaters. Tatsächlich hatte der Großvater sein eigenes außereheliches Kind dem Sohn „untergeschoben". Mona: *Bei mir hinterließ das ein „bodenloses" Gefühl. Ich fühlte mich ohnmächtig. Ich wusste nicht, wie ich reagieren sollte. Zumal meine Oma uns immer das Gefühl vermittelte, dass Vater uns nicht liebt.*

Ein weiterer Schock kommt hinzu. Mona erfährt, dass ihre Eltern wegen einer Schwangerschaft heiraten mussten. Der Vater hatte damals „eigenhändig" die Abtreibung versucht. Darauf wurde dieses Kind, eine Tochter, tot geboren: *Als ich davon erfuhr, war das für mich ein Schock und hat einen Hass auf meinen Vater aufgebaut.* Inzwischen kann Mona, nach fünf Jahren Therapie, das Handeln ihres Vaters und ihrer Mutter respektieren.

In den ersten zweieinhalb Lebensjahren, also vor diesen Enthüllungen, war Mona der unbestrittene „Star" der Familie und das einzige Enkelkind ihrer Großeltern. Dann wurde die Mutter wieder schwanger: *Ich wünschte mir so sehr eine kleine Claudia. So sollte meine Schwester heißen. Mit ihr wollte ich spielen, quatschen, sie lieb haben. Meine Mutter wünschte sich einen Sohn, damit sie es den Schwiegereltern recht machen konnte. Knut wurde dann geboren. Enttäuschung war das erste Gefühl, das ich für ihn fühlte. Von meiner Mutter bekam ich gesagt, dass ich ihn lieb haben müsste. Ich gab das auch vor, aber gespürt habe ich es nicht.*

Es sollte noch schlimmer kommen. Knut entwickelt sich zu einem *süßen Fratz*, Mona wurde *fett*. Ein Satz der Mutter blieb in ihrem Ohr haften: *Wer klein ist, braucht nur süß zu sein. Sie sagte es, wenn sie mit Knut schmuste ...* Von diesem Zeitpunkt an war Mona nur noch nüchtern *die Große*. Da die Eltern beide beruflich stark eingebunden waren, blieb Mona stundenlang allein mit Knut. Sie bemutterte ihn dann und schmierte für ihn Butterbrote: *Damals merkte ich schon, wenn ich viel leiste, werde ich gelobt. Mit sechs Jahren konnte ich schon bügeln. Knut hatte das nicht nötig. Ganz im Gegenteil: Er bekam ständig Vorschusslorbeeren. Ich übte Klavierspielen, und mein Vater sagte: „Warte, bis der Knut damit anfängt, der Junge wird dir zeigen, wie es richtig geht." Klavierspielen war für mich eine Qual, zumal mir jegliches Talent fehlte. Knut ging es ähnlich. Er wurde nach einigen Monaten abgemeldet. Ich musste das Ganze über mehrere Jahre ertragen.*

Mühsam unterdrückte Mona ihre Aggressivität gegen den kleinen Kronprinzen: *Ein Erlebnis werde ich nie vergessen. Knut schlug sich die Lippe blutig an einem Steinhaufen. Ich schaukelte einfach weiter. Innerlich habe ich mich darüber richtig gefreut. Heute läuft es mir noch eiskalt den Rücken runter bei dem Gedanken! Ich habe hinterher geleugnet, dass ich gesehen habe, dass er blutete. Die „Große" hatte ihre Pflicht, auf den „Süßen" aufzupassen, vernachlässigt. Das war aber auch der einzige Moment, wo ich meine Wut an ihm auslassen konnte, sonst ging alles nach innen, in den Kummerspeck. Knut verspottete mich deswegen, klar!*

Später wandelten sich die Verhältnisse. Man kann ein Kind bekanntlich durch Verwahrlosung wie durch Überverwöhnung schädigen. Die Mutter tat mit Knut das Zweite. Er wurde ein Muttersöhnchen, verschont von jedem Lebensdruck. Knut wurde zum Lebensversager. Die Symbiose zwischen Mutter und Sohn war nicht zu knacken. Am Ende organisierte die Mutter, ein emotionaler Zweikomponentenkleber, die Verheiratung des mittlerweile hundertzehn Kilogramm schweren Knutchens mit einer Russin, die dicke Menschen bevorzugt. Trotzdem liebt Mona heute ihren Bruder, aber sie kann nicht sein Therapeut sein. Professionelle psychologische Hilfe, die Mona ihm wiederholt vorgeschlagen hat, lehnt er ab. Es sieht so aus, als ob Mona, die gegenüber ihren Eltern und Kronprinz Knut schmerzhafte Frustrationstoleranz lernen musste, heute die lebendigere und die lebensfähigere ist.

Unter Geschwistern gilt nicht selten das Dschungelgesetz des Darwinismus: Der Stärkere und Geschundenere überlebt. Das ist die harte Rivalität unter Geschwistern. Der Begriff Rivalität stammt vom lateinischen *riva*, das ist das Flussufer. Seine Bewohner streiten sich um die fischreichen Plätze. Sie riva-lisieren, sie profitieren dabei, und sie nehmen auch Schaden dabei.

Geschwisterliche Rivalität kann Dramen verursachen und ein ganzes Leben vergiften. Vor allem ist es das Phänomen der *Entthronung* des Ältesten durch das jüngere Geschwister. Der Erstgeborene macht hier oft ein wahres Trauma durch. Sigmund Freud hat die Ursprungsgeschichte der Eifersucht in diesen Seelenbezirk verlegt, wenn er von ihrer alltäglichen Erscheinungsweise spricht: *Diese Eifersucht ist, wenn wir sie auch normal heißen, keineswegs durchaus rationell, das heißt aus aktuellen Beziehungen entsprungen, den wirklichen Verhältnissen proportional und restlos vom bewussten Ich beherrscht, denn sie wurzelt tief im Unbewussten und stammt aus dem Ödipus- oder aus dem Geschwisterkomplex der ersten Sexualperiode* (vgl. dazu, Mathias Jung, *Eifersucht – ein Schicksalsschlag?*, emu-Verlag).

Lassen wir in diesem Zusammenhang einmal den Ödipuskomplex beiseite. Fest steht: Wenn eine Mutter plötzlich das Neugeborene favorisiert, so fühlt sich das ältere Kind, dem bislang alle Zuwendung galt, häufig betrogen; es entwickelt eine Wut gegen das neue Geschwister, aber auch gegen die „unzuverlässige" Mutter. Allerdings darf es die Wut nicht offen äußern. Jeder Kinderarzt, jede Erzieherin weiß, wie oft ältere Geschwister auf diesen „Unglücksfall" indirekt mit Symptomen wie Einnässen, Daumenlutschen, Schlafstörungen, Essproblemen und Krankheiten reagieren. Mit diesem Störerverhalten wollen „entthronte" Erstgeborene die Aufmerksamkeit wieder auf sich lenken und Für-

sorge erzwingen. Wie sagte der Schweizer Kinder-
psychologe Jean Piaget: „Ein Kind, das stört, ist
zuvor gestört worden."

Der Dichter Carl Spitteler erinnert sich in seinen
Lebenserinnerungen *Meine frühesten Erlebnisse* an
die eigene Not: *Übrigens war da noch ein zweiter
Adolf da. Ein kleines Geschöpf, von dem man
behauptete, er wäre mein Bruder, von dem ich aber
nicht begriff, wozu er nützlich sei; noch weniger,
weswegen man solch ein Wesen aus ihm mache wie
von mir selber. Ich genügte für mein Bedürfnis, was
brauchte ich einen Bruder? Und nicht bloß unnütz
war er, sondern mitunter sogar hinderlich. Wenn ich
die Großmutter belästigte, wollte er sie ebenfalls
belästigen, wenn ich im Kinderwagen gefahren
wurde, saß er gegenüber und nahm mir die Hälfte
Platz weg, so dass wir uns mit den Füßen stoßen
mussten.*

Auch Wilhelm Busch formulierte diese fundamentale kindliche Eifersucht in einem kessen
Gedicht:

*Die Tante winkt, die Tante lacht:
He, Fritz, komm mal herein!
Sieh, welch ein hübsches Brüderlein
Der gute Storch in letzter Nacht
Ganz heimlich der Mama gebracht.
Eija, das wird dich freuen!
Der Fritz, der sagte kurz und grob:
Ich hol 'nen dicken Stein
Und schmeiß ihn an den Kopp.*

Wenn Eltern nicht in der Lage sind, diese kindliche Eifersucht und dieses angstvolle Unvermögen liebevoll aufzufangen, behält ein Mensch diese Verletzungen als Erwachsener; er verharrt in der infantilen Seinsweise, anstatt emotional mündig zu werden. Immer befindet er sich in der Angst, den Partner zu verlieren. Die Psychoanalytiker sprechen von *Trennungsangst*.

Hermann, ein etwa fünfundvierzigjähriger Patient von mir, der sich wegen Depression und Einsamkeitsgefühlen in die Therapie begeben hatte, gestand mir nach langen Stunden das entscheidende Geheimnis seines Weltverlustes: *Als ich zehn war, bekamen meine Eltern überraschend noch einmal Nachwuchs. Aber es handelte sich nicht nur um ein Kind, sondern gleich um Zwillinge. Von da an war mein Dasein als kleiner Sonnenkönig beendet. Nichts drehte sich mehr um mich, sondern alles um die „Monster", wie ich sie nannte. Sie waren über Nacht das Entzücken meiner Eltern und wurden wie dressierte Äffchen allerorten vorgeführt. Ich hatte das Gefühl, von mir will keiner mehr etwas wissen. Das markierte das abrupte Ende meiner Kindheit, aber auch meiner Selbstgewissheit und meines Vertrauens in die Welt. Der Absturz war unendlich. Eigentlich habe ich nie wieder Vertrauen in einen geliebten Menschen gefasst, nicht einmal in meine eigene Frau. Vielleicht hat meine Kinderlosigkeit auch damit etwas zu tun, dass ich nicht noch einmal durch Kinder, diesmal die eigenen, aus der Liebe, diesmal zu meiner Frau, herauskatapultiert werden wollte.*

Ich selbst bin mir heute als Jüngster nicht mehr sicher, ob ich wirklich mit der Position des Ältesten tauschen möchte. Wie oft werden die Ältesten schlicht und einfach ausgenützt. Das fängt schon in der Bibel an, wo der verlorene jüngere Sohn, der sein Erbe durchgebracht und seine Gesundheit ruiniert hat, liebevoll vom Vater in die Arme geschlossen und für ihn ein Kalb geschlachtet wird, während der redliche Älteste, der doch so brav und unbezahlt im Weinberg des Vaters rackert, erst einmal leer ausgeht. Von ihm erfahren wir keine rührenden Geschichten. Er ist, nicht ganz zu Unrecht, verärgert.

Sauer ist auch Anna, die zwei jüngere Brüder, Ulrich und Georg, hat: *Meine Position unter uns Geschwistern war, immer die Rücksichtsvolle zu sein, den anderen zuliebe zu verzichten. Zudem war ich das einzige Mädchen. Ich hätte mir schon eine Schwester gewünscht.* Das ging bis ins Erwachsenenalter so: *Als meine Mutter schwer krank war, trug ich die ganze Last. Von meinen Geschwistern hat keiner geholfen. Ich fühlte mich von ihnen im Stich gelassen und fühle es mich auch heute noch. Wenn mit meinen Eltern etwas passieren würde, wenn sie ein Pflegefall wären oder ins Heim müssten, dann würde ich mit dieser Situation alleine dastehen. Von wegen Zusammenhalt unter Geschwistern! Die einzige, die Oma heute noch im Altersheim besucht, bin auch ich. Wenn es Auseinandersetzungen gab oder Klärung wegen etwas bevorstand, bin immer ich diejenige gewesen, die auf meine Geschwister zuging und um ein Gespräch*

bat. Ich würde mir wünschen, dass meine Geschwis-
ter auch einmal auf mich zugehen würden.

Der Bruder Georg, ein trockener Alkoholiker, ist, so meint Anna zu spüren, oft ablehnend gegen sie, und der Bruder Uwe verhält sich distanziert. Jetzt will Anna sich in einer *Familienaufstellung* Gewissheit verschaffen, *was bei uns in der Familie immer so chaotisch ist, auch weil Suchtkrankheiten sich durch die ganze Familie ziehen.* Ich würde, liebe Anna, auch wenn du es schon probiert hast, nicht davon ablassen, mit den Brüdern in einer Aussprache die Differenzen zu klären. Ob sie dich wirklich ablehnen, wage ich zu bezweifeln. Vielleicht ist das auch deine Projektion.

Liebe ist Information, auch und gerade unter Geschwistern. Tatsächlich überziehen sie sich oft gegenseitig mit Vorstellungen, die mit dem eigenen Verdrängten zu tun haben. Stefanie, eine fast siebzigjährige Klientin von mir, hatte sich hartnäckig mit ihrer fünf Jahre jüngeren Schwester Silvia zerstritten. Silvia, so erklärte sie mir, halte sie für dumm. Ich habe nicht nachgelassen, bis Stefanie ihre angeblich so verächtliche Schwester zu einem Abendessen in einem kultivierten Ambiente einlud, um die Majestätsbeleidigung der Dummheit zu klären. Was ich vermutet hatte, trat ein: Silvia verwehrte sich schärfstens gegen den Verdacht, ihre Schwester für „unterbelichtet" zu halten. Sie rühmte ganz im Gegenteil ausdrücklich ihre geistige Beweglichkeit wie ihr kulturelles Interesse. Tatsache war, wie es sich in den Sitzungen bei mir herausstellte, dass Stefanie, die als Siebzehnjährige wegen eines längeren Sanatoriumaufenthaltes die höhere Handelsschule abbrechen musste, es ein Leben lang nicht verwinden konnte, das Fachabitur „nicht geschafft" zu haben. Den eigenen Minderwertigkeitskomplex projizierte sie auf die Schwester als deren Vorwurf, sie, Stefanie, sei dumm …

Natürlich haben Erstgeborene, gleichgültig, ob sie Jungen oder Mädchen sind, meist ein aggressiveres, dominanteres und „männlicheres" Charakterprofil. Darin erinnern sie an die Alpha-Männchen bei Affen oder Hirschen. Den Jüngeren bleiben oft nur die Modalitäten der Rebellion oder der Unterwerfung übrig. Wenn die Familie eine Krisenfamilie ist, werden alle Geschwister von den Schicksalsschlägen erschüttert. Das Älteste kriegt jedoch am meisten mit.

Anna, ältestes von vier Geschwistern, kann ein Lied davon singen: *Da ich die Älteste war, unterlag ich dem Druck meiner Eltern, besonders gut sein zu müssen. Das heißt, ich habe wohl die meisten Schläge von allen bekommen, da ich, laut Aussage meines Vaters, auch fast an allem Schuld war. Als Älteste musste ich es ja besser wissen als meine jüngeren Geschwister. Meine Mutter sagte immer über mich, dass ich schon mit zwei Jahren sehr vernünftig und verlässlich war.* Dabei war der Vater durchaus stolz auf Anna. Er nannte sie seinen *Augenstern*, die Mutter schmückte sie mit dem Kosenamen *Schmalreh*, da Anna so dünn war. Anna wurde zur besten Freundin der Mutter: *Da ich ja schon mit zwei Jah-*

ren so *verantwortungsvoll war, durfte ich auch jede Verantwortung übernehmen, die meiner Schwester nicht zugetraut wurde, zum Beispiel mit einem Hundertmarkschein einkaufen gehen, über tausend Mark von der Bank abholen. Ich denke, ich hatte schon eine besondere Position in unserer Familie. Ich hatte eigentlich immer mehr zwischen meinen Eltern gestanden und nicht in der Kinderrolle.*

Anna fungierte, für die jüngste Schwester, als *eine Art Ersatzmutter.* Was das bedeutete, ahnt man, wenn man von dem Familientrauma der vier Geschwister erfährt: *Unsere schwere gemeinsame Kindheitsverletzung bestand in der Alkoholkrankheit meines Vaters. Jeder von uns hat natürlich dadurch andere Verletzungen davongetragen. Aber wenn der Vater über lange Zeit pro Abend fünf bis sechs Flaschen Bier und eventuell noch drei Underberg verdrückt, dann sind da schon ziemliche Schwierigkeiten vorgezeichnet. Das Zweite war dann noch der Selbstmordversuch meines Vaters.*

Trotzdem entscheidet, meine ich, nicht die Reihenfolge der Geschwisterkonstellation, wie manche Forscher annehmen, über den Schicksalsweg der Kinder, sondern die *Qualität der Elternbeziehung.* Sicher reagieren auch die Nachgeborenen mit destruktiven Gefühlen auf die Bevorzugung des ältesten Geschwisters, die „Affenliebe" der Eltern für ihn. Aber so einfach ist das alles nicht. Denn auch Alter, Aussehen, Begabung, Geschlecht und Intelligenz weisen jedem Kind eine unterschiedliche Position im Familienverband zu. Väter bevorzugen manchmal Söhne, manchmal Töchter. Mütter ebenso. Eltern erkennen in ihren Kindern positive Züge oder die verleugneten Schattenanteile ihrer selbst. Eltern delegieren an ihre Kinder unterschiedliche Erwartungen: *Du sollst einmal meinen Betrieb übernehmen. Du sollst eine hübsche Frau werden und eine bessere Partie machen als ich.* Eltern verfolgen die eigene böse Mitgift, die Bockigkeit, die Eitelkeit, die Verschlossenheit in ihrem Kind. Kurz, Kinder werden unterschiedlich behandelt und erzogen, als *brav* oder *böse* klassifiziert und mit unterschiedlichen Botschaften in die Welt entlassen. Älteste übernehmen eine Rolle, die an sie herangetragen wird. Kluge Eltern ehren die nachfolgenden Kinder auch an ihrem zweiten, dritten, vierten oder fünften Platz.

Schön wird das an Jirina Prekop sichtbar, die in ihrem Buch *Erstgeborene* auch über sich und vor allem ihre ältere Schwester Maruska berichtet. Maruska freute sich ihren eigenen Worten nach zunächst über das Schwesterchen als eine Art lebendiger Puppe: *Später aber fing ich an, eifersüchtig zu sein. Bisher war ich das Nesthäkchen gewesen, und alles drehte sich um mich. Die Mutter war nun mit der Pflege der Kleinen beschäftigt – und Jirina war kein pflegeleichtes Kind. Sie schlief in der Nacht sehr schlecht und war ein bisschen ein kleiner Tyrann, wie sie es auch in ihrem Buch beschreibt. Ich war neidisch, als die Mutter Jirina zu sich ins Bett nahm, ihr etwas vorsang und sie liebkoste. Ich musste still sein, um das Kind nicht zu stören. Was mich auch sehr ärgerte, war, dass ich bei den Spaziergängen nicht mehr im Kinderwagen fahren durfte, sondern Jirina wurde von der Mutter im schönen neuen Kinderwagen gefahren, und ich musste artig zu Fuß gehen. Die Mutter sagte immer: „Du bist schon groß und Jirinchen ist noch sehr klein."*

Beide Mädchen stimulierten sich einander positiv. Je mehr die ältere Maruska ihren Verstand präsentierte, umso mehr wurde von ihr erwartet: Je mehr von ihr erwartet wurde, desto weniger konnte sie sich erlauben, etwas nicht zu wissen. So wurde sie durch ihr Bedürfnis nach Selbstbehauptung und Bestätigung stets getrieben, immer als Erste die passende Antwort zu wissen, neue Spielideen zu haben, für ihr Äußeres bewundert zu werden.

Maruska wurde eine fabelhafte Ärztin, Ehefrau und Mutter: *Allerdings neigte sie immer noch dazu, sich ihren Patienten, ihrem Mann und ihren Kindern gegenüber als die erziehende große Schwester zu verhalten.* Demgegenüber musste die jüngere Jirina sich abgrenzen, von früh an einen eigenen Raum von Freundinnen und beruflichen Interessen schaffen. Sie wurde die große Psychologin, Bestsellerautorin und bekannte Festhaltetherapeutin. Irgendwie trauten sich die beiden Schwestern ein Leben lang im letzten Winkel ihres Herzens nicht so recht über den Weg. Als Maruska zum siebzigsten Geburtstag von Jirina eine bewegende öffentliche Rede hielt und die jüngere Schwester respektvoll würdigte, fühlten sich beide endlich in ihrer Schwesternschaft angekommen. Jirina Prekop: *Das*

Erstaunlichste für mich aber ist und bleibt, dass mir meine große Schwester meine Erfolge gönnt. Sie ist nicht neidisch, ja, sie freut sich sogar, dass ich als ihre kleine Schwester groß geworden bin. Merkwürdigerweise ist meine Durchsetzungskraft weitaus größer als ihre. Vielleicht gerade deshalb, weil sie früher unterdrückt wurde.

Jirina respektiert die Priorität der älteren Schwester in der *Ordnung der Liebe*. Das gilt für alle uns jüngeren Geschwister: *Unabhängig davon, was aus uns geworden ist, ehre ich sie als meine erstgeborene Schwester und nehme den zweiten Platz ein. Als ich ihr dies sagen konnte, atmete sie hörbar auf. Damals waren wir beide bereits um die siebzig!*

*

Die Jüngste zu sein, ist fast ein Privileg, die Älteste zu sein, eine Pflicht. Die Wünsche, Hoffnungen und Ängste der Eltern verteilen sich auf bestimmte Weise auf die Kinder.

Verena Buss,
„Wenn man das wüsste ..."
in: Günter Franzen/Boris Penth (Hrsg.),
Hüten und Hassen. Geschwister-Geschichten,

Die Jüngsten:
Nesthäkchen oder Dummchen?

*Geschwister haben den großen Vorteil, ihre ganze
Kindheit hindurch in den Genuss zu kommen, miteinander soziale Verhaltensweisen zu trainieren.
Je nachdem, an welcher Stelle sie geboren sind, lernen
sie, sich dem anderen anzupassen, sich gegen ihn zu
behaupten, ihn zu erdulden, mit ihm zu teilen,
Schläge zu erteilen, aber auch sich zu wehren, gegen
ihn oder auch mit ihm gegen gemeinsame Feinde zu
kämpfen, sich hinter ihm zu verstecken oder ihn zu
vertreten und zu verteidigen, sich mit ihm zu solida-
risieren. Sie lernen, die eigene Stelle in der Rang-
ordnung mit allem Drum und Dran anzunehmen
und eigene Strategien zur Selbstbehauptung zu entwickeln.*

Jirina Prekop,
Erstgeborene.
Über eine besondere Geschwisterposition

Älteste können, so sahen wir, unterschiedliche
Rollen spielen, vor allem aber sich unterschiedlich
fühlen – als unangefochtenen Führer der geschwisterlichen Sippe und mit machtvollem Selbstbewusstsein oder aber als Elternersatz, ausgebeutet
und überfordert. In der Geschwisterkonstellation
ist jede nur erdenkliche Rollenvariante möglich. Es
gibt keine Gesetzmäßigkeiten der Geschwisterkonstellation, eher gewisse Trends, die uns auch hier

in den fesselnden Geschwistergeschichten entgegentreten. Liebe, Streit, Wiederannäherung bilden hierbei eine feste Trias der geschwisterlichen Kriege und Friedensschlüsse. *„Was unterscheidet Geschwister von wilden Indianerstämmen?" fragte Kurt Tucholsky. Er antwortete: „Wilde Indianer sind entweder auf Kriegspfad oder rauchen Friedenspfeife – Geschwister können gleichzeitig beides!"*

Natürlich fühlen sich die Ältesten oft durch die jüngeren Geschwister entthront. Johannes, ein musischer Einzelgänger und chronischer Junggeselle um die fünfzig, äußerte einmal ganz empört in einer Sitzung bei mir: *Ich habe nie verstanden, was mein jüngerer Bruder eigentlich in meinem Leben suchte. Er machte Dreck, war lärmig, hörte nicht zu, kannte nichts als Fußball, langweilte mich, und ich musste ihn ständig mit meinem Vater teilen. Immer, wenn wir gerade daran waren, an unserer Briefmarkensammlung zu arbeiten, kam ganz bestimmt Jürgen und störte!*

Aber auch die Jüngsten haben, das enthüllen die Zuschriften, ihre Lust und Last mit den Ältesten. Mehr Lust empfand zunächst Caroline. Ihr einziger Bruder Udo war sechs Jahre älter. Drei Jahre vor ihrer Geburt erlitt ihre Mutter eine Fehlgeburt. Abgegangene, abgetriebene, tot geborene oder früh verstorbene Geschwister üben, das wissen wir Therapeuten aus unzähligen Fallgeschichten, einen oft magischen Sog im Geflecht der Familienbeziehungen aus. Caroline: *Ich habe zwar kein erwachse-*

nes Geschwister verloren, aber die Fehlgeburt meiner Mutter hat auch einen leeren Platz hinterlassen, und diesem Kind würde ich gerne sagen, ich hätte es gerne bei uns gehabt: „Schade, dass ich dich nicht kennenlernen durfte." Vielleicht wäre dann eine größere Verbindung unter uns Geschwistern entstanden. Bei einer Familienaufstellung bekam ich zu spüren, dass es einen großen Wunsch nach drei Kindern gab. Späteres Nachfragen bei meiner Mutter führte zu ihrer Bemerkung: „Ich weiß gar nicht, warum ich nicht noch ein Drittes bekam, es wäre schön gewesen."

Ihre Position beschreibt Caroline als *Wunschkind, Muttis Sonnenschein, die Tochter, die mit der Mutter bummeln geht.* Wie viele Nesthäkchen wurde sie bevorzugt behandelt: *Während mein Bruder geradezu als Rebell abgestempelt wurde, der immer das tat, was er wollte, also gar nicht das, was den Vorstellungen meiner Eltern entsprach, war ich bis zu meiner Heirat immer das liebe, brave Mädchen, das geholfen hat, gehorchte und das zuverlässig war. Wenn ich mal aufgemuckt habe, wurde der Versuch gleich im Keim erstickt.*

Caroline hat für ihr Prinzessinnendasein den teuren Preis der weiblichen Dressur bezahlt. Umgekehrt berichtet sie auch ehrlich, dass sie Udo oft bei den Eltern *verpetzt* und damit verletzt hat. Der ältere Bruder hat übrigens eifersüchtig auf die Geburt der Nachzüglerin reagiert: *Ich war nur ein hilfloses, strampelndes, schreiendes Etwas, aber nicht der gewünschte Spielkamerad. Außerdem*

spielte nicht mehr mein Bruder die Hauptrolle, son-
dern mir kam sämtliche Aufmerksamkeit zu.

Die Rolle des Sonnenscheinchens erfüllt natürlich ein elterliches Muster. Eltern halten sich an
einem solchen Kind manchmal auch schadlos, das
heißt sie holen sich hier, sozusagen mit sanfter
Gewalt, was sie in der partnerschaftlichen Liebe
libidinös nicht erwirtschaften. Caroline bringt es
auf den Punkt: *Meiner Meinung nach war ich eine*
Art Ersatz für meine Mutter. Sie konnte mir all ihre
Liebe zufließen lassen, was sie bei meinem Vater
und meinem Bruder nicht konnte, vielleicht auch
geprägt durch früheres Rollenverhalten: Männer
gehen aus dem Haus. Frauen bleiben bei den Eltern.

Ältere Geschwister haben für jüngere neben vielem anderen, auch die wichtige Funktion, ihnen
durch ihr eigenes Hinausgehen in die Welt, durch
ihre neuen Freundschaften und Interessen die Ablösung von den Eltern, auch konfliktträchtig, vorzule-
ben und sie sozusagen zu *erlauben.* Genau das
erinnert auch Caroline: *Dankbar macht mich auf*
jeden Fall, dass er mir stückweit geholfen hat, mich
von meinen Eltern loszulösen. Udo hat mich ein
paar Mal mit auf Feten genommen und mir sogar,
als ich gerade den Führerschein hatte, sein Auto
geliehen (in das ich gleich eine Beule gefahren habe).

Worüber Geschwister in ihren Briefen an mich
meist nur versteckt und etwas schamhaft berichten,
das sind die Zärtlichkeiten, die sie voneinander
empfingen. Mich rührt an, was Caroline über die
beschützende und sanfte Seite ihres älteren Bruders

Udo offenbart: *Ein schönes Erlebnis gab es im Zusammenhang mit dem Tod unserer Oma mütterlicherseits. Meine Eltern mussten uns in der Nacht allein lassen, weil die Oma im Sterben lag. Der Nachbarin hatten sie Bescheid gegeben. Ich lag tief schlafend in meinem Bett (ich war fünf), als morgens mein Bruder zu mir ins Bett kroch, mir sanft über den Kopf strich und sagte: „Du musst nicht traurig sein, die Oma ist tot."*

Heute haben sich Schwester und Bruder etwas auseinander entwickelt. Udo hat einen kräftezehrenden Beruf, Caroline einen Mann und vier Kinder: *Wenn wir uns jetzt treffen, ist schon Herzlichkeit und Wärme da, aber irgendwie ist es auch, als ob wir aus verschiedenen Welten aufeinanderprallen. Ein gewisser Teil Entfremdung ist dabei, weil jeder sein eigenes Leben hat. Wir sind auch räumlich gesehen 450 km auseinander.* Caroline bewundert an Udo sein *Durchstehvermögen.* Hast du ihm das, liebe Caroline, schon einmal gesagt? Du sprichst die schicksalhafte Verbundenheit mit deinem großen Bruder eindringlich aus: *Ich wünsche mir schon ein bisschen mehr Nähe, denn er ist mein Bruder. Wenn meine Eltern einmal sterben, ist er der einzige direkt mit mir verbundene Teil. Außerdem war er derjenige, der meinen Namen ausgesucht hat.*

Mit keinem vergleichen wir uns mehr als mit unseren Geschwistern, vor allem den gleichgeschlechtlichen. Sie sind sozusagen ein primärer Maßstab für unsere eigenen Leistungen, für unsere

Position in der Welt, unsere mehr oder weniger gelebte Männlichkeit oder Weiblichkeit. Nichts kann erdrückender sein, als wenn wir lebensgeschichtlich unter ihrem Standard bleiben. Peinlich kann es aber auch sein, wenn ein Geschwister das andere körperlich oder geistig drastisch hinter sich lässt.

So erlebt es Sarah. Sie hat einen zwölf Jahre älteren Bruder, Paul, und eine drei Jahre ältere Schwester, Esther. Ihre eigene Rolle definierte sich durch die Geschwistersituation eindeutig: *Meine Position war und ist es bis heute, dass ich den Sonnenschein erzeuge, denn meine Geschwister waren oft „Problem-Kinder".* Für Esther war Sarah oft der Tröster, wenn die Eltern zum Kegeln außer Haus gingen. Hier kam es auch zu frühkindlichen erotischen Spielen zwischen den Geschwistern, die Sarah heute peinlich sind. Warum eigentlich? Ihr habt es doch in eurer Unschuld genossen.

Hören wir Sarah: *Wenn meine Eltern beim Kegeln waren, legten wir uns in mein Bett und massierten uns die Rücken. Irgendwann fingen wir an, auch die Brüste zu streicheln, aber immer auf dem Bauch liegend. Ich glaube, ich genoss dies am meisten. Warum taten wir das? Unsere Eltern erfuhren nie etwas davon.* Geschwister tauschen sich über Sexualität aus, erkundigen sich in Doktorspielen und praktizieren gelegentlich auch erotische Kontakte miteinander. Es kommt immer auf den Kontext an, ob das ein schönes und wünschenswertes kindliches Probehandeln darstellt, oder ob es sich

als Missbrauch in die verstörte kindliche Seele ein-
prägt.

Erwachsen geworden, halten Paul, Sarah und
Esther keinen Kontakt mehr untereinander. Sarah
meint: *Nie war ein richtiger Streit da, nur eine totale
Entfremdung. Vielleicht liegt es etwa daran, dass
meine Schwester Krankenschwester werden wollte,
aber kaum die Ausbildung zu einer Pflegehelferin
schaffte. Sie arbeitet auch nicht mehr in diesem
Beruf. Sie war wirklich ungeeignet. Ich wurde
Krankenschwester und arbeite heute noch in diesem
Beruf, habe Erfolg. Da fing die Entfremdung an. Als
ich dann eine feste Beziehung hatte und sie nicht, als
ich dann auch noch heiratete und einen Jungen und
zwei Jahre später ein Mädchen zur Welt brachte,
wurde es von Jahr zu Jahr schlimmer. Mittlerweile
sehen wir uns nur noch an den Geburtstagen unserer
Eltern, doch da muss sie fast immer gleich wieder
gehen. Flüchtet sie vor mir? Esther ist dick und
ungepflegt, ist also keine „Vorzeigeschwester". Sie
lässt sich total hängen. Sie ist bequem, faul und
arbeitet nicht. Sie hängt meistens zu Hause herum
und (Entschuldigung) verdummt meiner Meinung
nach. Ich wünsche mir sehr eine Schwester. Ich habe
ja auch eine, aber was für eine?*

Als Außenstehender sieht man begreiflicher-
weise schärfer. Es liegt auf der Hand, liebe Sarah,
dass Esther sich in einer anhaltenden Lebenskrise
befindet. Die Vernachlässigung ihrer Weiblichkeit,
die vermutliche Essstörung, die berufliche Demoti-
vation, die Unfähigkeit zur Partnerschaft – signali-

sieren sie nicht eine innere Not? Warum flüchtet sie? Weil sie vor dir, der erfolgreichen und strahlenden Krankenschwester, Ehefrau, Mutter und „sattem Weib" so nicht bestehen kann?

Du fragst mich nach Auskunft. Hier ist sie: Mobilisiere dein schwesterliches Mitgefühl. Kämpfe um deine Schwester. Knacke den Panzer und zeig ihr deine Liebe gerade jetzt in der Eiszeit ihrer Seele. Erzähle ihr von den eigenen Krisen, die du durchgemacht hast. Klopfe vorsichtig an, ob sie sich eine Frauengruppe, eine Einzel- oder Gruppentherapie, eine Ernährungsumstellung oder eine Weiterbildung vorstellen kann. Das Gleiche gilt auch, scheint mir, für die absolute Funkstille zu Paul. Aus deinen Zeilen ist zu spüren, wie sehr du ihn geliebt hast und wie verstört du über den Kommunikationsstau zwischen euch bist. Du schreibst: *Paul hatte vor fast fünfundzwanzig Jahren einen Motorradunfall, wobei der „Nachbarsjunge" ums Leben kam. Mein Bruder lag sehr lange im Krankenhaus. Er wurde vorfußamputiert. Ich werde den Augenblick nie vergessen, als ein Mann kam und uns mitteilte, was passiert war. Es war ein Schock für mich.*

Vielleicht schreibst du Paul einfach einmal, wie sehr du damals um sein Leben gebangt hast. Dass du ihn dir wieder als starken großen Bruder in dein Leben wünschst. Dass dir deine eigene Sonnenscheinchenrolle zum Hals heraushängt. Du hast es besser getroffen als deine Geschwister. Deine Schwester bekam mit einundzwanzig Jahren eine uneheliche Tochter. Dein Bruder musste um das

Sorgerecht für seinen Sohn, seinen ganzen Stolz, kämpfen. Was haben die beiden durchgemacht! Du schreibst es selber. Also auf zum Liebeskreuzzug um deine Geschwister. Motto: *Umarme deinen Gegner, bis er sich ergibt.*

Das *gute Kind* und das *böse Kind* – das sind klassische Familieninszenierungen mit verteilten Rollen. Natürlich ist weder das eine Kind einfach böse noch das andere schlicht gut. Es herrscht vielmehr eine Art unbewusster emotionaler Arbeitsteilung zwischen beiden. Die Eltern spielen in diesem Marionettenspiel ebenso ihren Part. Tatsächlich lebt das böse Kind jene Aggressionen aus, die das brave nicht zu leben traut. Denn das brave Kind ist aggressionsgehemmt, drückt sich um die unbequeme Aufgabe seiner kantigen Ich-Werdung, seiner Abgrenzung und Andersartigkeit. Das so genannte gute Kind wiederum lebt jene Einfühlung, Sanftheit und Soziabilität, die das „böse" Kind nicht ausagiert und sich damit um wichtige Charakteranteile beraubt. Jeder der beiden gegensätzlichen Kinder delegiert also einen ungelebten Teil an den anderen.

Jeder der beiden „Schattengeschwister" erzielt bei dieser Transaktion auch seinen emotionalen Mehrwert. Das „böse Kind" genießt seine Unangepasstheit und erobert eigensinnig die Welt. Dafür muss es mit dem Etikett des familiären Sündenbocks leben. Das „brave Kind" lebt unangefochten und von allen geliebt. Es erhält, wie das Bundesverdienstkreuz Erster Klasse, den Orden „Sonnenschein" verliehen, dafür verzichtet es auf seine wilde Wolfsnatur.

In dem Märchen „Der Froschkönig" haben wir in der Königstochter so ein zwiespältiges Sonnenscheinchen. Die Jüngste ist so schön, *dass die Sonne sich jedesmal wunderte, so oft sie ihr ins Gesicht schien*, aber sie ist auch so angepasst und passiv und ausschließlich auf ihren Herrn Papa, den König, fixiert. Immer wenn sie mit ihrem Leben oder der Beziehung nicht zu Rande kommt, weint und schmollt sie. Sie ist so niedlich, man hört förmlich ihre blütenweißen Petticoats rauschen. Sie ist gerne gekränkt. Nie haut sie drauf. Selbst als der Froschkönig, dieser unerträgliche Schleimbeutel, ihr buchstäblich das Tellerlein leerfrisst und das Becherlein ausschlürft, jammert sie und zieht sich hilflos in die innere Emigration zurück. Es ist der Höhepunkt dieses fantastischen Märchens, wenn die Prinzessin endlich das *Sonnenscheinchen* in sich über Bord und den Gegenstand ihrer obskuren Liebe, den Frosch-Mann, an die Wand wirft! (Siehe dazu auch: Mathias Jung, *Das sprachlose Paar*, emu-Verlag.)

Dabei sind *Nesthäkchen* so unschuldig nicht, wie sie uns gerne mit ihren herzzerreißenden Bambiaugen suggerieren. Hildegard reibt sich heute noch an ihrer vier Jahre älteren Schwester Helga. Die Älteste war ein *Problemkind*. Sie hatte Prüfungsangst und fürchtete sich, wenn die Eltern weg waren. Andererseits wusste sie genau, was sie wollte und setzte dies *mit allen Mitteln* durch. Sie provozierte geradezu den Streit mit dem Vater. Die Auseinandersetzungen waren fürchterlich. Hildegard: *Ich nahm mir vor, mich so nicht zu verhalten. Ich war diesbe-*

züglich die Brave, tat das, was man von mir erwartete. Bloß jeden Konflikt vermeiden. Dabei war, wie bei allen vitalen Kindern, auch Rivalität angesagt. Geschwisterschaft ohne Rivalität ist wie eine Suppe ohne Salz. Rivalität ist entwicklungsfördernd und unverzichtbar. So weit, so gut. Aber wenn Hildegard besonders zornig auf Helga war, rutschte ihr, wiederholt, ein bitterböses Wort heraus: *Ich schrie sie an, „Stirb doch!". Damals habe ich mir nichts dabei gedacht. Die Tragweite ist mir erst heute bewusst. Entschuldigt habe ich mich nie.*

Geschwister hassen sich. Das geht bis zu Todeswünschen. Sie haben heimlich Fantasien, wie es wäre, wenn ein Geschwister verunglückte. Dass sie ein größeres Zimmer bekämen, dass es ihnen besser ginge, dass mehr Geld da wäre. Nur dort, wo wir so existenziell eng in familiären Fesseln zusammengezwungen sind, können wir auch so hassen und den anderen in die Hölle wünschen. *Das Wort Familienbande,* so bemerkte der Wiener Aphoristiker Karl Kraus einmal sarkastisch, *hat einen Beigeschmack von Wahrheit.*

Hildegard hat ihre Schwester auch verletzt. Das ist eine wichtige Feststellung. Denn in unserer eigenen Geschwistererinnerung sind wir fast immer nur die Opfer. Wir sammeln die Verletzungen, die uns zugefügt wurden, wie ein Briefmarkensammler seine Raritäten. Wir hocken im *Museum der Verletzungen.* Wir bieten selbst nach Mitternacht noch Führungen an: *„Da hat mich mein Bruder beim Erbe über den Tisch gezogen. Stell dir vor, meine*

Schwester hat drei Kinder, aber mich hat sie noch nie zur Patin genommen." Auf die Idee, einmal unsere eigenen Biestigkeiten und Lieblosigkeiten gegenüber den Geschwistern zu begreifen und uns dafür zu entschuldigen, kommen wir nicht. Das verträgt sich nicht mit unserem idealisierten Selbstbild, das ohne Furcht und Tadel ist.

Dabei ist das Um-Verzeihung-Bitten und das Vergeben die Grundlage jeder Beziehung vom Kinderzimmer bis zur Ehe, von der Arbeits- bis zur Hausgemeinschaft, von der Freundschaft bis zum Vereinsleben. Hildegard hat begriffen, wie sie Helga einmal unübersehbar kränkte: *Als wir vor sieben Jahren heirateten, nahm sie es mir übel, dass nicht sie, sondern meine beste Freundin Trauzeugin werden sollte. Aber sechs Wochen vor der Hochzeit kam meine beste Freundin durch einen Autounfall ums Leben. So war ich dann sehr froh, dass Helga für sie einsprang.*

Geschwister verbluten sich manchmal fast in der Konkurrenz miteinander. Hier ist es offensichtlich die durchaus erfolgreiche, verheiratete, selbstständige Friseurmeisterin Helga, die mit Hildegard nicht fertig wird, die ihr sogar die verstorbene Freundin neidete: *Sie wollte sie mir sogar mal „ausspannen". Sie hat die Beziehung zu meinem Mann immer kritisiert, sich eingemischt. Das sind alles Zeichen des Neides für mich. Ich sehe unsere Beziehung eher als distanziert. Es ist keine enge innige Geschwisterbeziehung, sondern immer Konkurrenz, heute noch.* Allerdings mögen Hildegards Kinder ihre Tante Helga. Die beiden Schwestern telefonieren oft, sprechen allerdings *hauptsächlich über Belangloses, nichts „Inniges"*. Dabei bewundert Hildegard ihre Schwester, mit welcher Energie sie sich gegen den Vater, den alten Friseurmeister, von dem sie das Geschäft übernahm, durchgesetzt hat. Könnte es sein, dass Helga sich in ihrer tiefsten Seele unbewusst über ihre *ungewollte Kinderlosigkeit* grämt und es ihr schwer fällt, der jüngeren Schwester den Kindersegen zu gönnen? In Geschwisterbeziehungen liegt viel verdrängtes Schmerzhaftes und Verschämtes. Wir sollten zart damit umgehen und Verständnis für die geheime Lebenstragödie eines Geschwisters haben.

Jüngste Kinder müssen, wenn sie denn nicht einfach der Wonneproppen der Familie sind, mit Charme, Einfallsreichtum oder List einen Platz im geschwisterlichen *Struggle for life* finden. Sie müssen es aushalten, dass die älteren Geschwister ihnen überlegen sind. Das kratzt am Selbstbewusstsein. Sie bleiben immer *der Kleine* oder *die Kleine*. Wenn meine beiden Brüder, meine Schwester und ich in dem, von mir angeregten, Zwei-Jahres-Rhythmus unseren einwöchigen *Geschwisterurlaub* machen und viel Spaß miteinander haben, weil wir alle vier gerne essen, trinken, lachen, lesen, schwimmen und besichtigen, dann fühle ich mich immer noch, obwohl ich körperlich der Größte bin, als *der Kleine*. Dass ich mich zusätzlich, wenn ich mich nicht unter Kontrolle halte, auch noch als *der Dumme* fühle, das geht nicht auf das Konto meiner älteren Geschwister, sondern ist ein verrottetes corpus delicti aus der Asservatenkammer m e i n e r kindlichen Seele. Wenn ich ehrlich bin, muss ich einräumen, dass ich immer noch das Gefühl habe, meinen älteren Geschwistern beweisen zu müssen, dass ich kein „Dummchen" bin.

Warum sage ich das? Weil wir die unsichtbare Dramaturgie unseres Geschwisterdramas anschauen und begreifen lernen müssen. Diese Dramaturgie hat uns geformt, bis in unsere Partnerwahl hinein. Erik, ein Steuerberater, achtundvierzig Jahre alt, kam nach einer böse gescheiterten ersten Ehe zu mir in Therapie. Seine Frau Edeltraud hatte ihn, trotz zweier gemeinsamer Kinder, auf Knall und Fall mit einem wahren Macho von Liebhaber verlassen, den sie ebenso schnell heiratete. Einen Satz von ihr hatte sich ihm wie eine Brandverletzung dritten Grades eingesengt: *Mit dir Waschlappen macht es doch keinen Spaß!*

Tatsache war, wie sich in den Sitzungen herausstellte, dass Erik sich immer angepasst, devot, „soft" und, wie er selbst sagte, *arschkriecherisch* seiner Frau gegenüber verhalten hatte. Er tat alles, um *lieb Kind* (O-Ton Erik) bei ihr zu sein. Er wagte keine Aggression, Grenzziehung, Forderung oder Zorn. Edeltraud war stark und hatte, so Erik, *einen Ton drauf wie ein Regimentskommandeur.* Warum hatten die beiden sich gefunden? Hätte Erik nicht ein sanftes Reh von Frau und seine frühere Gattin einen starken Mann als Widerpart gebraucht? Warum, um Himmelswillen, wählten sie den „falschen" Partner?

Das Rätsel löste sich, als wir in der Sitzung die Geschwisterkonstellation betrachteten. Erik war der Jüngste gewesen, ein chronischer Anpasser, ein Taktierer voll jesuitischer Diplomatie. Aggressionen waren ihm von den Brüdern ausgetrieben worden. Er nahm lieber Zuflucht zur Lüge, als in offener Feldschlacht zu kämpfen. Er schmeichelte sich ein, machte sich als Helfer in der Familie unverzichtbar. Er war charmant. Er warb um seine Geschwister. Er überschlug sich mit Aufmerksamkeiten. Er machte sich klein. Er hatte, unterschwellig, viel Angst vor den stärkeren Geschwistern.

Genau nach diesem Muster suchte Erik sich unbewusst eine dominante Partnerin, weil er dieses Verhaltens- und Lösungsrepertoire im Schlaf beherrschte und seine Attraktivität allein in seiner nie enden wollenden Liebenswürdigkeit und Freundlichkeit begründet sah. In Edeltraud fand er, ohne von der *Kollusion*, dem verborgenen partnerschaftlichen Zusammenspiel, zu wissen, genau „die Richtige" für dieses neurotische Arrangement. Denn seine Frau war eine herbe, männliche *Vater-Tochter*, die das Weibliche in sich ablehnte und auch während der Ehe nicht ein einziges Mal, Erik zuliebe, einen Rock anzog. Als die Älteste hatte sie mit straffer Hand und unter dem Beifall ihrer Eltern über die jüngeren Brüder regiert. Genau so einen „jüngeren Bruder" fand Edeltraud denn auch unbewusst in Erik wieder. Sie konnte ihr vertrautes geschwisterliches Lebensmuster über viele Jahre in der Ehe fortsetzen, bis es ihr selbst langweilig wurde, die Erotik aus den Bettlaken entwich und sie mit einem vitalen Mann zunächst die Außenbeziehung, dann die zweite Ehe genoss.

Natürlich lagen die Probleme Eriks nicht allein darin, wie er durch die Geschwisterinszenierung konstelliert wurde, das wäre zu monokausal und mechanistisch gedacht. Therapie ist filigrane Arbeit mit kriminalistischer Geduld und verblüffenden Entdeckungen. Gleichwohl konnte Erik seine Beziehungskatastrophe nur erfolgreich überwinden, indem er die schädigenden Anteile seiner Geschwisterkonstellation begriff und *Arbeit am Charakter* (Fritz Künkel) leistete. *Ich habe diese Niederlage gebraucht*, gestand er mir in einer der letzten Therapiesitzungen, *ich muss ein Mann werden. Die Rolle des „kleinen Bruders" bringt mich nicht weiter.*

Carina fühlte sich als fünftes Kind einer Arztfamilie in Thüringen zwar *süß*, aber *unbedeutend*. Noch heute zweifelt Carina, *ob ich in den Augen meiner Geschwister attraktiv war – außer dass ich niedlich und süß war*. Die Dinge, die sie tat, fanden wenig Anerkennung bei den Geschwistern. Erst recht fand sie keine Gegenliebe, als sie die sogenannte brotlose Kunst (Kunstakademie) studierte und sich an Ausstellungen beteiligte. Einzig die Schwester zeigte Interesse. Die Anerkennung durch die Brüder ist Carinas Thema auch als Erwachsene geblieben: *Später, als ich die Mutter bis zu ihrem Tod gepflegt habe, da haben meine Brüder anerken-*

nend gesagt, „das hätte keiner von uns mit so viel
Hingabe und Liebe gekonnt wie du". Das hat so gut
getan.

Carina spricht mir als dem Jüngsten aus der
Seele, wenn sie dennoch dankbar ausbreitet, was sie
von den älteren Geschwistern gelernt hat, das Auf-
den-Fingern-Pfeifen, das Auf-die-Bäume-Klettern
(*mache ich jetzt mit fünfzig Jahren mit meinem
Enkelchen noch!*), Vogelstimmen auseinanderhalten, Malen und vieles andere. Natürlich beschützten
sie die älteren Brüder auch. Fasziniert war sie von
den kraftvollen Auseinandersetzungen ihrer Brüder: *Rivalitäten gab es zwischen den fast gleichaltrigen Brüdern Theodor und Markus. So ließ sich
Vater einfallen, dass am Sonntag Abend vor allen
ein Ringkampf veranstaltet werden musste, wobei
die zwei ihre Rivalität vor allen austragen sollten!
Oder er band die zwei Zerstrittenen kurzerhand mit
den Füßen zusammen an ein Tischbein und überließ
sie sich selber, bis sie sich gemeinsam überlegt hatten,
sich zu befreien und so wieder versöhnt waren (oder
sein sollten!). Meistens war es aber so.*

Man kann sich als Jüngstes kaum genug bei den
älteren Geschwistern bedanken, was sie einem alles
beigebracht haben. Da unsere Eltern geschieden
waren und Mutter als Ärztin den ganzen Tag in der
Praxis arbeitete oder den damals vielen Visiten bei
den Patienten nachkam, lernte ich vom Schleife-
Binden, Uhr-Lesen, Radfahren und Schwimmen
fast alles von meinen Geschwistern. Sie stimulierten
meine Fantasie, führten mich in die Welt der Mär-

chen und Bücher, der Kultur und der menschlichen Beziehungen ein. Ohne sie wäre ich ein Torso.

In einer Mischung von Grausen und Freude erinnern wir Jüngsten uns meist an die herrlichen wilden Spiele, die die älteren Geschwister erfanden. Bei mir war es das *Dunkel-Verstecken*, wenn unsere Mutter gelegentlich am Abend das Haus für eine Ärztefortbildung verlassen hatte. Wir verschlossen alle Rollläden im Haus, machten die Vorhänge zu, löschten jedes Licht. Alle versteckten sich, bis auf einen, der suchen musste. Gentleman, den Neufundländer, schlossen wir ein. Denn unser schwarzer Riese verfügte über die, in diesem Fall kontraproduktive, Fähigkeit, jedes Versteck aufzustöbern und dann schwanzwedelnd vor einem Kleiderschrank zu verharren, in dem sich eines der Geschwister versteckt hatte.

Carina erinnert sich an ein anderes Spiel, typisch für einen Ärztehaushalt, das ebenso makaber wie für die Kinder spannend war: *Dann gab es noch, heute entsetzt mich das total, das Spiel „Ersticken" – wer am längsten ohne Luft auskommt. Alle drei Federbetten und Kissen mussten dem jeweiligen Spieler auf den Kopf gestapelt werden, Kopfkissen am besten noch dazu. Dann setzten sich die anderen beiden noch obenauf, bis der „zu Erstickende" mit den Beinen strampelte. Dann wurde die Zeit gemessen.*

Heute möchte Carina die geschwisterlichen Beziehungen wieder verstärken: *Ich hätte es ja so gern, dass wir uns alle fünf mal ohne Anhang treffen, so wie du das machst. Als ich das meiner Schwä-*

gerin in Berlin gestern am Telefon erzählte, war sie hellauf begeistert und spornte mich an, es gleich in die Hand zu nehmen und zu organisieren. Das werde ich auch tun! Ist das nicht ein schönes Vorhaben fürs neue Jahr? Fünf Geschwister lachen wieder miteinander – das wäre das größte Glück für mich! Ja, ich werde es angehen!

Habe ich erwähnt, dass Carina ihr damaliges Lieblingsgeschwister mit zehn Jahren heiraten wollte (*Er war der Kreativste. Er bastelte den ganzen Tag Flugzeuge aus Pappe …*). Auch das ist typisch für Geschwisterbindungen. Denn Geschwister sind füreinander Liebesobjekte. Sie können, vorübergehend, einen ebenso hohen psychischen Stellenwert bekommen wie die Eltern als primäre Objekte libidinöser Besetzung. Wie wir immer wieder sahen, sind sich Geschwister bei ihrem Separationsprozess und Individuationsweg gegenseitig sogenannte *Übergangsobjekte*. Wie ein Kind sich, wenn es von der Mutter vorübergehend verlassen wird, an eine Puppe, ein Stofftier oder an eine Schmusedecke klammert und sich mit einem dieser Gegenstände als einem Ersatzobjekt für die Mutter tröstet und sich nach und nach damit auch von ihr real ablöst, so kann es sich an eine Schwester oder einen Bruder halten. Nicht umsonst berichten die meisten der Schreiber, dass sie, wenn die Eltern weg waren, mit den Geschwistern kuschelten und im gemeinsamen Bett übernachteten. Das gab Schutz.

Gute Geschwister können einem Kind und später dem Erwachsenen das Gefühl vermitteln, dass, wo immer er sich aufhält, eine tröstende Hand nicht fern ist.

✻

In den gefühlsgesättigten Gemengelagen zwischen abgrundtiefem Hass und inniglichster Zuneigung, inzestuös-erotischer Anziehung und körperlichen Ekelreaktionen, Beseitigungswünschen und selbstloser Fürsorglichkeit lagern frühe Kindheitsmuster, die jeder Anstrengung der Vernunft trotzen und immer wieder hervorbrechen können. In der Geschwisterbeziehung treten wir auf der Stelle, kommen wir, bildlich gesprochen, nur schwer aus dem Sandkasten und den kurzen Hosen heraus.

Günter Franzen/Boris Penth,
Hüter und Hasser. Geschwister-Geschichten

Zwillinge – Bastion gegen die Welt

Die in der frühen Kindheit entstandenen Beziehungsqualitäten wirken weiter und prägen das Verhältnis zwischen den Geschwistern auch in der Adoleszenz und im Erwachsenenalter; wie ein Drehbuch bestimmen sie die zukünftigen Interaktionsmuster zwischen den Geschwistern.

Hartmut Kasten,
Die Geschwisterbeziehung

Zwillinge sind ein extremes Beispiel für eine symbiotische, das heißt tendenziell verschmelzende Geschwisterbeziehung. Ihre Verbundenheit ist sprichwörtlich. Ihre individuelle Identität ist oft kaum sichtbar. Zahlreiche Untersuchungen, so dokumentieren Stephen P. Bank und Michael D. Kahn (*Geschwister-Bindung*), *haben Zwillingen einen sechsten Sinn füreinander bestätigt, bis hin zu dem magisch anmutenden Wissen um die Gedanken, Gefühle, Wünsche und innersten Geheimnisse des anderen. An Zwillingen lässt sich zeigen, was geschieht, wenn die Ich-Grenzen zwischen Geschwistern unklar werden, wenn Spiegelung und Verschmelzung vorherrschen und sich die Selbst-Objekt-Unterscheidung verwischt.*

Die Autoren zitieren den amerikanischen Psychiater G. L. Engel, der, selbst ein eineiiger Zwilling, die Verschmelzungs- und Spiegelungsprozesse an sich

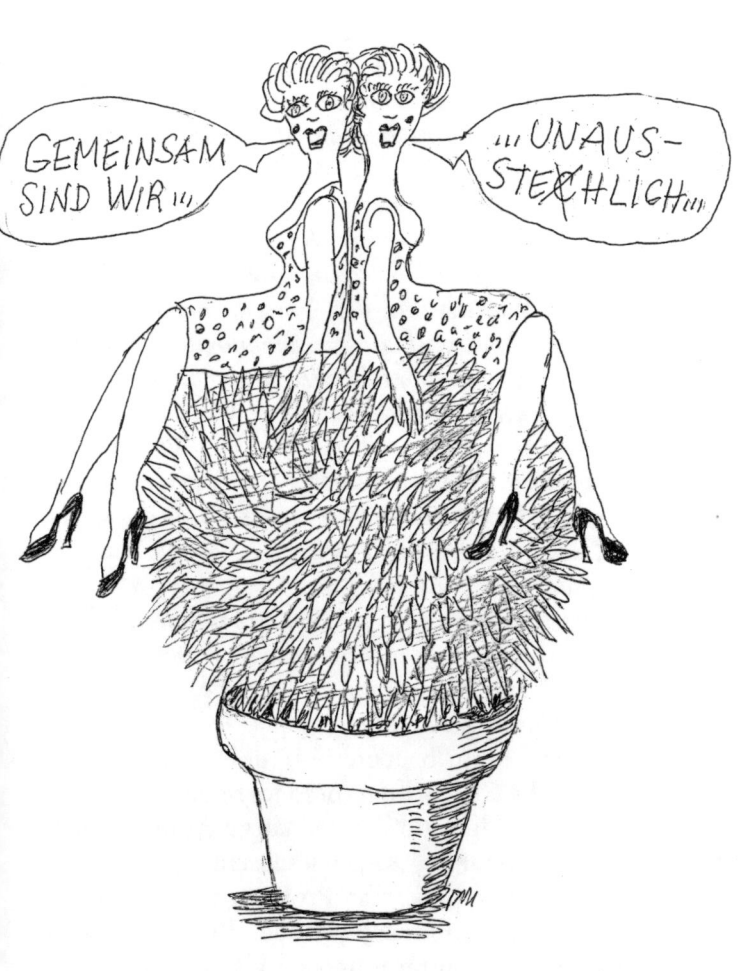

so beschrieb: *In meiner Kindheit und auch bis in die Adoleszenz hinein waren wir für die Eltern einfach „die Zwillinge", und sie haben uns häufig verwechselt. Wir wurden gleich angezogen, bekamen die gleichen Spielsachen und verbrachten von Anfang an viel mehr Zeit miteinander als mit irgendjemand anderem, einschließlich der Mutter. Die körperliche Nähe zu meinem Zwillingsbruder war wichtig für mich, weil sie das Trauma der Trennung von den Eltern linderte. Gleichzeitig akzentuierte diese Nähe den Wunsch und den Vorteil, meinem Zwillingsbruder so ähnlich zu sein wie möglich. Als Kinder waren wir in Sprachentwicklung und sozialer Kommunikation zurückgeblieben. Wie viele Zwillinge hatten wir eine eigene Sprache. Wir redeten uns nie mit unserem richtigen Namen an. ... Schon mit zwei Jahren nannten wir uns gegenseitig „anderer Mann". ... Die narzisstischen Vorteile werden von anderen Kindern intuitiv begriffen, die auf Zwillinge wegen ihrer permanenten Zweisamkeit, deren Ambivalenzen nicht gesehen werden, neidisch sind. ... Dieser Narzissmus arbeitet der individuellen Eigenständigkeit entgegen.*

Zwillingschaft bedeutet, so dokumentieren es mir auch die Zuschriften, besondere geschwisterliche Exklusivität, Intimität und ein gelegentlich auch quälend aufeinander Angewiesensein. Hella bestätigt dies. Zwar kreist ihr Problem um den sechs Jahre älteren, heute siebzigjährigen Bruder, der sich von der Familie entfernt und sie, als es um das Erbe ging, heimlich ausgenommen hat. Die Familiengeschichte – der Vater, ein sogenannter „Halbjude", im KZ, der Bruder mit sechzehn schon Soldat, die Mutter und Hella als Ostpreußen-Flüchtlinge 1945 im Flüchtlingslager in Dänemark – ist ein raues Kapitel deutscher Geschichte. Bruder und Schwester erfüllten offensichtlich bis zum Alter das Muster *ungezogener Junge* und *braves Mädchen: Artig bin ich in meinem Leben fast immer gewesen, was dazu geführt hat, dass ich nicht das sein konnte, was ich war und bin.*

Für unseren Zusammenhang ist spannend, dass Hella ein Zwillingskind war, eineiig, ihre Schwester starb bei der Geburt. Sie war gesund, soll aber beim Geburtsvorgang erstickt sein. Jetzt kommt das innere Lebensdrama von Hella, das die Umwelt wohl nie begriff: *Ich habe, zunächst unbewusst, meine Schwester immer vermisst. Die ersten zwei Lebensjahre soll ich Tag und Nacht geschrien haben, wie meine Mutter immer sagte, obwohl ich, zwar sehr zart und klein, gesund war.*

In einer Familienaufstellung würde Hella sich diesem Zwillingsschicksal stellen müssen. Denn es hat unsichtbar ihr Leben bestimmt: *Ich habe immer eine besondere Freundin gehabt, und wenn wir uns gleich anziehen konnten, war ich glücklich. Eine besondere Freundin habe ich bis heute immer gesucht und gefunden, außer in der Zeit meiner Ehe und Familie.* Ohne in spekulativen Tiefsinn zu fallen, darf man wohl fragen, was aus Hella geworden wäre, wenn sie ihre magische Schwester hätte behalten dürfen. Es sieht fast so aus, als ob sie wie halbseitig amputiert und schutzlos durch das Leben gelaufen ist. Ob dann sich auch das Verhältnis zwischen dem Bruder Hubert und Hella anders gestaltet hätte? Die prägende Kraft der Zwillingschaft, immerhin über Monate hinweg pränatal gelebt, muss stark sein, wenn das überlebende Geschwister sich immer wieder eine Freundin zum Zwilling macht und auf gleicher Kleidung besteht ...

Zwillinge bilden innerhalb der Geschwister eine praktisch uneinnehmbare Bastion. Iris kann davon berichten. Sie wurde auf einer Plantage in Sumatra geboren. Sie waren vier Kinder. Irene, die Älteste, *ein intelligentes Kind, aber schwierig, zänkisch und ein Blender,* dann die Zwillinge Iris und Hulda. Schließlich, mit drei Jahren Abstand, Thomas, der Stammhalter, ein schüchterner Junge. *Thomas blieb am liebsten alleine mit seinem Hund und seinen Büchern.* Iris und Thomas verstanden sich gut, wenn er wegen Liebeskummer verzweifelt war, *musste ich ihm helfen, und wir gingen zusammen in den Wald, um alles zu besprechen. Ich war seine Vertraute, bis zu dem Zeitpunkt, als er sich verlobte. Da wurde er auf einmal verschlossen und sogar aggressiv und gab mir böse Antworten.* Die eifersüchtige Verlobte und heutige Frau trieb einen Keil zwischen Thomas und Iris. Heute wohnen die inzwischen siebzigjährige Iris und Thomas nicht weit voneinander, *aber eine große Liebe ist es nicht.* Zur ältesten Schwester Irene haben alle drei Geschwister nur einen lockeren Kontakt. Sie sei *sehr schwierig und unverträglich.* Sie verlor ihren Mann und ihren einzigen Sohn: *Nun lebt sie allein, ohne Mann und ohne Kind, nur mit einer ganz kleinen Rente. Wir drei Geschwister helfen ihr immer wieder, indem wir ihr Geld schicken.* Auch diese materielle Solidarität unter Geschwistern, das las ich in vielen Briefen, gibt es häufiger als man denkt. Sehr oft benehmen sich Geschwister bei Erbangelegenheiten großzügig und fürsorglich und rücken durch den Todesfall eines Elternteils wieder enger zusammen.

Weder die älteste Schwester noch der Bruder hatten, so scheint mir, je die Chance, in das innige Verhältnis zwischen Iris und Hulda einzubrechen. Iris selbst spricht von ihrem *Zwilling, der mir immer sehr, sehr wichtig war.* Drei Mal benutzt sie das Zeitwort „immer": *Wir hatten immer das beste Verhältnis, das man sich denken kann. Wir hielten immer zusammen und unser Vertrauen zueinander war immer optimal.* Hulda war die Stärkere von beiden und gab den Ton an. Das „Zweiergespann" funktionierte *wunderbar.* Iris fügte sich gern und wurde von Hulda geliebt.

Aber verlor Iris sich nicht ein bisschen in die Verwirrung zwischen Identifikation und Individualität? Sie selbst sagt: *Heute weiß ich, dass ich zu wenig kämpferisch war und nicht auf das Leben vorbereitet wurde.* Auch gegen den Mann von Hulda vermochte sich Iris nicht zu wehren. Umgekehrt war Iris für die drei Kinder der Zwillingsschwester Hulda ihre *andere Mutti.* Das ist sie bis heute geblieben. Iris hat selbst mit ihrem Mann keine Kinder.

Das Rätsel der Zwillingsliebe ist brunnentief. Iris: *Wir Zwillinge haben uns bis heute jede Woche einen Brief geschrieben und telefonieren jedes Wochenende zusammen.* Erst jetzt, nach siebzig Jahren der Zwillingsschwesternschaft, ist es zwischen beiden erstmalig zu einem tiefgreifenden Konflikt gekommen, der sich an einer von Huldas Kindern entzündete. Obwohl ein halbes Jahr später wieder Frieden eingezogen ist und die wöchentlichen Briefe und Telefonate (*so oft wir können*) wieder aufgenommen wurden, steckt Iris und ihrem Mann noch der Schreck in den Knochen: *Ich glaube, wir haben auch viel dazugelernt und wissen nun, dass auch unter den liebsten Geschwistern Neid und Missgunst sein kann. Wir müssen viel dazutun, ein gutes Verhältnis ein Leben lang zu erhalten.*

Der Streit zwischen Zwillingen scheint fast so etwas wie eine Tempelschändung zu sein. Hier liegt eine heikle Ambivalenz. Es kommt der Punkt, an dem die Verschmelzung der Zwillinge keinen Vorteil mehr darstellt, sondern zum Hindernis bei der Entwicklung wird. Ich erinnere mich an zwei Zwillingsmädchen, die in ihrer Unzertrennbarkeit den gleichen Studienort wählten und eine gemeinsame Wohnung bezogen. Als die eine eine schwere persönliche Krise meistern musste, wechselte sie vorübergehend ihren Studienort. Das war für sie nicht leicht. Als sie sich wieder gefangen hatte, kehrte sie zur Zwillingsschwester zurück, aber sie bezog erstmals in der gleichen Stadt eine andere Wohnung.

Beide empfanden dieses Agreement als einen unerlässlichen Schritt für ihre Ablösung und Individuation, ohne zugleich auf das Besondere ihrer einzigartigen Beziehung zu verzichten.

Frage dich einmal, liebe Leserin, lieber Leser, ob du dich nicht auch schon, vielleicht inspiriert durch Erich Kästners *Das doppelte Lottchen*, bei dem prickelnden Gedanken ertappt hast, ein eineiiges Zwillingsgeschwister zu haben. Was verbindest du mit dieser Fantasie? Verschmelzung? Ein Stückchen Verzicht auf die Strapazen der Persönlichkeitsentwicklung?

Es dürfte eher die Ausnahme sein, dass sich Zwillinge radikal trennen. Als Zwilling ist man offensichtlich lange Zeit nur im Duo komplett. Bärbel berichtet, dass sie mit zwei ihrer drei Geschwister *nahezu gar keinen Kontakt mehr* hat. Sie und Mia sind Zwillinge und die Jüngsten, Isolde und Tina die Älteren. Mit Isolde klappt es schon lange nicht. Sie hatte als Älteste oft einen *sehr herrischen Ton* am Leib. Heute hat sie ein Alkoholproblem. Als Bärbel dieser Tage das Haus ihrer Mutter entrümpelte, fand sie viele Schwarzweißbilder von der ältesten Schwester Isolde: *Was war sie ein süßes Mädchen! Und sie wurde geliebt, das zeigen die Bilder zweifellos.* Dann erlebt sie offensichtlich das, was der Individualpsychologe Alfred Adler das *Entthronungstrauma* des ältesten Geschwisters nannte. Bärbel: *Ich nahm alle Fotos mit und möchte ihr jetzt schreiben und ihr die Fotos schicken. Vielleicht kann etwas heilen in ihr, wenn sie sie sieht. Es wird ihr vielleicht möglich sein, unsere Mutter noch einmal zu besuchen.*

Mit Tina, der Rebellin der Familie, die eine witzige große Schwester war und viel Blödsinn drauf hatte, klappt es heute auch nicht mehr. Dafür sind die Zwillingsschwestern Bärbel und Mia ein Herz und eine Seele. Die Arzttochter Bärbel berichtet: *Meine Kindheit erlebte ich in materieller Hinsicht sorglos. Wir hatten ein großes Haus, Garten, Spielmöglichkeiten vor der Tür, ja, und ich hatte immer eine Freundin bei mir, nämlich meine Zwillingsschwester. Wir teilten uns ein großes Zimmer und waren von Anfang an eine Einheit. So wurden wir auch von den Eltern behandelt. „Zwilling", rief mein Vater und wir erschienen prompt im Doppelpack.* Alles unternahmen die beiden miteinander: *Wir bewohnten ein gemeinsames Zimmer, arbeiteten und spielten zur gleichen Zeit, waren gleich stark oder mehr noch schwach in der Schule (Schulzeit war mir Qual). Wir waren zur gleichen Zeit krank. Selbst eine Blinddarmentzündung bekamen wir zur gleichen Zeit: Morgens war es mir schlecht, abends Mia, und so wurden wir auch zur gleichen Zeit operiert. Vieles ähnelt sich auch noch heute, obwohl wir schon über zwanzig Jahre weit weg voneinander wohnen. Mia und ich liebten uns und tun es auch noch heute. Wie froh waren wir, dass wir uns hatten. Das ist ein Band, das auch nicht zerrissen werden kann.*

Eltern freuen sich, einmal abgesehen von der Arbeitsbelastung, meist wie die Schneekönige, wenn ihnen das Schicksal, die Mendelschen Gesetze oder die Hormonkur des Gynäkologen unverhofft Zwillinge beschert. Aber wer denkt an die Geschwister? Bärbel erinnert sich: *Da war mit Sicherheit viel Eifersucht, Konkurrenz, Rivalität vorhanden. Denn das Augenmerk der Eltern richtete sich auf die zwei Kleinen. Was galten die älteren Schwestern plötzlich noch, wenn Andere sagten: „Och, wie süß! Zwillinge!!" Wir beiden Kleinen wurden von Anfang an gleich angezogen. Wir machten das auch sehr lange mit, bis etwa zum vierzehnten Lebensjahr. Wenn wir so durch die Gegend liefen, zogen wir die Blicke auf uns, denn wir glichen uns, gerade als kleine Mädchen, wie ein Ei dem anderen. Die häufigste Frage war: „Wie kann man euch denn auseinanderhalten?" Ein Achselzucken war meist die Antwort. Selbst mein Vater tat sich mitunter schwer uns auseinanderzuhalten. Daher wählte er, wie gesagt, die einfachere Form des Zurufs: „Zwilling".*

Es dürfte für erwachsene Zwillinge unerlässlich sein, sich ihre besondere Prägung für ihr Beziehungs- und Lebensverhalten sichtbar zu machen. Manchmal setzen sie, wie die tanzenden Kessler-Zwillinge, ihre schicksalshafte Synchronizität auch noch mit preußischer Akkuratesse im Berufsleben fort. Was Bärbel nur vermuten kann, die Kapitulation ihrer Schwestern vor so viel geballter Eineiigkeit, das schildert Meret von außen. Sie waren ebenfalls vier Kinder, die Älteste Alma, die Zwillinge Heike und Anna, schließlich Meret. Meret fühlte sich in der Rolle des Nesthäkchens nicht wohl, denn

die Großen haben ständig an mir mit herumerzo-
gen, da unsere Mutter recht früh gestorben ist und
mein Vater mit der Erziehung von vier Kindern und
der Leitung eines Betriebes sehr gefordert war. Die
älteste Schwester war für Meret *die liebste, weil sie*
einfach für mich da war. Sie übernahm ein Stück
Mutterrolle. Unter den Geschwistern war ich der
größte Rebell. Von der Ältesten bis zur mir hat es bei
jedem Kind eine Steigerung gegeben. Schulisch gese-
hen war ich die Faulste von allen. Meine älteste
Schwester hat sich, denke ich, immer sehr für mich
verantwortlich gefühlt, bei den Zwillingen war ich
eher das überflüssige Anhängsel. Sie haben mir
immer erzählt, ich sei sowieso nicht mehr gewollt,
sondern nur ein „Unfall" gewesen.

Die Zwillinge! Meret hat sich an ihnen die Nase
blutig gestoßen: *Geschwister zu haben, habe ich*
auch genossen. Es hätten nur ein paar weniger sein
können, vor allem aber hätten keine Zwillinge unter
ihnen sein dürfen. Eine „Negativ-Schwester" waren
mir immer die Zwillinge, mal mehr der eine, mal
mehr der andere. Je nach meiner eigenen persön-
lichen Entwicklung, war mir mal das Wesen des
einen und mal des anderen Zwillings vertrauter oder
fremder. Es bleibt aber bis heute dabei, dass man
immer das Gefühl hat, dass sie sich hinter dem
Rücken verbünden. Man stand und steht dieser
Mauer hilflos gegenüber.

Die Zwillinge verbarrikadierten sich in ihrer
Exklusivität: *Verletzend war dabei immer, dass sie*
ihren Wissensvorsprung in keiner Weise bereit waren

zu teilen und ihn mir ständig unter die Nase gerie-
ben haben. Das ist mir von den Zwillingen
besonders in Erinnerung. Anstatt vielleicht einige
Tipps zum Volleyballspiel zu geben, haben sie lieber
höhnisch gegrinst; über meine verschmierte Unter-
wäsche haben sie gelästert, anstatt mir einen Tipp zu
geben, wie man mit der Periode umgeht, und viele
Beispiele mehr. Die Zwillinge, sagt Meret, besaßen
sich gegenseitig zum Besitz und Trost. Sie waren
damit resistenter gegen die Unbill des Lebens:
Unsere Mutter ist früh gestorben. Ich war damals
sieben Jahre alt. Ich will den Zwillingen keinesfalls
Trauer und Verlust absprechen, aber bei mir war
immer der Eindruck, dass sie sich ja wenigstens noch
gegenseitig hatten. So habe ich es empfunden, wir
haben da nie drüber gesprochen. Just das wäre, so
scheint mir, jetzt nachzuholen: Die Aussprache.

Meret hat einmal massiv den Mund aufgemacht
und positive Erfahrungen geerntet. Sie schreibt: *Auf*
Kritik von den beiden Zwillingen reagiere ich bis
heute absolut allergisch. Das liegt mit daran, dass sie
schon immer meinten, mich miterziehen zu müssen.
Vor etwa elfeinhalb Jahren war es mit dem älteren
Zwilling so schlimm, dass wir den Kontakt fast abge-
brochen hätten. Als unsere Beziehung so richtig auf
dem Tiefpunkt war, habe ich ihr gesagt, dass ich am
liebsten gar nichts mehr mit ihr zu tun haben würde,
einfach vergessen, dass sie meine Schwester ist. Ich
fände aber nichts schlimmer als so kaputte und hass-
erfüllte Familien, die sich auf irgendwelchen Festen,
auf denen sich der Kontakt nicht vermeiden lässt,

nur anschweigen oder kabbeln. Das war dann die Wende, weil wohl beide die Beziehung nicht gänzlich verlieren wollten. Seitdem gibt sie sich Mühe, sich nicht ungefragt um unsere Angelegenheiten zu kümmern und im Allgemeinen etwas freundlicher zu sein in ihrem Umgangston. Ich bemühe mich, nicht immer gleich an die Decke zu gehen, wenn mich etwas nervt. Wir haben gerade eine sehr schöne und harmonische Taufe hinter uns.

Einfach ist das Verhältnis von Zwillingen und dem Rest der familiären Welt augenscheinlich nicht: *Die beiden Zwillinge haben natürlich noch immer eine exklusive Beziehung.* Doch, im Unterschied zur Kindheit, markieren Geschwister, wenn wir erwachsen sind, nicht mehr das Ende unserer Welt. Wir sind anderweitig verankert, spiegeln uns in anderen Menschen wider und ruhen besser in uns. Die Exklusivität der Zwillingsbeziehung von Heike und Anna empfindet Meret heute als *nicht mehr so kränkend. Das mag daran liegen, dass ich eine eigene Familie habe, in der ich mich sehr wohl, geliebt und geborgen fühle und nicht mehr so sehr wie früher auf die Zuneigung meiner Geschwister „angewiesen" bin.*

Während ich dies schreibe, fällt mir ein weit zurückliegender „Fall" ein, der mir schon fast aus meinem Gedächtnis entschwunden war. Brigitte, eine Klientin von mir, litt, wie sie klagte, darunter, dass sie sich immer ausgestoßen fühlte, in der Partnerschaft, im Beruf und im dörflichen Vereinsleben. Sie hatte das Gefühl, bei anderen Menschen, selbst den geliebtesten, an eine Glaswand zu laufen und sie nicht zu erreichen. Bei einer Paarsitzung stellte sich heraus, dass sie einen lieben Mann, einen wahren Kachelofen von Mensch, besaß. Auch ihre Arbeitskollegen und Freundinnen waren, wie die Exploration ergab, ihr zugewandt und ohne Vorbehalte. Brigitte spürte selbst, dass in ihr etwas nicht stimmte, dass sie, psychoanalytisch gesprochen, einer Übertragung zum Opfer fiel.

Der Leser ahnt die Pointe schon – Brigitte hatte als ältere Schwestern Zwillinge. Diese zogen nicht nur alle Aufmerksamkeit von ihr ab und ließen sie im Schatten frösteln, sondern sie schotteten sich hermetisch gegen die kleine Schwester ab. Was immer Brigitte versuchte, ihr gelang weder ein Dreierbund mit den beiden Schwestern, noch konnte sie je eine der Zwillinge für sich beanspruchen. *Die Zwillinge verhielten sich wie ein selbstgenügsames altes Ehepaar*, sagte Brigitte bitter zu mir, *sie ließen keinen über die Haustüre.* In der Therapie arbeiteten wir daran, den Bann dieser ungleichgewichtigen Geschwisterbeziehung von Brigitte zu den Zwillingen geduldig aufzulösen.

Ich stimme den psychologischen Experten Happworth und Heilman zu, wenn sie diagnostizieren: *Eine gestörte Geschwisterbeziehung ist eines der weit verbreitetsten Probleme bei Erwachsenen, dem jedoch wenig Aufmerksamkeit gewidmet wird. Patienten, die während einer Psychotherapie über ihr Leben berichten, verharmlosen oder leugnen fast immer den Einfluss, den ihre Brüder und Schwestern*

*auf sie ausgeübt haben. Sie werden lediglich als
unwichtige Zeugen oder Komplizen betrachtet. Nur
sehr selten sind sie sich bewusst, dass ihre Geschwister
eine starke Kraft in ihrem Leben darstellen. ... Bei
der Arbeit mit unseren Patienten haben wir he-
rausgefunden, dass jene, die Probleme mit ihren Geschwistern leugnen, manchmal die heimtückischsten
und destruktivsten Beziehungen haben, weil die
ungelösten Konflikte sie tief belasten, ohne dass sie
sich dessen jedoch bewusst sind.*

✽

Mein Kind, wir waren Kinder

*Mein Kind, wir waren Kinder,
Zwei Kinder, klein und froh;
Wir krochen ins Hühnerhäuschen,
Versteckten uns unter das Stroh.*

*Wir krähten wie die Hähne,
Und kamen Leute vorbei –
Kikereküh! sie glaubten,
Es wäre Hahnengeschrei.*

Die Kisten auf unserem Hofe,
Die tapezierten wir aus,
Und wohnten drin beisammen,
Und machten ein vornehmes Haus.

Des Nachbars alte Katze
Kam öfters zum Besuch;
Wir machten ihr Bückling und Knickse
Und Komplimente genug.

Wir haben nach ihrem Befinden
Besorglich und freundlich gefragt;
Wir haben seitdem dasselbe
Mancher alten Katze gesagt.

Wir saßen auch oft und sprachen
Vernünftig, wie alte Leut,
Und klagten, wie alles besser
Gewesen zu unserer Zeit;

Wie Lieb und Treu und Glauben
Verschwunden aus der Welt,
Und wie so teuer der Kaffee,
Und wie so rar das Geld!– – –

Vorbei sind die Kinderspiele,
Und alles rollt vorbei –
Das Geld und die Welt und die Zeiten,
Und Glauben und Lieb und Treu.

Heinrich Heine

(Der jüngeren Schwester Charlotte gewidmet, 1823)

Schwestern:
Nähe und Reibung

Die Beziehungsqualität ist zwischen Schwestern am
besten. Die geringste emotionale Verbundenheit
besteht zwischen Brüdern. Die gemischt-geschlecht-
lichen Geschwisterbeziehungen liegen irgendwo
dazwischen ... Geschwisterbeziehungen werden
wesentlich von der traditionellen Geschlechterrolle
geprägt: Männer haben in Geschwisterbeziehungen
mehr Macht und Einfluss, während sich Frauen stär-
ker emotional engagieren.

> Willi Geser
> Diplompsychologe, Universität Innsbruck
> Psychologie heute 5/1999

In den Briefen der Schreiberinnen ist mir aufgefal-
len, dass sie sich in der Regel mehr Gedanken über
die Geschwisterbeziehung machen. Sie nehmen sie
nicht einfach als gegeben hin, sondern unternehmen
oft auch Schritte, um verkarstete Verhältnisse wieder aufzubrechen. Männer, so habe ich den Eindruck, nehmen das Geschwistergeschehen eher
fatalistisch hin, wie den Dollarkurs oder das Ozon-
loch. Auf die Idee, dass sie selbst ein lebendiger
Bestandteil der blühenden oder welkenden Geschwisterlichkeit sind und zu Gärtnern der
Geschwisterbeziehung werden können, kommen
wir Männer weniger. Wenn wir in unseren Liebesbeziehungen so schnell resignierten und Kontakte

einfach abbrächen wie in unseren Geschwisterbindungen, dann liefen die meisten von uns längst als Single durchs Leben.

Liebe ist eine Produktion sagte der Dichter Bert Brecht. Liebe ist Arbeit. Das und nichts anderes gilt auch für Geschwisterbeziehungen. Sie sind genauso gut oder so dürftig, wieviel wir in sie investieren. Hast du, liebe Leserin, lieber Leser, dir einmal überlegt, wann du deiner Schwester/deinem Bruder das letzte Mal eine Liebeserklärung gemacht hast? Wann hast du den letzten Brief geschrieben? Lässt du dir zu seinem oder ihrem Geburtstag wirklich etwas Liebevolles einfallen? Greifst du öfter zum Telefon? Bemühst du dich um den Partner deines Geschwister? Pflegst du den Kontakt mit seinen oder mit ihren Kindern? Sprichst du mit ihm über seine privaten Sorgen, über die finanziellen Engpässe?

Schwestern, wie gesagt, tun das tendenziell stärker. Frauen sind beziehungsorientiert. Dabei, so drängt sich mir bei der Auswertung der wundervoll ehrlichen Briefe der Eindruck auf, gehen Schwestern öfter als Männer durch alle Höhen und Tiefen der Geschwisterbeziehung. Wie sagte mir einmal eine Patientin so hübsch über sich und ihre Schwester: *Miteinander halten wir es nicht aus, aber ohne uns schon gar nicht.*

Natürlich dürfen wir im Folgenden nicht außer Acht lassen, dass jeder von uns, sofern er mehrere Geschwister hat, auch ein Lieblingsgeschwister besitzt, manchmal durch ein ganzes Leben hindurch, manchmal in wechselnder Besetzung. Auch das ist normal, so wie wir oft die Mutter mehr, den Vater weniger lieben oder umgekehrt. Genauso haben alle Eltern dieser Welt, so gerecht und unparteiisch sie auch gegenüber ihren Kindern sein wollen, ihre Lieblinge, und selbst diese Favoriten müssen manchmal ihren Königsthron zu Gunsten eines anderen Geschwister räumen. Was wir uns hier in diesem Buch anschauen, ist ein Ausschnitt aus der unendlichen Fülle unterschiedlicher Geschwisterbeziehungen und nicht ihr einzig denkbarer Mechanismus. Es soll Spielmaterial sein für die Fantasie und Anstoß, als Psychonaut in den Seelenkosmos der je eigenen geschwisterlichen Galaxien einzudringen und sphärische Vermessungen vorzunehmen.

Schwestern, das erlebe ich immer wieder auch in der Praxis, können mit großer Anerkennung und Dankbarkeit voneinander sprechen. Sie nehmen ihre Schwesterlichkeit aktiv wahr und empfinden sie nicht als Selbstverständlichkeit. Bei Männern muss ich das oft förmlich herauskitzeln. Von selbst kommen sie nicht auf die Existenz etwa eines Bruders zu sprechen.

Elvira freut sich über ihre ältere Schwester Sabine: *Ich war Papas Liebling, ohne es zu wissen. Erst mit siebenundzwanzig Jahren habe ich dies von meiner Schwester erfahren. Ich habe es nie gemerkt. Meine Schwester war die Klügere, Ernstere, Vernünftigere. Ich war spontan, naiv, offen. Dank unserer Mutter hatte ich aber nie das Gefühl, dass ich zu kurz komme oder die Dumme bin. Ihre Worte waren: „Jeder Mensch hat seinen Wert. "*

Sabine war ihr Lehrerin und Vorbild. Elvira: *Sie brachte mich zum Lesen von Belletristik. Sie konnte mir gut Lehrstoff von Mathematik und Chemie erklären. Sie war echt gut geduldig! Sie konnte gut zuhören, als ich Liebeskummer hatte. Sie war meine einzige Ansprechpartnerin in dieser Zeit. Sie war mein Vorbild. Meine Schwester hat Medizin studiert. Die ersten Jahre ihres Studiums musste sie fleißig und tüchtig „in den Büchern sitzen". Sie hatte einen starken Willen und klagte nicht. Dagegen stand ich ständig in der Gefahr, vom schweren Lernen wegzulaufen. Ich spüre Dankbarkeit ihr gegenüber: Sie hat mich verstanden, so wie ich war. Sie hat es geschafft, meine „Schattenseiten" direkt anzusprechen.*

Beide hatten köstliche Geheimnisse miteinander und standen füreinander ein. Sabine wurde Kinderärztin, Elvira Sprachtherapeutin. In der schwersten Stunde ihres Lebens stand Sabine der jüngeren bei. Elvira und ihr Mann verloren, als sie sechsundzwanzig Jahre alt war, den dreijährigen Sohn: *Er starb plötzlich durch ein Unglück. Damals hatte ich von meiner Schwester große Hilfe bekommen. Ich durfte bei ihr weinen, ohne ein Wort sagen zu müssen. Sie hat keine Fragen gestellt. Sie hat mich oft umarmt. Sie tröstete mich nicht durch überflüssige Worte. Von ihr konnte ich diese Art von Trost sehr gut annehmen. Gott sei Dank, dass ich die Schwester damals so nahe bei mir hatte!*

Von Sabine möchte Elvira, die im Moment unter einer Depression leidet, auch die *Lust zum Leben* annehmen. Elvira rückt die schwesterliche Zuneigung in ein schönes erzählerisches Bild: *Vor einem Jahr fuhren wir zusammen im Bus von einer beruflichen Tagung zurück und waren beide sehr müde. Wir wollten uns gemütlich anlehnen und ein bisschen schlafen. Erst habe ich sie umarmt. Es passte nicht. Dann sagte sie: „Nein, andersherum, meine liebe kleine Schwester. Ich möchte dich wieder beschützen dürfen." Das passte sehr. Glück im Herzen. Schwesterliebe ohne Ende habe ich erleben dürfen. Ich war wieder die Kleine. Aber wir waren auch große Freundinnen geworden. Trotz Blutsverwandtschaft haben wir uns füreinander entschieden.*

Es ist ja genau die Blutsverwandtschaft, die unter Schwestern manchmal so viel Stutenbissigkeit provoziert. Ursula war über Jahre hinweg Bulimikerin, also eine Ess-Brech-Süchtige (der Name stammt von dem altgriechischen Wort *bous,* das heißt *Stier,* und dem Wort *limos,* das bedeutet *Hunger*). Man könnte denken, damit sei sie gestraft genug gewesen. Aber ihre jüngere Schwester Petra (den älteren Bruder vernachlässigen wir hier einmal) war und ist neiderfüllt bis heute. Ursula macht den Neid der jüngeren Schwester mit einer lapidaren Auflistung deutlich: Petra ist heute hundert Kilogramm schwer – Ursula hat die Ess-Brech-Sucht gestoppt und ist heute dünn. Petra wurde für ihr Dicksein schon immer in der Familie kritisiert – Ursula zog durch ihre augenscheinliche Krankheit Interesse und Fürsorge auf sich. Petra leistete „nur" den Hauptschulabschluss – Ursula besuchte die Realschule. Petra hat keine

Freunde – Ursula besitzt viele Bekannte. Petra hat keine Beziehung zu einem Mann – Ursula fand, nach überwundener Sucht, einen Freund, Ehemann und gebar ein Kind. Was die Beziehung überdies belastet ist, dass in der Familie über zehn Jahre von Ursulas Bulimie nie geredet wurde: *Ich habe mich nie entschuldigt für das, was alles passierte, und meine Krankheit gab mir natürlich auch Macht. Das weiß ich heute. Diese Macht habe ich sicher stark eingesetzt. Außerdem war ich ganz schön gerissen und habe zu meinen Gunsten andere gegenseitig ausgespielt.*

Ursula empfindet die Beziehung zu Petra als schwierig, aber wichtig: *Meine Schwester ist für mich ein harter Brocken. Wir kommen uns einen Schritt näher und entfernen uns zwei Schritte. Wir akzeptieren uns mittlerweile so, wie wir sind. Deshalb müssen wir uns wahrscheinlich im Moment noch aus dem Weg gehen. Es liegt viel im Argen, aber meine Energie reicht nicht, um alles auf einmal zu klären.* Und: *Ich bin heute dankbar, dass es meine Schwester und meinen Bruder gibt. Ich weiß, dass ich aus jedem Streit, aus jedem Streich und aus allen positiven und negativen Erlebnissen gelernt habe. Sonst wäre ich heute nicht da, wo ich jetzt bin.* In Ursula brennt das, was in uns allen sich sehnt, wenn die Geschwisterbeziehungen noch „unerlöst" sind – der Wunsch nach Wiederannäherung durch Klärung: *Es würde friedlicher sein zwischen uns. Wir könnten lernen, dass man sagt, was man denkt, was schön ist und was einen stört. Wenn wir das mal können, dann haben wir schon viel erreicht.*

Als einen *Akt der Selbstbefreiung* bezeichnet Anita die sechzehn eng getippten Seiten gründlicher Reflexionen über sich (29) und ihre beiden älteren Schwestern Annika (45) und Ulla (41). Mit Annika geht es inzwischen, nach einer längeren Funkstille, besser. Als Anita geboren wurde, dachten alle Nachbarn, sie sei das Kind der sechzehnjährigen Annika: *Meine Schwester ist auch meine Taufpatin, denn sie war ja schon konfirmiert, als ich auf die Welt kam. Irgendwie fehlen mir große Teile aus dem Leben meiner ältesten Schwester. Kein Wunder, denn ich habe sie ja nur am Wochenende oder mal im Urlaub erlebt.* Oft wissen die erheblich jüngeren Geschwister kaum etwas Substanzielles von den älteren Schwestern oder Brüdern. Anita empfand die große Annika als *autoritär und streng.* Andererseits waren die Aufenthalte bei der großen Schwester immer schön: *Ich durfte länger schlafen als zu Hause. Annika hat sich mit mir immer viel beschäftigt. Mit ihr habe ich den einzigen Schneemann meines Lebens gebaut. Wir gingen im Sommer zusammen in den Zoo und sind zusammen durch die Geschäfte gebummelt. Manchmal habe ich sie auch vom Bahnhof abgeholt, und dann sind wir zusammen ins Kino. Als wir beide zusammen im Urlaub waren, haben wir oft bis weit in die Nacht gequatscht. Ich fand es bei Annika immer sehr gemütlich, wenn ich bei ihr zu Besuch war. Ihr Geschmack, was Einrichtung und Wohnungsgestal-*

tung angeht, hat meinen nachhaltig geprägt. *Als Jugendliche dachte ich oft, dass ich mir meine Wohnung auch so ähnlich einrichten würde, wie es Annika getan hatte. Ich habe tatsächlich vieles von ihr übernommen. Wir mögen meistens die gleiche Musik, Urlaub, Hobbies und Ähnliches.*

Dabei war Annika keine leichte Schwester. Sie war dick, sah älter aus, als sie war, und zog sich unvorteilhaft an: *Irgendwie führte sie ein Aschenputteldasein.* Sie fiel durch die Führerscheinprüfung und fand keinen Freund. Annika war jedoch eine tüchtige Küchenleiterin und Ausbilderin für Hauswirtschafterinnen. Als sie endlich einen studierten Schwarzafrikaner heiratete, blühte sie auf, nahm ab, zog sich besser an, wurde offener und verbesserte auf der Volkshochschule ihre Englischkenntnisse. Nach der Geburt des einzigen Kindes lässt Annika sich wieder gehen und ist dick geworden. Eine Ernährungsumstellung lehnt sie ab. Annika sagt nie, was sie geärgert hat: *Alles wird stillschweigend ausgetragen, nie wird etwas offen ausdiskutiert.*

Vielleicht war Annika auch eifersüchtig auf die kleinste Schwester, die sich bei ihrem beruflichen Start eine hübsche Wohnung einrichtete, was sie sich vorher nicht hatte leisten können. Das Geld zur Einrichtung stammte von den Eltern ... Umgekehrt ärgerte sich Anita, dass sie, wenn sie Annika und ihren Mann besuchte, ihr Essen selbst mitbringen musste: *Ich fühle mich nicht willkommen bei ihr. Ich denke, dass sie sich in ihrem Leben sehr unwohl fühlt, andererseits auch Angst hat, etwas zu verän-*

116

dern. *Das Familienleben füllt sie nicht positiv aus, sie fühlt sich als Hausfrau und Mutter nicht gewürdigt. Deswegen auch das fehlende „Engagement" bei Besuch. Angelika gibt sich nach außen kühl, mitunter auch hart, aber das ist nur ein Selbstschutz: Unter ihrer rauen Schale lebt ein kleines, sehr verletztes Kind. Trotz aller Differenzen, die wir in der letzten Zeit erlebt haben, weiß ich, dass sie mich liebt, denn auch sie ist immer wieder auf mich zugegangen. Ich habe auch meinen Teil dazu beitragen, auch ich liebe sie, trotz der vielen Dinge, die mich immer wieder auf die Palme bringen. Für uns beide gilt: Wir müssen einander so akzeptieren, wie wir sind.*

Das Gleiche mag auch für das Verhältnis zu Ulla gelten, die sich beim Tod der Mutter abseits gehalten und mit dem verwitweten Vater überworfen hat: *Seit dieser Zeit existiert eine Wand zwischen ihr und Annika und mir, und diese Wand wächst immer mehr, so empfinde ich es.* Als Kinder waren die pubertierende Ulla und die kleine Anita in ein Zimmer zusammengepfercht, das hat beiden nicht gut getan. Je älter beide wurden, desto besser verstanden sie sich jedoch: *Sonntagmorgen im Bett quatschten wir meist ewig, bis unsere Mutter uns aus dem Bett jagte. Auch abends vor dem Einschlafen redeten wir noch viel. Ab und zu sind wir auch zusammen in die Stadt zum Bummeln gefahren. Das sind alles Dinge, die vor Ullas Hochzeit stattfanden. Danach fand das alles ein Ende durch ihren besitzergreifenden Ehemann.*

Auch hier steht also eine Wiederannäherung wie zwischen Anita und Annika auf dem Plan. Das Zerwürfnis dürfte sich beseitigen lassen. Es ist allerdings müßig zu warten, bis ein Geschwister auf einen zugeht. Man muss selbst die Initiative ergreifen. Hier mag gelten, was du, liebe Anita, über deine Beziehung zu deiner ältesten Schwester schreibst: *Bei Konflikten haben wir uns doch immer wieder zusammengerauft.*

Schwestern reiben sich nicht zuletzt deswegen so aneinander, weil sie sich als Frauen ernst nehmen müssen und sich miteinander vergleichen. Der Lebensentwurf eines Bruders berührt sie naturgemäß nicht so existenziell wie der schwesterliche, weil er gleichsam auf einem anderen Planeten stattfindet (das Gleiche gilt umgekehrt für Brüder im Verhältnis zu ihren Schwestern).

Barbara zum Beispiel vergleicht sich umso mehr mit ihren beiden älteren Schwestern Caterina und Lara, da sie selbst bereits als unerwünschtes Kind zur Welt gekommen ist: *Ich hätte nicht zur Welt kommen sollen. Mein Vater wollte, dass ich abgetrieben werde. Meine Mutter erzählte mir, sie habe die Hölle durchschritten, als sie mit mir schwanger war. Als ich geboren war und meine Mutter mit mir nach Hause kam, packte mein Vater das Körbchen, in dem ich lag, und warf es samt mir in den Flur. Er wollte mich nicht. Er trank und schlug Krach.* Die kleine Barbara übernahm die Rolle eines *Stimmungsbarometers: Wenn die Stimmung mal gut war, das heißt bei Vater der „Pegel" stimmte in der*

Phase, bevor er aggressiv wurde, da versuchte ich, die Familie zu unterhalten, um diesen Zustand beizubehalten. Meine Geschwister bezeichneten mich später als Erwachsene als gute Schauspielerin. Anscheinend konnten sie bis heute nicht durchschauen, wie meine wirkliche Gefühlslage ist.

Barbaras ältere Geschwister waren vor allen Dingen damit beschäftigt, aus dem tristen elterlichen Milieu zu flüchten, einen Freund zu finden und schnell zu ihm zu ziehen. Das war kein fröhliches Drei-Mädel-Haus. Es sieht so aus, als ob insgeheim die Losung galt, *rette sich wer kann!* Dabei bleiben die Kleinen naturgemäß auf der Strecke. *So wurde mir als Kind nie Schwimmen beigebracht. Beim Ballspielen hieß es, „das kann sie ja doch nicht". Einen Tanzkurs habe ich nie gemacht.* Als Einzige ging Barbara nicht auf das Gymnasium.

Doch gab es, inmitten all dieser Ungereimtheiten, etwas schwesterlich Verbindendes: *Der Kontakt zwischen uns Schwestern war immer vorhanden, aber auch schwierig. Trotz allem haben wir uns häufig gesehen, gegenseitig besucht und Gemeinsames unternommen.*

Inzwischen hat Barbara erfolgreich damit begonnen, eine Inventur ihres Lebens vorzunehmen und nicht länger auf die Geschwister, sondern auf sich zu schauen und an ihrer Entwicklung zu arbeiten. Immerhin hat ihr eine schwere Depression ein Jahr des Lebens geraubt. Sie hat sich eine zwölfwöchige Therapie auf der (empfehlenswerten) psychosomatischen Klinik Grönenbach gegönnt, die dafür bekannt ist, ihre „Gäste" in eine existenzielle Begegnung mit sich selbst zu führen und zur Selbsthilfe zu ermutigen. Barbara mag jetzt auch nicht mehr die Lügen unter den Schwestern tolerieren. Sie prognostiziert: *Eine Wiederannäherung sehe ich meinerseits erst wieder als möglich, wenn ich mich in meiner Entwicklung so weit vorangeschritten fühle, dass mich die Kritik und dieses „Kleinmachen" seitens meiner Schwestern nicht mehr trifft, weil ich mir endlich selbst etwas bedeute.*

Das ist nicht einfach so dahingesagt: *In diesem Zusammenhang sehe ich für mich entscheidend den Abschluss des Abiturs, das ich im Herbst dieses Jahres ablegen möchte, und die dann folgende Aufnahme des Magisterstudienganges Germanistik. Und zwar nicht, um „mit wehenden Fahnen" bei meinen Schwestern Einzug zu halten und zu erhoffen, dass sie mich dadurch endlich anerkennen. Nein, wichtig ist, dass ich begreife, was ich kann, und dass ich zu lächeln vermag, wenn meine Schwestern sagen: „Das kann die Kleine nicht." Weil ich für mich weiß, ich kann es eben doch und noch viel mehr und ich bin von dem Urteil anderer nicht abhängig.*

Barbara hat ihren Schwestern Briefe geschrieben und sie von ihrem neuen Weg informiert. Allen, die in einer ähnlichen Situation wie sie sind, gibt Barbara ein Gedicht von William Shakespeare mit auf den Weg:

Gib deinem Kummer Worte.
Der Gram, der nicht spricht,
Wispert im überlasteten Herz fort
Und bringt es zum Brechen.

Deutschland-West und Deutschland-Ost sind auch wie Geschwister, die nach langer Trennung wieder zueinander finden müssen. Da ist noch viel Entfremdung und Fremdheit im Spiel. Die Verhältnisse waren oft stärker als die Menschen. Das hat Brigitte, eine erfolgreiche Ärztin und Psychotherapeutin, zweiundsechzig, mit ihren beiden jüngeren Schwestern Susanne und Christa am eigenen Leib erlebt. Zunächst hatte sie erst einmal ein Problem mit sich, denn schon als Kind erfuhr sie, dass ihr Vater sich als erstes Kind einen Sohn gewünscht hätte und von der kleinen Brigitte enttäuscht war: *Dieses Wissen, eigentlich nicht „richtig" zu sein, hat mich über Jahrzehnte meines Lebens sehr belastet. Erst als ich mit meinem schon lange toten Vater Frieden schließen konnte, gelang es mir auch, mich an meiner eigenen Weiblichkeit zu freuen. In unserer Familie war ich nicht nur die Älteste, sondern auch die kranke Tochter, denn ich hatte als Kind ein schweres Bronchialasthma und bekam wenige Jahre später eine ausgeprägte Neurodermitis ...*

Da von meinem Vater ohnehin keine Aufmerksamkeit und Zuneigung kam, habe ich ganz ohne Frage meine Krankheiten dazu benutzt, wenigstens von meiner Mutter, die immer sehr beschäftigt war (Hausfrau, Mutter, Kirchenmusikerin, Pastorenfrau etc). ein bisschen Aufmerksamkeit beziehungsweise Fürsorge zu bekommen.

Unter den Geschwistern nahm Brigitte die Rolle der tüchtigen und musischen Schwester ein, aber auch die der Rebellin. Von da her war es biografisch sicherlich kein Zufall, dass sie 1961 als Medizinstudentin nach dem Bau der Mauer aus der DDR über West-Berlin in den Westen flüchtete, *um den Mann, den ich damals liebte und der Westdeutscher war, heiraten zu können.*

Eben damit begann auch unfreiwillig das westöstliche Drama in den Herzen der Schwestern: *Meine beiden Schwestern haben mich sicherlich nie wissentlich verletzt, aber auf der unbewussten Ebene ist viel passiert. Da ich flüchtete, wurde ich sehr schnell „die reiche Schwester im Westen", zu der man mit allen möglichen Wünschen und Anliegen kommen konnte. Da ich einen sehr lieben und bescheidenen Ehemann hatte, haben wir beide wie die Weltmeister Pakete gepackt und das Auto vollgeladen, vom Büstenhalter bis zur Tapete, wenn wir meine Schwestern in der DDR besuchten. Trotzdem habe ich gerade von seiten meiner Schwester Susanne und meines Schwagers erheblichen Neid gespürt. Das, was wir mitbrachten beziehungsweise schickten, war nie genug. Es war oft nicht das Richtige, und uns ging es überhaupt fantastisch, während sie unter den autoritären politischen Verhältnissen leiden und darben mussten.*

Geschwister entwickeln sich zudem oft auch politisch, religiös und weltanschaulich in extrem unterschiedliche Richtungen. So reibt sich Brigitte an ihrer Schwester Susanne, die *eine erzkonservative christliche Frau ist, die in ihrem Leben eigentlich permanent unzufrieden war. Susanne hätte studieren können, denn sie hat, wie wir beiden anderen, Abitur gemacht, aber sie konnte sich damals, als die Frage des Studiums anstand, nicht entscheiden. Sie wählte schließlich den Beruf einer medizinisch-technischen Assistentin. Das bot ihr über Jahre Anlass, sich selbst als das Schattenkind, als die, die nichts erreicht hatte, als die Wertlose, die Minderbegabte hinzustellen. Ihre Aussagen und Unterstellungen haben mich oft zur Verzweiflung getrieben und zeitweise den Kontakt auch zwischen uns abreißen lassen. Nach der Wende ist Susanne zufriedener. Sie klagt weniger, und wir hatten seither auch wesentlich besseren Kontakt zueinander. Allerdings ist sie jetzt bereits als jüngere Schwester berentet (ihre Rente ist deutlich kleiner als meine), was erneut Anlass zum Klagen gibt. Das Karussell dreht sich also weiter.*

Demgegenüber bezeichnet Brigitte ihre jüngste Schwester Christa als Lieblingsschwester: *Ich nenne sie immer „meine kleine große Schwester". Ich will damit sagen, dass ich Achtung habe vor der Größe ihrer Lebensleistung und der Art, wie sie ihr Leben bewältigt. Leider ist die Beziehung zu ihr, da sie genau wie Susanne in Ostdeutschland lebt, sehr oberflächlich. Die Beziehung beschränkt sich auf gelegentliche Besuche und Familienfeste.*

Dabei haben die Schwestern eine gemeinsame

schwere Kindheitsgeschichte. Der Vater, ein Pastor, war alkoholkrank. Er nahm sich das Leben, als Brigitte einundzwanzig Jahre alt war. Brigitte hat sich damit in der Therapie auseinandergesetzt, indem sie *ihn entthronte, hasste, zerpflückte, um mich dann später mit ihm zu versöhnen.* Demgegenüber wählte die Schwester Susanne den Weg der Idealisierung. Sie hob den Pastor-Vater auf einen Thron, verherrlichte ihn und deckte alles Bedrückende und Schmerzhafte zu. Jetzt, als der sechsundachtzigste Geburtstag der Mutter zu feiern war, stand für Brigitte die Auseinandersetzung und Klärung zwischen den Schwestern dringlich an. Sie setzte alle Hebel für eine Aussprache unter den drei Schwestern in Bewegung. *Leider bisher ohne Erfolg.*

Brigitte konstatiert: *Meinen Anteil an der zeitweiligen Funkstille und Distanzierung sehe ich durchaus. Ich bin auch bereit, ihn einzugestehen. Ich möchte nicht länger die reiche Schwester in den westlichen Bundesländern sein, der alles angeblich in den Schoß fällt und deren seelische Nöte und gesundheitliche Beeinträchtigungen nicht gesehen werden. Das tut mir zunehmend weh.* Brigitte bewundert Susannes Geduld und Leidensfähigkeit, ihre fantastischen hausfraulichen Qualitäten und musischen Begabungen. Von der jüngeren Schwester Christa *könnte ich mir eine große Scheibe innere Gelassenheit, Standhaftigkeit und gläubiges Vertrauen abschauen.* Brigitte lässt keine Zweifel: *Eine Wiederannäherung an meine beiden Schwestern wünsche ich mir sehr. Zumal ich mit zunehmendem*

Älterwerden erkenne, wie wichtig gerade diese Schwestern für mich sind, aber leider habe ich zurzeit jedenfalls den Eindruck, dass meine beiden Schwestern die Distanz mehr aufrecht erhalten möchten, vielleicht aber auch brauchen. Ich muss die weitere Entwicklung abwarten.

Wie sich ältere Schwestern in der Notlage wiederfinden und treu beistehen, das beschreibt Gaby anrührend: *Meine Schwester Christine sah ich jahrelang nur noch auf Familienfesten. Die Atmosphäre zwischen uns war gespannt. Wir waren uns fremd geworden. Dann bekam ich, mit neunundvierzig Jahren, Lymphdrüsenkrebs. Ich war nie krank gewesen. Ich war verzweifelt. Christine stand mir von Anfang an bei. Hundertprozentig. Sie war der einzige Mensch, bei dem ich mich total gehen lassen und meine Angst und Tränen zeigen konnte. Wir kamen uns sehr nahe. Das ist bis heute so geblieben. Außer meinem Mann ist mir kein Mensch so nahe wie Christine. Wir haben absolutes Vertrauen zueinander. Wir wissen, dass wir uns auch in Zukunft in jeder Notlage helfen werden.*

Leider kann ich weder hier noch in anderen Kapiteln die Fülle aller Geschwisterbriefe ausbreiten. Ich muss mich auf Stichproben und besonders markante Aussagen und Konstellationen beschränken. Gönnen wir uns am Ende dieser Schwesternreise noch einen wonnigen Ausblick: Christel. Sie ist die Ältere und hat eine sechs Jahre jüngere Schwester, Susi. Susi kam wie eine Nothelferin in ihr Leben: *Ich war sechs Jahre alleine und erlebte das Einzelkinddasein sehr bewusst als schrecklich. Der Übermacht der Eltern ganz allein ausgeliefert zu sein, war furchtbar. Ich brauchte schlicht und ergreifend Verstärkung. Ich wünschte mir mit aller Inbrunst eine Schwester, keinen Bruder, eine Verbündete, niemand, mit dem ich auch noch kämpfen musste.*

Christel war die Kämpferin in der Familie und so gar nicht das süße Mädchen, das die Mutter wohl gern gehabt hätte. Sie war wild, widerspenstig, voller Energien und großem eigenen Willen. Zwischen der Mutter und ihrer ältesten Tochter bestand keine zärtliche Beziehung. Viele Machtkämpfe endeten *mit dem Kochlöffel.* Dafür agierte Christel als mütterliche Beschützerin und Vertrauensperson für die Nachzüglerin: *Als meine Schwester dann auf der Welt war, war ich selig. Auch meine Mutter bestätigt heute, dass ich kaum eifersüchtig war. Sie bezog mich viel in die Pflege meiner Schwester mit ein, und ich liebte es. Sie war von Anfang an der Sonnenschein, der ich nie war. Aber das war vollkommen in Ordnung so. Meine Schwester gab mir von Anfang an emotional so viel, dass ich auf ihre Beziehung zu meiner Mutter nicht eifersüchtig war. Und so ist es, von den normalen Geschwisterstreitereien abgesehen, auch immer geblieben. Wir stehen uns emotional sehr nahe. Meine Schwester ist zusammen mit meinem Mann und meiner Tochter der wichtigste Mensch in meinem Leben.*

Was die Jüngeren meist nicht wissen: Sie sind zwar klein, aber alles andere als unbedeutend. Sie sind, im Gegenteil, ein bedeutsamer Aktivposten im Seelenhaushalt der oder des älteren Geschwister. Christel: *Als Kind gab mir meine Schwester Nähe, Zärtlichkeit, Bewunderung und das Gefühl der Verantwortung. Heute sind wir uns natürlich ebenbürtig und uns gegenseitig in seelischen Belangen die besten Beraterinnen. Sie kennt mich einfach am längsten, und wir haben die gleichen spirituellen Interessen.*

Mit Vergnügen erinnert sich Christel auch an die Geheimnisse der Geschwister, die die Bindung zusammenschweißten: *Ich feierte öfter Partys, von denen meine Eltern nichts wissen durften. Meine Schwester durfte immer dabei sein. Die einzige Bedingung war, den Mund zu halten. Wir hatten viele Geheimnisse vor unseren Eltern.* Und nun kommt ein königlicher Satz, der in jedes Erziehungshandbuch als Präambel gehört: *So wie die Eltern zusammenhielten, taten wir Kinder das auch.*

Christel und Susi machen uns auch etwas deutlich, was man nicht hoch genug veranschlagen kann. Die Tatsache nämlich, dass sich erwachsene Geschwister in den Lebenskrisen hervorragend zu unterstützen vermögen. Wenn ich in der Sprechstunde eine Frau oder einen Mann vor mir sitzen habe, der sich gerade in einer Trennungssituation befindet, Ohnmachts- oder Schuldgefühle hat und keinen Ausweg sieht, dann frage ich immer, ob es eine Schwester oder einen Bruder gibt. Selbst wenn gerade die berüchtigte „Funkstille" herrscht, kann man unter Geschwistern fast immer bei solchen *kri-*

tischen Ereignissen, wie die Familienpsychologie sagt, Zuflucht finden. Sie verraten einen nicht. Sie hören zu. Sie sind meist auch geehrt und gerührt, dass wir sie ins Vertrauen ziehen und einen Sprung über die alten Unstimmigkeiten machen.

So erging es auch Susi, als sie daran war, einen Mann zu heiraten. Wenige Monate vor der Hochzeit rief sie weinend bei Christel an und erzählte ihr von einem schlimmen Streit. Das bestätigte die schlimmsten Ahnungen ihrer großen Schwester. Christel befand sich nun in einem Dilemma. Sie wollte ihrer Schwester nicht dreinreden und den Mann schlecht machen. Andererseits aber wollte sie sie auch nicht einfach ins Unglück rennen lassen: *Aber es war meine Schwester, und von mir als Trauzeugin musste sie Ehrlichkeit erwarten dürfen. Ich setzte mich hin und schrieb einen Brief, in dem ich den Seiltanz wagte, ehrlich zu sein und ihn nicht schlecht zu machen. Ich versuchte, ihr die rosa Brille auszuziehen.*

Susi heiratete trotzdem. Nach sechs Monaten Ehe kam es zum *Superknall.* Susi trennte sich unter dramatischen Umständen von ihrem Mann. Sie war, auch wenn sie erst durch Schaden klug geworden war, der Schwester dankbar für ihren ehrlichen Brief. Dies war sie umso mehr, als Christel nicht die Besserwisserin hervorkehrte, sondern Susi viele Gespräche und Unterstützung anbot. Dabei fühlt sich Christel durchaus nicht als Bewährungshelferin von Susi. Sie betont die Gleichwertigkeit ihrer Schwesternschaft. Sie formuliert einen wahrhaft himmlischen Satz: *Ich hatte immer das Gefühl, meine Schwester hat mir der liebe Gott persönlich geschickt – in der Kindheit zum Durchhalten und jetzt als Unterstützung in jeder Lebenslage.*

Schwestern profitieren auf das Geheimnisvollste und Widerspruchsvollste voneinander. Es lohnt sich, diese schwesterlichen Psychogramme der Entwicklungsdialektik zu studieren.

Simone de Beauvoir erinnert ihre einzigartige Geschwistererfahrung (in *Alles in Allem*) mit folgenden Worten: *Ein Leben besteht nicht in der bloßen Entfaltung eines ursprünglichen Keims. Unaufhörlich läuft es Gefahr, zu scheitern, unterbrochen, verstümmelt, aus der Bahn geworfen zu werden. Indessen regt ein glücklicher Lebensbeginn das Individuum an, aus den gegebenen Verhältnissen das denkbar Beste zu machen ... Ein Vergleich mit dem Schicksal meiner Schwester ist da sehr aufschlussreich: Ihr Lebensweg hat sich weit schwieriger gestaltet als der meinige ... mit zweieinhalb Jahren trage ich auf Fotografien eine entschiedene, selbstsichere Miene zur Schau, während sie im gleichen Alter eher ängstlich wirkte ... Sie hat lange gebraucht, um ihre Kindheit vollkommen zu überwinden. Die meine ist freundlich verlaufen ... ich bin der Meinung, dass ich einen der mir zuteil gewordenen glücklichen Zufälle darin sehen muss, dass ich eine Schwester bekam, dass sie zwar jünger als ich, mir aber auch altersmäßig noch sehr nahe war. Sie hat mir geholfen, mich selbst zu bestätigen.*

„Aus den Augen, aus dem Sinn" existiert unter uns Schwestern nicht. Es scheint mir unauflöslicher als jede andere Verbindung, dieses schwesterliche Band. Kein Liebhaber, kein Mann kann diesen Bann brechen.

Verena Buss,
„Wenn man nur wüßte…"

Die geschlechtsspezifischen Befunde, welche die größere Beziehungsfähigkeit der Mädchen im Sinne größerer Fürsorglichkeit, Verantwortung und Hilfeleistung im Vergleich zu dem größeren Macht- und Rivalitätsstreben der Jungen deutlich machen, bleiben auch im Alter erhalten … Im Erwachsenenalter und Alter haben Schwesternpaare die höchsten Verbundenheitswerte und fühlen sich emotional einander noch näher als in der Kindheit, während Brüderpaare die niedrigste Verbundenheit aufweisen. Hier bleibt die Rivalität und Ambivalenz bis ins Alter erhalten.

Inge Seiffge-Krenke,
Die Bedeutung und Funktion von Geschwistern
im Familienverband,
in: Gunther Klosinski (Hrsg.),
Verschwistert mit Leib und Seele

Lilli Palmer und ihre Schwestern

Geschwister sind füreinander Begehrte, Ähnliche und Andere; sie sind in dieser starken Ambivalenz Spielgefährten, Rivalen, Geliebte und Gehasste, Vorbilder und Hindernisse. Wenn sich eines der Geschwister verändert (als Kind) und verändert (als Erwachsene/r), wird das aus der starken Identifikationsbereitschaft und Bedeutung heraus bei den anderen zu einer psychischen und sozialen Herausforderung.

Katharina Ley,
Geschwisterliches Begehren und der andere Ort
in: Katharina Ley (Hg.), Geschwisterliches. Jenseits
der Rivalität

Wir kennen Lilli Palmer als eine Schauspielerin von Weltrang, als willensstarke Persönlichkeit von ungewöhnlicher Ausstrahlung und als erfolgreiche Autorin. Weniger kennen wir sie in ihrer jüdischen Identität und in ihrem Emigrantenschicksal. Kaum einer weiß weiter, dass sie die mittlere zweier außergewöhnlicher Schwestern und mit beiden schicksalsmäßig verstrickt war. Da aus allen drei Mädchen Künstlerinnen wurden, lässt sich hier das Gesetz von Anziehung und Abstoßung, Liebe und Rivalität geradezu laboratoriumsmäßig untersuchen. Lilli wurde der Star von den Dreien. Hilde, die Jüngste, ordnete sich in Liebe unter und adoptierte sich die ältere Schwester Lilli als zweite Mutter. Irene, die

weniger Begabte, litt, bei aller Liebe, an Lilli und legte sich einen anderen Künstlernamen zu.

Doch der Reihe nach. Die Eltern Alfred und Rose Peiser, geborene Lissmann, sind ein spannendes Paar. Rose Lissmann ist Schauspielerin. Um eine Ehe eingehen zu können, verlässt sie ihren „unseriösen" Beruf und kündigt ihren neuen Vertrag am Stadttheater in Düsseldorf. Am Hochzeitstag verbrennt sie feierlich alle ihre Bühnenkostüme. Sie stammt aus einer Koblenzer Weinhändlerfamilie und hatte vier Schwestern. Selbst als alle verheiratet waren, pflegten die Geschwister das zweiwöchentliche Frühlingsritual einer *Schwesternreise* in einen kleinen Kurort. Ehemänner und Kinder waren nicht zugelassen.

Roses Mann, Dr. Alfred Peiser, arbeitet zunächst in Posen, ab 1921 in Berlin als Chefchirurg im größten jüdischen Krankenhaus. Er stammt aus einer wohlhabenden Familie. Posen hat er wegen der antisemitischen Atmosphäre verlassen. Die Familie Peiser ist wohlsituiert, die Töchter wachsen in geordneten Verhältnissen auf. Es versteht sich von selbst, dass Lilli das Abitur macht. Aus allen drei Töchtern soll „etwas Ordentliches" werden. Doch zum Schrecken des Vaters möchten alle drei ins Bühnenfach. Sie lassen sich nicht davon abbringen. Gerade Lilli, eine kräftige Narzisstin, liebt es, zu deklamieren. Sie braucht Publikum. Sie leidet unter ihrer *Deklamiersucht*. Als sie, noch vor 1933, beim weihnachtlichen Krippenspiel nicht mehr mitwirken darf – sie hat sich auf die Rolle der Jungfrau

Maria gefreut –, versteht sie die Welt nicht mehr. Die Schulleitung will jedoch keine Jüdin in einem christlichen Krippenspiel. Da die Familie Peiser liberal ist und sich weder religiös, politisch oder kulturell „jüdisch" fühlt, kann Lilli den Schulskandal nicht einordnen: *Ich war sogar bereit, Christin zu werden, nur um diese Rolle zu bekommen.*

Irene, Jahrgang 1910, die Älteste, gilt als das Sorgenkind. Lilli, 1913, ist das Glückskind, Hilde 1919, fungiert als das Nesthäkchen. In dieser Konstellation liegen, so scheint es, Glanz und Elend der Schwestern verborgen. Irene ist zwar bildschön, aber ihre Begabung reicht nicht an die von Lilli heran. Sie will unbedingt Opernsängerin werden. Ihre Stimme ist reizend, aber von kleinem Umfang und daher für die Oper nicht geeignet. Es muss für die ältere Irene ein Spießrutenlaufen sein, zu erleben, wie die charmante und extrovertierte Lilli an ihr vorbeizieht und die Welt im Flug erobert. Selbst im Tischtennisspielen wird Lilli einmal Champion von Berlin. Sie ist einfach „besser und beliebter". Irene muss gegen ihren Schatten angehen. Der Weg ist einsam und ohne Zustimmung der Familie. Eines Tages kommt aus München die Nachricht, Irene stehe jeden Abend auf der Bühne. Der Chefarzt-Vater ist entsetzt. Aber sie ist nicht zu bremsen. Sie geht ihren Weg.

Ganz anders die kleine Hilde. Sie fühlt sich zu Lilli hingezogen, ihrer Beschützerin, Lehrerin, ihrem Vorbild. Lilli besorgt „der Kleinen" eine schicke Frisur und ordentliche Klamotten, sie führt sie zur Literatur und unterstützt sie später beruflich. Hilde sonnt sich zeitlebens im Glanz der strahlenden Schwester Lilli.

Lilli geht vormittags aufs Gymnasium, nachmittags nimmt sie Schauspielunterricht. Auch sie lässt sich, wie Irene, nicht von ihrem Weg abbringen. Wen wundert es da, dass auch die halbwüchsige Hilde bei einem russischen Tanzlehrer Unterricht nimmt. Sie will Ballerina werden. Dem Vater verschlägt es den Atem. Aber ausgerechnet als Tänzerin kann sie später eine Zeit lang ihr Leben im Exil fristen.

Das mütterliche Blut schlägt bei Irene, Lilli und Hilde machtvoll durch. Natürlich denken alle drei Töchter an eine Karriere in Deutschland. Können sie ahnen, wie mörderisch die NS-Diktatur mit ihren jüdischen Mitbürgern umgehen wird? 1933 emigriert zuerst Irene. Sie versucht, sich in Paris eine Existenz aufzubauen. Lilli begreift bei ihrem ersten Theaterengagement in Darmstadt rasch, dass auch ihre Uhr in Deutschland abgelaufen ist. Die SA kündigt an, mit ihrem Saalsturm gegen die *nichtarischen Schauspieler* während der Abendvorstellung *in angemessener Weise* zu protestieren. Vor so viel „angemessener Weise" graust es Lilli. Nach einem kurzen Familienrat emigriert auch sie zur Schwester nach Paris. Der Vater bringt sie zum Bahnhof. Er winkt ihr nach. Sie wird ihn nie wiedersehen. Er stirbt 57-jährig, vor einer möglichen Deportation und Vergasung, an einem Herzinfarkt.

Hilde bleibt bei den Eltern in Berlin zurück. Lilli und Irene schlagen sich als Revuegirls und Tingeltangel-Sängerinnen gemeinsam in Paris durch. Sie halten, auch das muss gesagt werden, wie Pech und Schwefel zusammen. Mit ihrem Programm *Die beiden Wiener Schwestern*, warten sie auf einen Entdecker. Er kommt – und entdeckt Lilli. Welch eine Kränkung für Irene! Der Mann mit vielen Verbindungen verspricht ihnen, wie man das heute nennen würde, ein Casting bei einer Londoner Filmgesellschaft. Aber Lilli will Irene nicht verlassen. Sie tingelt weiter mit dem Schwesternprogramm, bis nichts, aber auch gar nichts mehr läuft. Dann reist sie nach London. Zwar klappt es mit dem versprochenen Casting nicht, aber sie erhält nicht nur bei den Warner-Brothers einen Vertrag, sondern die alles entscheidende Aufenthalts- und Arbeitsgenehmigung.

Was tut Lilli? Sie mietet ein Haus für die verwitwete Mutter Rose, Irene, Hilde und sich. Lilli ist ein Familientier. 1936 holt sie Irene aus Paris, Mutter Rose und die sechzehnjährige Hilde aus Berlin nach London. Die Familie hält zusammen. Wie immer verfolgt jedes der Geschwister bald auch seine eigenen Interessen. Irene heiratet einen britischen Rechtsanwalt und wird Mutter von Zwillingen und eines weiteren Sohnes. Ihr ist kein leichtes Schicksal beschieden. Einer der Zwillinge stirbt achtundvierzigjährig, ihr Jüngster mit siebenunddreißig Jahren. Sie hat viele Krankheiten und ist wohl tablettenabhängig. Dennoch verwirklicht

Irene eine gediegene Schauspielkarriere in England. Sie leidet jedoch unter der Weltberühmtheit ihrer Schwester so sehr, dass sie sich den Künstlernamen Prador zulegt.

Irene will auch nicht die Älteste sein. Als Lilli Palmer ihren Weltbestseller *Dicke Lilli – gutes Kind* veröffentlicht, bittet Irene sie, ihr Datum zu ändern. Sie wolle in ihrer neuen Heimat gern als jüngste Schwester fungieren. Das kann Lilli Palmer jedoch mit Rücksicht auf Hilde nicht fingieren. Sie findet einen salomonischen Kompromiss. In der englischen Ausgabe ihrer Memoiren, aber auch nur in dieser, tritt Lilli als die älteste und Irene als die mittlere Schwester auf. Auch im Pass fälscht Irene ihre Altersangabe. Als Irene sechsundachtzig Jahre alt wird, gesteht sie der jüngsten Schwester Hilde: *Ich fühle mich so alt.* Daraufhin erwiderte ihr Hilde: *Irene, wir s i n d alt!*

Man stelle sich vor, wie schwer es für das geborene „Führungstier" Irene gewesen sein muss, dass sich Lilli im Pariser Exil an ihre Fersen heftet und dann noch einen vermeintlichen Filmvertrag wegschnappt. Oder dass das Sternenkind Lilli 1943 Rex Harrison, den berühmten Schauspieler, kennenlernt und mit ihm, nach Jahren der Bühnenauftritte in England, 1945 nach Hollywood aufbricht, um eine Weltkarriere aufzubauen. Irene hat England künstlerisch nie verlassen …

Hilde wiederum erhält von Lilli tatkräftige Unterstützung, als sie, noch lange nicht volljährig, in England die Tanzlaufbahn ergreift. Lilli unterstützt sie gegen die empörte Mutter, die von der Jüngsten das Abitur fordert. Mit Erfolg engagiert, reiste Hilde mit ihrer Tanztruppe quer durch Amerika. Zurückgekehrt zahlt Lilli ihr Tanz- und Gesangstunden wie die Schauspielschule. Da Lilli mit Filmen bereits Geld verdient, unterstützt sie auch die Mutter Rose. Irene wiederum besorgt über ihren Mann die Arbeitserlaubnis für Hilde, so dass die jüngste Schwester über die Kriegsjahre in England als Tänzerin und Sängerin arbeiten kann. Später wirkt die Antifaschistin Hilde im *Soldatensender Calais* bei den aufklärerischen Rundfunksendungen mit, die nach Deutschland ausgestrahlt wurden. Sie sollen der Goebbelschen Propraganda die Wahrheit entgegenstellen. Auch Thomas Mann wirkt mit seinen berühmten BBC-Radioreden *Deutsche Hörer* an der Niederringung der braunen Barbarei mit. Hilde benützt ihre sängerische Begabung – sie trägt die beliebtesten Jazz-Songs vor. Auch Marlene Dietrich stellt ihre Stimme zur Verfügung.

Als Lilli 1945 Hollywood ansteuert, bricht auch Hilde mit ihrem amerikanischen Ehemann, dem ehemaligen Leiter des Soldatensenders, nach New York auf. Ihr Ehemann findet keine Arbeit. Die Finanzen sind knapp. Hilde beginnt in kleinen Rollen beim Fernsehen, auf der Bühne und im Musical zu arbeiten. Dann wird sie krank, schließlich schwanger. Nicola, ihre erste Tochter, kommt zur Welt. Das Geschwistersystem hält. Lilli finanziert Hilde eine bessere Wohnung und ein Kindermädchen. Sie schickt ihr die schönsten Kleider aus Hollywood. Mutter Rose eilt zur Kinderpflege aus Europa heran. Lilli wird vorübergehend zur Ernährerin ihrer kleinen Schwester.

Aber Geschwister helfen sich auch im seelischen Leid. Als Lilli 1948 feststellen muss, dass ihr blendend aussehender Mann, der international bekannte Schauspieler Rex Harrison, eine Geliebte hat, stürzt sie in eine Krise. Sie verlässt Hollywood und quartiert sich in New York bei Hilde ein. Hilde tröstet die Ältere. Dann wird die Ehe zwischen Lilli und Rex noch einmal geflickt. 1951 ist sie endgültig zu Ende. Lilli lernt im gleichen Krisenjahr ihren künftigen Ehemann Carlos Thompson, einen argentinischen Schauspieler, kennen, mit dem sie bis zu ihrem Tod verbunden bleibt.

Die Geschwister erleben ihre gegenseitigen Ehekrisen. Denn auch Hildes erste Ehe, ein zweites Kind mit Namen Lilli (!) ist dazugekommen, hält nicht. Sie lässt sich 1954 scheiden und verlässt Amerika. Mit den beiden Kindern geht sie zurück nach England. Dort taucht auch Lilli mit ihrem ersten und einzigen Sohn Carey auf. Wieder funktioniert die Schwesterngemeinschaft. Irene ist helfend gegenwärtig. Lilli, inzwischen wohlhabend, kauft Hilde ein Appartement. Hilde heiratet ein zweites Mal und bringt ein drittes Kind auf die Welt. Das ist das Ende ihrer Bühnenlaufbahn. Hier verhält sich Hilde anders als ihre älteren Schwestern, die beide vom Scheinwerferlicht ein Leben lang fasziniert sind. Irene arbeitet bis kurz vor ihrem Tod 1996 als Schauspielerin im englischen Fernsehen und engagiert sich mit Vorträgen im Radio. Als in den sechziger Jahren Lilli auf Grund ihres Alters keine attraktiven Filmrollen mehr bekommt und von Hildegard Knef und Lieselotte Pulver überrundet wird, gerät sie in Panik. Lilli Palmer hat Angst, *out* zu sein. Sie nimmt, wie Hilde in dem Band *Deutsche Schwestern. Vierzehn biografische Portraits* (Rowohlt) berichtet, *wie eine Verhungernde in dieser Zeit jedes Filmangebot an und akzeptiert sogar Nebenrollen, um nur nicht vergessen zu werden. Denn das wäre für sie das Schlimmste gewesen.*

Geheimnisvolles Schicksal: Erst stirbt die mittlere Schwester Lilli, dann erst die älteste Schwester Irene. Hilde lebt am längsten. 1985 wird bei Lilli Palmer Krebs festgestellt. Sie lässt sich im November des Jahres in Los Angeles operieren. Man macht ihr Hoffnung. Im Januar 1986 überfallen sie schreckliche Schmerzen. Das Krankenhaus in Los Angeles kann nicht helfen. Carlos, ihr liebender Mann, mietet in der Kalifornischen Großstadt ein Appartement, damit sie nicht in der sterilen Atmosphäre des Krankenhauses sterben muss. Bereits im Januar 1986 stirbt Lilli Palmer. Auf Veranlassung ihres Sohnes Carey, einem mittlerweile erfolgreichen Stückeschreiber, werden Trauerfeiern in London und Zürich veranstaltet. Natürlich wünschen die Schwestern, bei der Beerdigung in Kalifornien dabei zu sein. Carlos besteht darauf, dass die Beerdigung ohne sie, aber auch ohne Freunde und Künstlerkollegen stattfindet. Er wünscht Diskretion: *Ich wollte, dass niemand aus ihrem Tod ein*

Geschäft machen kann. Sie selbst wollte keinen Rummel, keine Fotos.

Lilli und Hilde sind ein Leben lang eine feste Schwestergemeinschaft geblieben. Damit haben sie die bösen Jahre des Exils überstanden. Irene ist die meiste Zeit des Lebens außerhalb dieses engen Geschwisterbündnisses gestanden. Das hat sie wohl auch gebraucht, um sich aus dem Schatten, den die große Schwester Lilli warf, zu retten. Manchmal kann eine Geschwisterschaft auch zu schwer sein. Aber Lilli war es, wie Hilde berichtet, die sich gegen die Fortsetzung der mütterlichen Tradition einer *Schwesternreise* wehrte, nicht Irene. Im Alter haben sich Hilde und Irene häufiger getroffen.

Da war viel Liebe im Spiel. Am Ende des Lebensstromes finden Geschwister oft zueinander. Sie haben gegenseitig den langen Weg von der Quelle bis heute verfolgt. Sie stehen jetzt in der gleichen Situation des Altwerdens. Sie teilen Familientradition, Wertekatalog, Milieu, Religion, Lebensphilosophie. Was ist schöner als die absolute Gewissheit, im Falle der Krankheit und der Krise auf die Solidarität der Geschwister zählen zu können? Das Bewusstsein davon trägt uns.

Dabei hat die Geschwisterliebe nichts Klammerndes. Im Unterschied zur Liebesbindung in der Paarbeziehung, ob heterosexuell oder homosexuell, duftet in der Geschwisterliebe das Aroma der Freiheit. Wir hängen aneinander, aber wir reden uns nicht in den Alltag hinein. Wenn ein Geschwister stirbt, stirbt ein Stück von uns.

Meine beiden Schwestern und ich hatten eine glückli-
che, lärmende und liebevolle Kindheit, aber damals
wußten wir nicht, wie außergewöhnlich das war.

Lilli Palmer,
Dicke Lilli – gutes Kind

(Nach Rex Harrisons Außenbeziehung – M. J.) Gute
Freunde wußten, schwiegen aber. Bis Rex es mir
selbst erzählte. Worauf ich tat, was in solchen Fällen
immer das Beste ist. Ich räumte das Schlachtfeld und
flog nach New York. Meine Schwester Hilde war
dort verheiratet, und ich entdeckte zum ersten Mal,
dass sie nicht mehr meine „kleine Schwester" war,
sondern eine Freundin und eine Stütze.

ebenda

142

Brüder:
Distanz und Sehnsucht

Ein Bruder an meiner Seite. Ein großer Bruder, der für mich in die Hausflure meiner Feinde spuckt, das bleibt für mich bis heute eine Sehnsucht mit alten Wurzeln. Auf Vater konnten wir ja nicht hoffen. Er hätte uns geschlagen. Mehr als selbst der Polizei lieb gewesen wäre. Und Mutter? Mutter konnte uns vor der Hilflosigkeit meines Vaters nicht schützen.

Jürgen Fliege
Der Menschenflüsterer

Brüder. Schon im Sandkasten verbindet sie gleichzeitig Zuneigung und Hass, Fürsorge und Rivalität. Zwischen Brüdern kommt es, wie nicht nur die Geschwisterforschung belegt, öfter zu handgreiflichen physischen Aggressionen als zwischen Schwestern. Manchmal sind sie mehr eine Notgemeinschaft. Besser ich habe einen Bruder zum Spielen als gar niemanden. Häufig haben sich Brüder als Erwachsene nichts mehr zu sagen. Oder, genauer gesagt, sie trauen sich nicht mehr aneinander heran. Sie haben es nicht gelernt, ihr Inneres zu öffnen, sich dem Bruder schwach zu zeigen oder gar um Hilfe zu bitten. Und doch sind alle Jungen, ich schließe mich davon nicht aus, wenn sie als Karl-May-Leser auf die Stelle stoßen, an der Winnetou und Old Shatterhand Blutsbrüder werden, im

PRÜGELORGEL

Innersten berührt. Wie stolz war ich, wenn ich auf dem Schulhof einem größeren Rüpel, der mich bedrohte, sagen konnte: *Pass auf, gleich hole ich meinen ältesten Bruder, der haut dir eins in die Fresse.* Gentleman, der Neufundländer, hätte es allerdings auch getan.

In der Realität gehen wir Brüder ruppig miteinander um, in unseren Träumen folgen wir dem mythischen Vorbild von Kastor und Pollux. Sie waren Zwillinge und kämpften Seite an Seite. Als einer von ihnen in der Schlacht fiel, erbarmte sich Zeus: Kastor und Pollux durften beide die eine Hälfte des Jahres in der Oberwelt, die andere im Totenreich leben, damit keiner allein bleibe. Der Psychotherapeut Wolfgang Schmidbauer nennt diese archetypische Verbundenheit das *Kastor-und-Pollux-Modell*. Als Mann bin ich immer wieder hingerissen, wenn ich in der Politik, im Sport oder im Showgeschäft, in der Geschichte und Literatur solche Kastor-und-Pollux-Brüder entdecke.

Wolfgang und Thomas Schäuble zum Beispiel. Beide sind Juristen, beide sind sie Mitglieder der CDU. Als der dunkle Schattenvater Helmut Kohl in der Spendenaffäre seinen politischen Ziehsohn Wolfgang Schäuble auflaufen ließ, schwieg dieser bei seinem Rücktritt vom Amt des CDU-Vorsitzenden nobel. Doch Bruder Thomas, damals Minister im Stuttgarter Kabinett, verteidigte seinen Bruder Wolfgang und sprach in die Mikrophone den unvergesslichen Satz: *Ich verabscheue Herrn Kohl.* Kohl, so enthüllte der kleine Schäuble, habe bei dem

Attentat auf seinen Bruder nur Krokodilstränen vor der Kamera vergossen und sich in Wahrheit nicht um ihn gekümmert.

Beeindruckt hat mich auch immer das Brüderpaar Carl Friedrich und Richard von Weizsäcker. Atomphysiker und Philosoph der eine, CDU-Politiker und Bundespräsident der andere. Beide sind in eindrucksvoller Weise dem Staatswohl verpflichtet. Als in den fünfziger Jahren der unselige Verteidigungsminister Franz Josef Strauß für die Bundeswehr die atomare Bewaffnung forderte und Konrad Adenauer die Atomwaffen als *Weiterentwicklung der Artillerie* bagatellisierte, kam es auf Carl Friedrich von Weizsäckers Betreiben, im April 1957, zum *Manifest der Göttinger Achtzehn.* Da warnten die deutschen Wissenschaftler: *Jedenfalls wäre keiner der Unterzeichneten bereit, sich an der Herstellung, der Erprobung und dem Einsatz von Atomwaffen in irgendeiner Weise zu beteiligen.*

Der Bruder Richard von Weizsäcker wiederum engagierte sich als Leiter des Evangelischen Kirchentages und gab später als Bundespräsident eine glänzende Figur ab. Allerdings, als es Anfang der siebziger Jahre um die Ostverträge, also die nationale Aussöhnung mit Russen und Polen, ging, stellte Bruder Richard das Gruppeninteresse der CDU/CSU höher als ein klares Bekenntnis zur Völkerbefriedung. Er forderte zur *Enthaltung* gegenüber den Versöhnungsverträgen auf. Der engagierte Friedensphilosoph Carl Friedrich bekundete dazu lakonisch: *Zwischen Geschwistern gibt es immer gewisse Polarisierungen, das trägt zum Reichtum der Beziehungen bei.* Merke: Auch und gerade zwischen Geschwistern darf gestritten werden.

Sportfreunde kennen das Brüder-Team Dieter und Uli Hoeneß. Wie Winnetou und Old Shatterhand legen sie füreinander die Hand ins Feuer. Beide blicken auf eine Karriere als Nationalspieler zurück und sind begehrte Fußballmanager. Früher haben sie sich vor der Öffentlichkeit gefetzt. Dann, 1997, bekräftigte der jüngere Dieter in einem Interview beider Brüder in der *Welt am Sonntag*: *Die Grundposition von Uli ist integer. Dafür lege ich meine Hand ins Feuer.*

Wenn Brüder sich zusammentun, entsteht ein spektakulärer synergistischer Effekt. Das sieht man auch bei Thomas und Christoph Gottschalk. Das Entertainertalent und der Finanzmanager, die früher unterschiedliche Wege gingen, wickeln das Showgeschäft mittlerweile miteinander ab. Der Große macht die Faxen, der Kleine die Finanzen. In Werbespots treten sie so erfolgreich auf, dass die *Bild*-Zeitung sich an den schauspielerischen Fähigkeiten des „kleinen" Christoph mit den vorwurfsvollen Worten an den älteren Bruder erwärmte: *Thommy, warum hast du ihn so lange vor uns versteckt?*

Während bei den Brüdern Hoeneß und Gottschalk die Bindungen offensichtlich durch die gemeinsamen Projekte wuchsen, starten andere Brüder bereits mit dem unverbrüchlichen Geschenk der *fraternité* ins Leben. Vitali Klitschko, einer der besten Schwergewichtsboxer der Welt und promovierter Wissenschaftler, liebt seinen Bruder Wladimir, der gleichfalls ein exzellenter Boxer ist. Vitali: *Er hat bei den Olympischen Spielen in Atlanta die Goldmedaille gewonnen, er ist Europameister und womöglich sogar der bessere Boxer von uns beiden.* Was Vitali Klitschko, der alles andere als eine Dumpfbacke und ein Schlagetot ist, sondern in seiner armen ukrainischen Heimat die Jungen von der Straße holt und Sportangebote für sie organisiert, über seine Beziehung zu dem fünf Jahre jüngeren Wladimir sagt, dürfen wir Brüder uns alle hinter die Ohren schreiben: *Als Wladimir geboren wurde, bin ich zu meinen Eltern gelaufen und habe mich für dieses Geschenk bedankt. Geschenk, ja, ich habe ihn wirklich so genannt. Und so empfinde ich noch heute ... Zeit meines Lebens ... habe ich auf Wladimir aufgepasst. Mama und Papa haben wir versprechen müssen, nie gegeneinander anzutreten. Wie auch? Einschlagen auf jemanden, den man liebt?*

Man wünscht sich so einen sensiblen Bruder wie Vitali, der in dem gleichen *Zeit*-Gespräch (7. Juni 2001) seine Lebenssehnsucht so poetisch ausdrückt: *Das Leben macht ohne Traum keinen Sinn. Der Mensch wäre wie ein Stein, der einfach nur daliegt.*

Auch die Geschichte ist, neben den Religionsdokumenten, den Mythologien und Märchen, eine Fundgrube für Geschwister – und besonders Brüdergeschichten. Mich interessiert seit längerem das

Brüderquartett des preußischen Königs Friedrich II. Da gibt es August-Wilhelm, den zweitältesten Bruder, der bis zum Siebenjährigen Krieg der Thronfolger war, und den gescheiten, aber eitlen jüngeren Bruder Heinrich, der seinen Lebensabend auf Schloss Rheinsberg verbringt, und den Jüngsten, Ferdinand. Als am 18. Juni 1757 der älteste Bruder Friedrich die Schlacht von Colin verliert und der Rückzug der preußischen Armee einen katastrophalen Verlauf nimmt, weil der österreichische Feldmarschall Graf von Daun die Rückzugslinie abschneidet, macht Friedrich seinen Bruder August-Wilhelm als Verantwortlichen der zweiten Kolonne zum Sündenbock. Zu Unrecht, wie man heute weiß, weil Friedrich selbst zu lange gezögert hatte, Böhmen zu räumen. Es ist umstritten, ob August-Wilhelm, auch wenn er von größerer Entschlusskraft gewesen wäre, überhaupt diese Situation noch hätte retten können. Noch während des Feldzugs schreibt Friedrich an August-Wilhelm, er werde nur ein Jammerlappen von Heerführer sein, und als König werde er, Friedrich, ihm, solange er lebe, keine zehn Mann mehr anvertrauen. August-Wilhelm sei allenfalls in der Lage, *einen Harem von Hoffräuleins zu befehligen.* ...

Als die beiden Armeekorps wieder bei Bautzen zusammentreffen, kehrt Friedrich seinem Bruder demonstrativ den Rücken. Dann lässt Friedrich durch den General Winterfeldt, einem Untergebenen(!) von Prinz August-Wilhelm, verlesen, dass alle Mitglieder des Führungsstabes es eigentlich verdient hätten, ihren Kopf zu verlieren. Der König wolle es jedoch nicht so weit kommen lassen, weil er im General auch den Bruder nicht vergesse. August-Wilhelm verlässt wortlos den Kreis und zieht sich auf sein Schloss Oranienburg bei Berlin zurück. Er überlebt diese Kränkung nicht. August-Wilhelm fällt in eine schwere Depression. Er versucht, sich schriftlich zu rechtfertigen. Fast genau ein Jahr später, am 12. Juni 1758 stirbt er, der der Nachfolger Friedrich II. sein sollte, an einem Schlaganfall.

Der Bruder Heinrich begreift die wahre Todesursache. Der Tod August-Wilhelms, so urteilt er gegenüber dem vierten Bruder, Ferdinand, sei die Folge der seelischen Verletzung, die ihm Friedrich zugefügt habe. An Friedrich, den König, schreibt Heinrich: *Ich habe geseufzt anlässlich des Missverständnisses, das zwischen Ihnen und meinem Bruder bestand ... wäre er noch am Leben, so würde ich freiwillig meine Tage abkürzen, um jeden der Tage auszulöschen, an denen Sie ihm zürnten, aber dafür ist es jetzt zu spät. Ich werde mein Unglück mit Geduld tragen.*

Heinrich hatte sich, als sein Bruder August-Wilhelm demissionierte, nobel verhalten – er trat nicht, wie es nahegelegen wäre, dessen Rolle als Heerführer an. Das wiederum vergaß ihm August-Wilhelm nicht. Wenige Monate vor seinem Tod drückte er seine Dankbarkeit für dieses integere Verhalten in einem Brief aus: *Mein Bruder Heinrich hat, was mich angeht, etwas getan, wofür ich mich in meinem Leben nicht mehr werde erkenntlich zeigen können.*

Er hat das Kommando der Armee abgelehnt, das ich aufgegeben habe, weil er seinen Ruhm nicht auf meinem Ruin aufbauen wollte.

In der Literatur hat mich immer schon die unverbrüderliche Liebe des französischen Dichters und Fliegers Saint-Exupéry zu seinem Bruder François beeindruckt. Der jüngere François war Antoines unzertrennlicher Kindheitsfreund und Spielgefährte. Mit fünfzehn Jahren starb François. Er nahm sein Schicksal, dass er sterben musste, mit einer ungewöhnlichen Ergebenheit hin. Wenige Minuten vor seinem Tod rief er noch nach seinem großen Bruder Antoine. Der kleine François war tapfer. Er wollte als Mann sterben. Er diktierte sogar ein Testament. Er überließ seinem Bruder sein Fahrrad, einen Karabiner und einen Motor, an dem sie beide leidenschaftlich herumgebastelt hatten. In seinem Roman *Die Zitadelle* fand Saint-Exupéry Worte für dieses unauslöschliche Erlebnis der *fraternité*: *Die Brüderlichkeit habe ich zu Hause entdeckt, wo der ältere Bruder den jüngeren schützte und wo der jüngere sich dem älteren anvertraute.* Dann heißt es in einem Dialog: *Und wenn du stirbst, beweint der Ältere sein Schäfchen, dasjenige, das er mit Freuden liebte, dem er im Schein der abendlichen Lampe seine Ratschläge gab.*

Welchen Besitz Brüder darstellen können, das macht Bert, einer der Brüder unter den Schreibern dieses Buches und inzwischen emeritierter Professor, wundervoll deutlich. Bert, den ich persönlich kenne und schätze, besaß, neben der Schwester Elisabeth, der Ältesten, als Jüngster drei ältere Brüder, Gunnar, Wulf und Udo. Mit Gunnar, dem Ältesten, ist Bert *am engsten verbunden*. Er ist im Turnen ein großes Vorbild. In der Auseinandersetzung vor Ort stellen die Brüder ein kriegerisches Kapital dar: *Wir wohnten in Hannover bis 1932 am Jahnplatz, einem großen Platz mit vielen Möglichkeiten für Kinder. In dem Bereich wohnten auch viele Familien, die Anhänger des Kommunismus waren. Einzelne Kinder und Jugendliche waren große „Rabauken". Wenn wir vier Brüder zusammen waren, wagte jedoch keiner, uns anzugreifen. An ein Ereignis in der Eilenriede, einem großen Wald innerhalb von Hannover, kann ich mich noch erinnern. Ich war etwas entfernt von meinen Brüdern, als ich von einigen anderen Jungen ohne ersichtlichen Grund angegriffen wurde. Ich war zwar damals sehr kräftig, jedoch der Übermacht nicht gewachsen. Einer bedrohte mich mit den Worten: „Hast du schon mal unsere Fäuste gerochen?" Da kam Gunnar mit den anderen und sagte: „Hast du es schon mal mit vier Brüdern zu tun gehabt?" Wir blieben dann zwar Sieger, mieden aber vorsichtshalber einige Wochen die Gegend.*

Gunnar wird im März 1939 zur Wehrmacht einberufen. Er fällt im Juli 1943 bei Orel in Russland. Das ist eine Katastrophe: *Nach dem Kriege lebten wir noch einige Jahre im Hause unserer Eltern. Unser Bruder Gunnar fehlte. Da der Bericht von seinem Tode sehr fragwürdig war, hat unsere Mutter bis zu ihrem Tode seine Rückkehr erwartet.* Der Tod des Bruders hat Bert zur Suche nach Erklärungen über Leben und Tod veranlasst. Ergebnis wurden seine Vorträge und Vorlesungen, seine Gedichte: *Heute ist der Tod kein Abschluss mehr für mich. Wenn ich an mein eigenes Leben denke, so könnte ich zu Gunnar vielleicht sagen: „Dir ist viel erspart geblieben."*

Das Gemeinsame ist unvergesslich. Als Schüler besuchten Bert und Wulf dasselbe Gymnasium, hatten gemeinsame Freunde, brachen zusammen zu Streifzügen in Heide, Moor und Wald auf und überwanden auch einen bösen Streit: *Mit zehn Jahren hatte ich eine Brille bekommen. Das war für mich ungewohnt, und die Brille war oft kaputt. So war die Brille wieder einmal defekt, und die Reparatur hatte drei Mark gekostet. Ich wollte das Ereignis meinen Eltern nicht sagen, hatte aber kein Geld. Als ich die Gelegenheit dazu hatte, stahl ich meinem Vater diese drei Mark. Wulf erfuhr davon. Wenn wir nun Meinungsverschiedenheiten hatten, drohte mir Wulf mit den Worten „Dreimarksdieb". Nach dem Krieg waren die Trennungsgründe vergessen und verziehen. Wir erwarben gemeinsam einen Acker bei Gifhorn, legten eine Baumschule an, bauten Hütten, pflanzten Hecken, Obst- und Nussbäume, so dass die gemeinsame Arbeit uns erneut verband.* Auch der Bruder Udo half bei der Kultivierung des Ackers in Gifhorn mit. Als Bert und seine Frau später ein Haus bauten, half der Elektrikermeister Udo tatkräftig mit. Heute ist der Kontakt mit Udo verloren gegangen: *Seit einigen Jahren schirmt seine Frau ihn so ab, dass weder Wulf noch ich irgendeinen Kontakt mit ihm bekommen konnten.* Ist das das letzte Wort, lieber Bert?

Distanz und *Sehnsucht*, diese Polarität bestimmt oft die Beziehung zwischen Brüdern. Sie brauchen den Abstand und sie möchten doch zugleich Nähe. *Nichts hat mich mehr gefreut*, so berichtete mir Max, ein vierzigjähriger Exportkaufmann, in der Sprechstunde, *als der Moment, in dem mein jüngerer Bruder Stefan bei der Konfirmationsfeier seines Sohnes erstmals, nach über dreißig Jahren, plötzlich seine Arme um meine Schulter legte.* Gesprochen haben beide über diese zarte Geste nicht. Es sind doch Männer!

Geschwister sind sich oft ein Rätsel. Keiner hat das besser beschrieben als Fjodor Dostojewski. In seinem erschütternden „Kriminalroman" um einen Vatermord, *Die Brüder Karamasow*, sind es drei Brüder und ein Halbbruder, die nicht voneinander lassen können: Dimitri, Iwan, Aljoscha und der uneheliche Smerdjakow, der als Diener und Koch zugleich eine subalterne Funktion im Hause Karamasow ausübt und seine Verbannung in ein Aschenputteldasein nie verwindet. Es gibt eine Stelle, in der Aljoscha, zu Beginn der Handlung ein idealistischer junger Mönch, vergeblich um den älteren Bruder Iwan wirbt. Bei einem Abschied in einem Gasthaus kommt es zu einem entscheidenden Gespräch, das Iwan mit den Worten einleitet:

An alles erinnere ich mich, Aljoscha, ich erinnere mich an dich bis zu deinem elften Jahr, ich war damals fünfzehn. Fünfzehn und elf, das ist so ein Unterschied, dass Brüder in diesen Jahren niemals Kameraden sind. Ich weiß nicht einmal, ob ich dich liebte. ... Morgen reise ich ab, und vor wenigen Augenblicken dachte ich, so hier sitzend: „Wie gern möchte ich ihn sehen und mich von ihm verabschieden." Und gerade da gingst du vorbei.

„Du wolltest sehr, dass wir uns sehen?"

„Ja, sehr. Ich möchte mit dir ein für alle Mal bekannt werden und dich mit mir bekannt machen. Und zugleich Abschied nehmen. Ich denke, am besten lernt man einander vor der Trennung kennen. Ich habe gesehen, wie du all diese drei Monate auf mich blicktest. In deinen Augen lag eine nicht nachlassende Erwartung. Gerade das mag ich nicht und deswegen tat ich keinen Schritt auf dich zu. Schließlich aber lernte ich dich achten. Dieser Mensch steht fest, sagte ich mir ... Es ging so weit, dass mir dein erwartungsvoller Blick überhaupt nicht mehr zuwider war. Im Gegenteil, ich gewann ihn lieb, deinen erwartungsvollen Blick. Anscheinend hast du mich aus irgendeinem Grunde gern, Aljoscha?"

„Ja, ich hab dich gern, Iwan. Bruder Dimitri sagt von dir: ‚Iwan ist wie ein Grab.' Ich sage von dir: ‚Iwan ist ein Rätsel.' Du bist auch jetzt für mich ein Rätsel."

Ein Rätsel sind sich auch René und Paul geblieben. Paul ist sechzehn Jahre älter. René war der Nachzügler, der Rebell *und doch Mamas Liebling.* Paul, so erinnert sich René, war wütend, *dass ich Spielsachen besaß, die er vor dem Kriege nicht haben konnte. Rivalität und Konkurrenz bestand in jedem Maße.* Paul war musisch interessiert, René war technisch begeistert. Er baut mit acht Jahren Elektromotoren, mit zehn Jahren Radiogeräte, als Zwölfjähriger macht er sich ans Schreinern, mit vierzehn Jahren interessiert er sich für Modellflug, später studiert er Elektronik: *Erst in den letzten fünfzehn Jahren meines Lebens stieg ich, auch wohl durch ein nahes Todeserlebnis, in ein inneres Bewusstsein, in welchem analytisch technisches Denken nun nicht mehr den Vorrang hat.*

Der Bruderzwist hat tragische Ausmaße: *Ich fühle mich auch heute noch materiell von meinem Bruder betrogen. Er hat ein Großhandelsgeschäft, welches mein Vater für uns beide errichtete, nach seiner Heirat an sich gezogen. Hass glaubte ich von seiner Seite zu spüren, da unsere Mutter mich abgöttisch liebte.*

Könnte das Leben nicht die entzweiten Brüder versöhnen? Im Abstand von dreizehn Jahren mussten beide als selbstständige Geschäftsleute ihre Geschäfte liquidieren. Doch René sieht keine Chance, dass das, was zusammengehört, wieder zusammenwächst. Im Neuen Testament tritt Petrus zu Jesus und fragt ihn: *„Herr, wie oft muss ich meinem Bruder vergeben, wenn er sich gegen mich versündigt? Sieben Mal?"* Jesus antwortet: *„Nicht sieben Mal, sondern sieben mal siebzig Mal."*

Vielleicht kann man jedoch bei einem solchen Jahresunterschied auch nur sehr bedingt von einer Bruderschaft sprechen. Sie sind sich fremd geblieben. Sie haben eine unterschiedliche Lebensart und eine extrem unterschiedliche Partnerwahl getroffen. Wonach sich René manchmal sehnt, das ist das Baby, das die Mutter im Krieg verlor: *Es tut mir unendlich leid, dass ich meine Schwester nicht kennen und lieben konnte.* Halt, da gibt es doch ein schönes Geschwistererlebnis mit Paul, das René unvergesslich geblieben ist: *Ich muss wohl drei Jahre alt gewesen sein. Da durfte ich mit meinem Bruder Autofahren. Wir fuhren zu einer Wiese, wo wir mit einem Ball spielten. Dann fuhr er mich wieder nach Hause.*

Männer, so beobachtet die Psychologie, verhalten sich *positional*, Frauen *relational*. Während schon kleine Mädchen, sei es beim Spiel mit der Puppenstube oder mit den Freundinnen, als Erstes Beziehungen herstellen und sich darin definieren, nehmen Jungen eine Position der Abgrenzung und Machtbehauptung ein, mit viel Geschrei und Körpersprache. Dass ein Mann eine Werbung um seinen verlorenen Bruder unternimmt, das zeigt Joachims Brief. Mich hat es beeindruckt und, wenn ich ehrlich bin, auch beschämt, dass es ausgerechnet ein schwuler Mann sein muss, der uns *Stinos* (Stinknormalen) demonstriert, wie so eine brüderliche Liebesgeschichte gehen kann. Und das vor dem Hintergrund einer Familienkatastrophe. Denn Joachims Mutter hat sich fünfzigjährig mit Tabletten umgebracht. Hören wir Joachim selbst:

Für meine Eltern fing mit ihrer Hochzeit eigentlich alles wie eine Idylle an. Beide stammten aus wohlhabenden Elternhäusern. Mein Vater, der Volkswirtschaft studiert hatte, bekam früh einen Teilbetrieb von seinem Vater in eigene Verantwortung übertragen. Anderthalb Jahre nach der Hochzeit kam programmgemäß Stefan, drei Jahre später folgte ich. Wir hatten ein großes Haus, einen parkähnlichen Garten, ein Schwimmbecken, Katzen und Hunde und großzügige Eltern. Wir sonnten uns in ihrem Glanz, sie zeigten offen ihre Freude an uns wilden Buben. Stefan war der Techniker, Planer, Ehrgeizige und Verschlossene von uns beiden, ich der Ästhet, der Musische und leidenschaftliche Maler. Das bin ich auch geblieben. Wir Brüder machten beide das Abitur, Stefan studierte erfolgreich Betriebswirtschaft, ich ging auf die Kunstakademie, ein Studium, das ich jedoch nicht abschloss. Ich wurde freischaffender Künstler und schlug mich, bis der Erfolg in den letzten Jahren endlich kam, mehr recht als schlecht durch.

Zwischen Stefan und mir machte sich zunehmend Entfremdung breit. Er wurde die rechte Hand meines Vaters im Betrieb, der sich inzwischen zum Millionenunternehmen gemausert hatte. Stefan ging, so meinte ich, völlig im Karrieremachen und Geldverdienen auf. Seine damalige Frau – inzwischen ist er zum zweiten Mal verheiratet – kam aus einem Bankermilieu. Sie war knallhart, eine gefühlskalte Zicke, die ihn ununterbrochen antrieb. Ich, das muss ich der Gerechtigkeit halber auch sagen, trieb mich gut zehn Jahre als ein Hippie herum, trug lange Haare, kiffte und soff, was der

Becher hielt. Ein Stolz der Familie war ich nicht.
Stefan verachtete mich als „Niete", ich bezeichnete
ihn als „Spießer".

Was beide Brüder nicht ahnen konnten: Aus der Animosität wurde eine Art Weltkrieg, als das Schicksal zuschlug. Der Vater starb nämlich innerhalb eines halben Jahres am zweiten Herzinfarkt. Jetzt musste Stefan ganz die Leitung der Firma übernehmen. Er rückte gleichzeitig in die patriarchale Rolle des Familienoberhauptes ein, denn die Mutter verfiel in eine Trauerdepression und war handlungsunfähig. Stefan musste wichtige berufliche Entscheidungen treffen und einen Teil der Firma abstoßen, weil der Markt es verlangte. Außerdem musste er enorme Kredite aufnehmen, um neue Produktionszweige und ein Vertreternetz zu finanzieren. Die finanzielle Lage war gespannt. Er traf die Entscheidungen, ohne Joachim zu informieren.

Joachim aber fühlte sich in erster Linie als Miterbe. Da er selbst arm wie eine Kirchenmaus war, forderte er eine vorgezogene Erbauszahlung: *Ich verstand nicht, warum ich, der ich begabt bin, herumdarben sollte, während mein Bruder die Herrschaftsvilla der Eltern bezog und sich in seiner Luxuslimousine kutschieren ließ. Ich wollte nur einen kleinen Teil des Kuchens.* Aber Joachim mauerte. Jetzt in der Investitionsphase, so argumentierte er, sei es geradezu leichtfertig, Kapital aus der Firma abzuziehen. Joachim holte sich einen Rechtsanwalt, pochte auf seine Erbrechte. Widerwillig rückte Stefan als *freiwillige Vorleistung* hunderttausend Mark heraus. Von da an herrschte Eiszeit zwischen den Brüdern.

Stefan verletzte den Jüngeren auch, indem er ihn am Telefon eine *lebensunfähige Schwuchtel* schimpfte. Solche Sätze graben sich als Engramme eine Ewigkeit ein – wenn ein Bruder dafür nicht um Verzeihung bittet. Bei der Beerdigung der Mutter kam es dann vollends zum Eklat. Stefan beschuldigte Joachim, er habe *mit seiner verantwortungslosen Lebensweise als Schwuler und brotloser Künstler* der Mutter das Herz gebrochen und ihren Suizid provoziert. Joachim: *Das sagte er laut vor allen anderen Trauergästen beim Leichenschmaus. Ich schmiss ihm die Kaffeetasse ins Gesicht. Sein Anzug war versaut. Es gab Geschrei, und ich türmte.*

Ein irreparabler Bruch war eingetreten. So sollte man denken. Aber das Leben schreibt andere Geschichten. Der Tod griff weiter um sich im Leben der Brüder. Diesmal war es Klaus, der Lebensgefährte von Joachim, der an Aids starb. Das löste in Joachim einen geistigen Erdrutsch aus. Joachim erinnert sich: *Ich war inzwischen „seriös" geworden. An einer Kunstakademie hatte ich eine Professur erhalten, ich bestückte erfolgreich Ausstellungen mit meinen Bildern, illustrierte Bücher und lebte diszipliniert, weil mir die Kunst wichtiger war als die früheren Exzesse. Aber auch sie gehören zu meinem Leben. Am Sterbebett meines Lebensgefährten fragte ich mich: „Was macht eigentlich dein Leben aus? Das Geld? Ein jahrelanger Prozess um das Elternerbe? Todfeind sein mit deinem Bruder?"*

Nun unternahm Joachim den wichtigsten Schritt in seiner Bruderkarriere. Er schrieb Stefan einen Brief mit genau drei Sätzen: *Mir geht es nicht gut. Mein Freund stirbt. Ich möchte Frieden mit dir.* Das Wunder geschah – vierundzwanzig Stunden später rief Stefan an. Es wurde das längste Telefonat ihres Lebens. Kein Vorwurf, kein Nachtreten. Nur Anteilnahme, Austausch, Verständnis. Joachim: *Wir haben beide geweint am Telefon. Wir gestanden uns, dass wir Sehnsucht nacheinander hatten. Wir schlossen Frieden. Wir begriffen, was uns in unserem Hass angetrieben hatte. Wir baten uns um Verzeihung und wir verziehen uns gegenseitig. Die finanziellen Dinge haben wir inzwischen großzügig und in beiderseitigem Interesse geregelt. Ich bin stolz auf meinen erfolgreichen Bruder, und er hat ein großformatiges „Meisterbild" von mir im Foyer seiner Firma hängen. Er kam zur Beerdigung von Klaus und legte dreißig Rosen nieder. Er mag meinen neuen Freund, ich mag seine zweite Frau.*

Nicht immer nimmt ein Bruderzwist ein so gutes Ende wie zwischen Joachim und Stefan. Siegmund, sechsundfünfzig Jahre alt, heute ein bedeutender kritischer Journalist, erzählt von einer traumatischen Bruderbeziehung. Genau genommen handelt es sich um seinen zehn Jahre älteren Halbbruder Dankmar, der aus der ersten Ehe seiner Mutter stammt. Dankmars Vater starb früh an Lungentuberkulose. Die Mutter heiratete ein zweites Mal.

Siegmund war das älteste Geschwister der zweiten Ehe. Es folgten, fünf Jahre jünger, die Schwester Annika und, acht Jahre jünger, Erika.

Mit den Schwestern verbindet Siegmund von damals bis heute eine ungemein tiefe Beziehung. Beide litten seit der Geburt an Hüftluxationen. Sie verbrachten viel Zeit im Krankenhaus und lagen jahrelang im Gips: *Ich habe sehr viel getan für meine Schwestern. Ich habe sie herumgefahren im Zwillingswagen und einen Teil meiner Kindheit verloren. Ich habe nicht mit Gleichaltrigen gespielt und bin deswegen auch gehänselt worden. Ich bin mit meinen Schwestern in den Zoo gefahren, da war ich erst zehn Jahre alt. Es war für mich eine Freude, ihnen Freude zu machen. Ich habe es sehr, sehr genossen. Vor allem Annika habe ich besonders ins Herz geschlossen. Sie war nicht so aufgeweckt wie die Jüngste, Erika, das Nesthäkchen. Sie litt unter ihrer jüngeren Schwester. Ich habe Partei für Annika ergriffen. Heute lebt Annika in einer lesbischen Beziehung. Das wollte in der Familie nie jemand wahrhaben. Ich finde die Freundin sehr nett. Ich glaube auch, das ist eine wunderbare Lösung für Annika. Es wurde in unserer Familie immer verschwiegen.*

An der Krankheit der Schwestern ist Siegmund gereift. An ihnen hat er sein warmes Herz und seine heutige kämpferische publizistische Teilnahme für die Schwachen und Unterdrückten dieser Welt entwickelt: *Ihre Krankheit habe ich nicht schlimm gefunden. Im Gegenteil, ich habe alles für meine*

Schwestern getan. Ich habe mir später in der Puber-
tät immer vorgestellt, ich möchte eine behinderte
Frau haben, die „was am Bein hat" oder irgend
etwas, weil ich eine besondere Zuneigung zu den
Schwestern hatte. Behinderung war für mich etwas
ganz Besonderes, etwas Schönes, etwas Außerge-
wöhnliches, dem man sich gerne zuwendet.

Bei aller Liebe zu den Schwestern befand sich
Siegmund doch in einer Außenseiterposition. Die
Schwestern bekamen große Aufmerksamkeit, *weil*
sie so krank waren, sie wurden deshalb sehr ver-
wöhnt. Das war für mich ganz sicher ein Problem,
das weiß ich heute noch. Der Halbbruder wiederum
nahm bei dem Vater eine Sonderrolle ein. Während
dieser seinen leiblichen Sohn Siegmund oft schlug,
schonte er Dankmar auffällig, eben weil er kein
böser Stiefvater sein wollte. Die Schwestern wurden, wegen ihrer Krankheit, nicht geschlagen. Siegmund war also der Prügelbock der Familie. Er
wurde auch sonst viel benachteiligt, obwohl er ein
ganz Lieber war: *Nikolaus oder Advent, wenn man*
Schuhe rausstellte, gab es für mich Kohlen oder Kar-
toffelschalen im Stiefel. Bei meinen Geschwistern
nie. Wenn, dann immer nur ich. Das fand ich zutiefst
ungerecht.

Solche Grausamkeiten prägen sich tief in die
kindliche Seele ein. Man kann sie nie vergessen,
auch als Erwachsener. Siegmund wurde behandelt
wie ein männliches Aschenputtel: *Manche Dinge*
habe ich nie bekommen, zum Beispiel Apfelsinen.
Wenn ich heute Apfelsinen sehe, macht es mir richti-

gen Schmerz. *Meine Frau hat das immer sehr schön aufgefangen. Sie kann das nachvollziehen. Es tut mir sehr gut, dass sie mich damit auch verwöhnt.* Da wird jede Apfelsine im Erwachsenenalter ein Geschenk und ein Stück Heilung.

Aber schauen wir uns den schönen und den schmerzhaften Teil von Siegmunds Bruderbeziehung an. Dankmar wurde von der Mutter *abgöttisch* geliebt: *Es war sicher die Liebe zum ersten Mann. Die zweite Ehe war mehr eine Vernunftehe. Mein Bruder konnte sich alles erlauben. Ich war „der Tüchtige". Das ist ein Attribut, das grausam ist. Das war nichts Schönes, sondern die Losung „man tut seine Pflicht". „Tüchtig" nannte mich meine Mutter. So wurde ich auch vorgestellt. Das konnte ich nicht mehr hören. Das war eine grausige Rolle.*

Geschwister stehen sich bei, Geschwister lernen voneinander. Mit Annika zum Beispiel teilt Siegmund ein tiefes Geheimnis, das sie geschwisterlich verschmolzen hat: *Annika hat aus einer ganz frühen Beziehung, da war sie noch jugendlich, ein Kind erwartet. Mit dieser Nachricht ist sie zu mir gekommen. Ich bin mit ihr nach Holland gefahren. So etwas prägt natürlich sehr und verbindet uns. Das ist wunderschön. Ich glaube, dadurch, dass ich von Anfang an immer für die Schwestern da war, bin ich für sie schon sehr, sehr wichtig. Das ist schön.* Von Dankmar hat Siegmund kostbare geistige Geburtshilfe geschenkt bekommen: *Mein Bruder hat mir unendlich viel gegeben. Meine Liebe zu Büchern, zum Lesen, zu Musik, zu Jazz.*

Das kann ich gar nicht verstehen, dass der so Dinge auch einmal im Kopf hatte. Das wird auch immer bleiben. Das sind Grundsteine. Das habe ich nicht durch Schule oder sonstwo erhalten, sondern über meinen Bruder.

Was hat zur Entfremdung zwischen den Brüdern geführt? Siegmund berichtet das Drama mit großer Objektivität: *Mein Bruder hat das Ingenieurstudium abgebrochen. Er hat immer mehr Aktfotos gemacht. Dadurch entstand seine Karriere. Er ist der größte Pornofilmhersteller in Deutschland und hat den größten Marktanteil nach Beate Uhse. Ich bin damit immer sehr tolerant umgegangen. Aber irgendwann ist er abgerutscht. Er hat Gewaltfilme gemacht. Er fing an mit Sex mit Tieren, Gewaltpornos und Kinderpornografie. Er stand deshalb vor Gericht. Er sagt, „der Markt will das“ und macht immer mehr und mehr. Das finde ich nicht gut. Menschen, die nur das tun, was der Markt will und ihr Gewissen an den Haken hängen, kann ich nicht ab. Von daher ist jetzt ein absoluter Bruch.*

Siegmund hat es sich nicht leicht gemacht mit der Trennung von seinem Bruder: *Das war ein langer, langer Prozess. Ich habe lange versucht, zu ihm zu halten. Meine Schwestern haben viel früher gebrochen mit ihm, weil sie es nicht ertragen haben. Obwohl meine Eltern, die im letzten Jahrzehnt gestorben sind, streng katholisch waren und mein Vater im Kirchenvorstand amtierte und meine Mutter viel in der Kirche war, wurde es für sie nie ein*

Thema, wie mein Bruder zigfacher Millionär geworden ist. Es wurde immer nur davon geredet, wie toll es ist, was er alles erreicht hat, wieviel Häuser, tolle Autos und Yachten er besitzt. Dagegen waren meine Schwestern und ich eher die grauen Mäuse. Denn unsere Arbeit bringt ja materiell nicht so viel ein.

Mein Drang war es immer, mich für Gerechtigkeit einzusetzen. Davon handeln meine Bücher, meine Filme, meine Aktionen. Ich bin froh, dass ich so eine Entwicklungsgeschichte habe. Mein Bruder, der lebt sein Leben in Saus und Braus. Er ist aber unglücklich. Er ist auf einem miesen Weg. Er hat keine Interessen außer Geldverdienen. Er bewegt sich in den miesesten Kreisen. Ich finde das sehr bedauernswert. Wir haben beide einen Sohn. Beide Söhne arbeiten jeweils beim Vater. Sein Sohn hat den ganzen Pornomist übernommen. Es ist ein Lackaffe geworden. Mein Sohn hilft mir bei meiner Arbeit halbtags, halbtags macht er etwas anderes. Es ist ein so schönes Verhältnis, was ich mit ihm habe. Darüber bin ich glücklich, dass alles so schöne Früchte trägt. Mein Bruder ist mit seinem Sohn zerstritten.

Eine Versöhnung steht unter diesen Verhältnissen nicht an: *Die Eltern haben es nicht geschafft, uns Geschwister zusammenzubringen. Mein Bruder wurde gelobt. Es wurde nicht hinterfragt, mit welcher Arbeit oder welchen Sauereien er sein Geld verdient.* Wie sagten die Römer: *Peccunia non olet, Geld stinkt nicht.*

Trotzdem hat Siegmund immer wieder probiert, Kontakt mit dem Bruder herzustellen. Dieser hat sich nicht ein einziges Mal bemüht. Er leidet offensichtlich auch darunter, dass er als einziger der Geschwister das Studium nicht geschafft hat.

Siegmund ist alles andere als unversöhnlich. Er ist klar. Er sagt: *Was würde die Annäherung an meinen Bruder bringen? Ich meine, unser Leben ist in Ordnung. Was er treibt, ist eine große Sauerei, die Gewalt, Sexualität mit Tieren, mit Kindern – da ist der Ofen bei mir aus. Ich habe ihm immer wieder gesagt, ich bin sofort für dich da. Ich wäre bereit. Ich würde verzeihen. Aber da muss sich bei ihm in dieser unmoralischen, unterdrückenden Vorgehensweise gegen Frauen, Tiere und Kinder eine Änderung tun. Diese Schweinereien muss er abstellen und mir seine Wandlung glaubthaft machen. Dann ja.* So gesehen handelt es sich zwischen Siegmund und Dankmar weniger um einen Bruderzwist, als um eine Geschwister*klärung*.

Geschwisterliebe ist kein Wert an sich. Sie muss stimmen. Ihre Grundlage muss integer sein. Und doch schwingt in der Schildung von Siegmunds Auseinandersetzung mit seinem älteren Bruder so viel Sehnsucht. Es ist unser aller Sehnsucht. Wie sagt doch ein somalisches Sprichwort: *Ein Bruder ist wie eine Schulter*. So könnte es wenigstens sein.

*

Ich habe viele Väter und ich habe viele Mütter und ich habe viele Schwestern und ich habe viele Brüder. – Meine Mütter sind gelb und meine Väter sind rot und meine Schwestern sind weiß und meine Brüder sind schwarz. – Und ich bin über 10 000 Jahre alt. Und mein Name ist Mensch. (...) Wir haben gelernt, wie die Vögel zu fliegen, wie die Fische zu schwimmen; doch wir haben die einfache Kunst verlernt, wie Brüder zu leben.

Martin Luther King,
1968 ermordeter schwarzer Bürgerrechtler und Nobelpreisträger

Die Gebrüder Grimm:
Ärger und Fürsorge

Eltern und Geschwister leben
nur ein halbes Leben miteinander,
Geschwister ein ganzes.

Jakob Grimm in seiner Gedenkrede
auf seinen Bruder Wilhelm (1860)

Fast jeder kennt sie: Geschwister als innige Vertraute und Geschwister als lebenslange Rivalen. Manchmal wechseln sie im Laufe der Zeit auch ihre Rollen. Ihre Position in der Geschwisterfolge, ihr individueller Charakter und die Stellung der Eltern zu jedem Einzelnen beeinflusst die Persönlichkeitsbildung wie den späteren Lebensweg. Gerade an prominenten historischen Menschen lässt sich dies faszinierend studieren: Die vier Brüder Bach. Wilhelm und Alexander von Humboldt. Heinrich und Thomas Mann.

Geradezu idealtypisch tritt das filigrane Beziehungsgeflecht bei den Geschwistern Grimm auf. Jacob (1785 – 1863) und Wilhelm (1786 – 1859) sind die Begründer der Germanistik als Wissenschaft und als Herausgeber der *Kinder- und Hausmärchen,* vieler altdeutscher Literaturtexte und Werken wie *Deutsche Sagen, Deutsche Grammatik, Geschichte der deutschen Sprache, Deutsches Wörterbuch* weltbekannt. Dass sie vier jüngere Geschwis-

ter hatten, ist kaum bekannt. Und doch waren sie ihnen allen ein Leben lang eng verbunden und förderten sie beruflich wie finanziell. Auf die sechs Grimm-Geschwister trifft zu, was die Forscherin Francine Klagsbrun (*Der Geschwisterkomplex*) wie folgt beurteilt: *Das ganze Leben hindurch, von der Kindheit bis zum Alter, pendeln Geschwister zwischen Nähe und Distanz hin und her, und in den mittleren Lebensjahren und noch mehr im Alter kommen sie sich immer näher. Aber Reste der alten Rivalität bleiben und werden immer wieder aus den Tiefen der von Kindheit an aufgestauten Erinnerungen und Gefühle emporgespült. Auch in der letzten Lebensphase, weil sie untrennbar zum tiefsten Wesenskern der Geschwisterbindungen gehören.*

Ursprünglich sind es neun Kinder, die dem hessischen Amtsmann Philipp Wilhelm Grimm in Steinau geboren werden. Im Zeichen der damaligen hohen Kindersterblichkeit gehen drei Söhne, darunter der erste, rasch und unauffällig aus dem Leben. Jacob und Wilhelm rücken an die erste und zweite Stelle auf. Ihnen folgen Carl und Ferdinand, schließlich die beiden Jüngsten, der fröhliche Louis und das Nesthäkchen Charlotte, genannt das Lottchen. Sie ist ein Wonneproppen. Louis wird sich später erinnern: *Wir wilden Jungen hatten das Schwesterchen so lieb, dass wir unsere Sparbüchse mit ihr teilten und sie oft weinte und sich nicht zu retten wusste, wenn jeder sie küssen wollte.*

Jedes Geschwister hat sein eigenes Naturell. Jacob ist streng, diszipliniert und intellektuell hellwach. Er lernt in der kürzesten Zeit lesen und ist eher introvertiert. Sein Lieblingsbruder Wilhelm, nur ein Jahr jünger, ist gesellig, nach außen gerichtet, zugleich aber auch vielfach kränkelnd und oft von einem melancholischen Todesgefühl erfüllt. Die beiden bilden das Führungsduo nach dem großen Schicksalsschlag der Familie Grimm, als nämlich 1796 der Vater mit vierundvierzig Jahren an einer bösartigen Lungenentzündung stirbt.

Jetzt heißt es durchhalten. Die Geschwister werden zur Notgemeinschaft. Vor allem gilt es, sich um die schwachen Geschwister zu kümmern. Da ist Carl. Er ist ein pedantischer, hypochondrischer und unruhiger Mensch, mäßig erfolgreich. Immer wieder müssen ihn die beiden Ältesten stützen. Er arbeitet in einer Kasseler Bank, dann als Weinhändler. Schließlich schlägt er sich als Sprachlehrer für Englisch und Französisch durch. Carl gibt ein Lehrbuch über doppelte Buchführung heraus und führt bis zu seinem Tod im Jahre 1852 in Kassel ein bedürfnisloses Leben als Eigenbrötler. Carl kann sich jedoch selbst unterhalten. Er beteiligt sich gelegentlich sogar an den wiederholten Anschubfinanzierungen für das Sorgenkind Ferdinand. Er hinterlässt den Geschwistern am Ende ein kleines Erbe.

Ferdinand ist es, der sein Leben nicht packt, obwohl er durchaus begabt ist. Sicher ist er auch im Schatten der überlegenen Ältesten gleichermaßen erfroren, denn seine Interessen zielen in die gleiche Richtung wie die von Jacob und Wilhelm. Er sammelt Sagen auf eigene Faust und gibt sie unter einem

Pseudonym heraus, etwa *Volkssagen und Märchen der Deutschen und Ausländer, Volkssagen der Deutschen* und *Burg- und Bergmärchen*. Aber neben seinen Brüdern hat er keine Chance. So scharf er über Kunst, Literatur und Theater urteilt und lebhaft zu formulieren weiß, so unstet ist er doch. Er wird bis zu seinem siebenundzwanzigsten Lebensjahr von den älteren Brüdern finanziert. Dann arbeitet er neunzehn Jahre bei Reimer in Berlin, dem Verleger der *Kinder- und Hausmärchen*, um von dort bis zu seinem Tod im Jahre 1845 in Wolfenbüttel von den ältesten Brüdern mit acht Talern monatlich unterstützt zu werden. Ferdinand ist begabt, aber willensschwach, anspruchsvoll, aber ohne Energie. Jacob und Wilhelm verzweifeln schier an ihm. In einem Brief an Jacob klagt Wilhelm: *Du glaubst nicht, liebster Jacob, was ich für traurige Augenblicke erlebe, ja traurige Stunden. Fast kein Mal habe ich mich mit Euch zu Tisch setzen können, ohne dass es mir wie ein Pfeil so schmerzlich verwundend durchs Herz geflogen ist; das macht der Ferdinand, der in einem tiefen Abgrund lebt … Ich habe ihm bis auf jede Minute die allergrößte Liebe und Nachsicht erzeigt, ich weiß mein Herz rein, … das hätte ich nicht geglaubt, dass es mit einem Bruder so weit kommen könne … sein Leben ruht auf nichts.*

Die finanzielle Absicherung der Geschwister ist den älteren Brüdern eine Lebensaufgabe. Bei Louis, alias Ludwig, lohnt sie sich indes, obwohl sie ihn lange in seinem Münchner Studium durchfüttern müssen. Ludwig ist ein zeichnerisches Talent und ein Lebensgenießer. Bescheiden, humorvoll, die Frauen bezaubernd. Er darf sich, im Gegensatz zu dem ständigen Leistungsdruck seiner älteren Brüder, unbekümmert entfalten und heiratet standesgemäß. Das entzückt die brüderlichen Finanzminister außerordentlich. Jacob schreibt erleichtert: *Auch in der Absicht ist Louis Verbindung vorteilhaft, dass seine Braut wohlhabend ist und ihm, wie ich höre … jährliche Einkünfte sichert; denn von seinem ungewissen Erwerb würde er nicht hinreichend leben können.* 1832 erhält Ludwig eine Kunstprofessur in Kassel und macht als dritter Professor der Geschwister eine gute Karriere. Jacob und Wilhelm jedenfalls, so urteilt die Biografin Irma Hildebrandt (*Es waren ihrer fünf. Die Brüder Grimm und ihre Familie*), *verweben die Fäden zu einem soliden Netz, das alle trägt, aber auch gefangen hält. Ein Netz, das die Geschwister in diesem doppelten Sinne zeitlebens umspannt.*

Denn natürlich muss auch noch das Lottchen unter die Haube, die süße Schwester, die Jacob und Wilhelm lange den Haushalt führt. Denn inzwischen sind die beiden Ältesten, nach einem Rechtsstudium bei dem berühmten Juristen von Savigny, zu Bibliothekaren in Kassel avanciert. Sie, das einzige Mädchen unter den Brüdern, führt eine klassische weibliche Existenz des neunzehnten Jahrhunderts, ohne Aussicht auf höhere Bildung und eigenen Beruf, der Familie und später dem Manne dienend, ungeachtet ihrer Fähigkeiten. 1822 heiratet sie den Staatsmann Ludwig Hassenpflug, einem, wie sich später herausstellen wird, Erzreaktionär und Demokratenfresser, gegen den Jacob und Wilhelm Grimm später öffentlich auftreten.

Erst mit der Übernahme in den Kasseler Bibliotheksdienst kehrt das „Wirtschaftswunder" unter den sechs Geschwistern Grimm ein. Bis zu diesem Zeitpunkt sind die verwaisten Amtsmann-Kinder öffentliche Sozialfälle gewesen, zum Teil nur durch Sondererlass zum Studium zugelassen, von der guten Tante Zimmer, *Erster Hoffrau* am Kasseler Hof, subventioniert und arm bis auf die Knochen. Die Aufgabe, für die vier noch nicht versorgten jungen Geschwister zu sorgen, quält Jacob und Wilhelm, den Asthmatiker, bis an die Grenze des Möglichen, aber sie akzeptieren sie fraglos. Kraft gibt ihnen dazu eine einmalige brüderliche Freundschafts-, Partner- und Berufsbeziehung, die ihr Leben weitgehend zu einem einzigen verschmilzt. Als Jacob 1805 als Assistent seines Professors, des berühmten Rechtsgelehrten von Savigny, für Monate nach Paris reist, schreibt ihm Wilhelm fassungslos: *Von den ersten Tagen weiß ich dir nichts zu sagen, als dass ich sehr traurig war, und auch jetzt bin ich wehmütig und möchte weinen, wenn ich daran denke, dass du fort bist. Wie du weggingst, da glaubte ich, es würde mein Herz zerreißen, ich konnte es nicht ausstehen, gewiss, du weißt nicht, wie lieb ich dich habe. Wenn ich abends allein war, meinte ich, müsstest du aus jeder Ecke hervorkommen.* Jacob tröstet den Bruder postwendend mit Worten wie *allerliebstes Wilhelmchen* und *lieber Schatz*.

Es ist die Geschichte einer unsterblichen Brüderfreundschaft, die in uns in den Bekenntnissen der Brüder Grimm entgegentritt. Im Juli 1805 schreibt Jacob aus Paris: *Lieber Wilhelm, wir wollen uns einmal nie trennen ... wir sind nur diese Gemeinschaft so gewohnt, dass mich schon das Vereinzeln zum Tode betrüben könnte.* Die Geschwisterlichkeit ist das Fundament des Lebensentwurfes der Brüder Grimm. Miteinander sammeln sie, unter anderem bei einer hessischen Erzählerin, die Märchen, die sie in aller Welt bekannt machen. Miteinander veröffentlichen sie, neben gewichtigen Einzelarbeiten, ihre Hauptwerke, vor allem das *Deutsche Wörterbuch,* das erst gegen Ende des letzten Jahrhunderts abgeschlossen wird. Miteinander kündigen sie in Kassel, als gegen sie ein neuer Direktor über das Museum Fridericianum und die Bibliothek gesetzt wird. Gemeinsam nehmen sie einen Ruf an die Göttinger Universitätsbibliothek und die Ernennungen zu Professoren an. Gemeinsam lassen sie sich auch von dem absolutistischen König Ernst August in Hannover aus dem Staatsdienst entlassen, weil sie, zusammen mit fünf anderen Göttinger Professoren, öffentlich dagegen protestieren, dass der König in einem Art Staatsstreich die Landesverfassung aufhebt. Immerhin riskieren sie hier ihre materielle Existenzgrundlage.

Über Nacht werden die *Göttinger Sieben* in den zersplitterten Teilstaaten des Deutschen Bundes zu Hoffnungsträgern eines geeinten republikanischen oder doch zumindest monarchisch-konstitutionel len Deutschlands. Jacobs Rechtfertigungsschrift nach dem Hinauswurf zählt zu den bedeutendsten Texten der deutschen demokratischen Bewegung, die zur bürgerlichen Revolution von 1848/49 führt. Wilhelm hat sie mitredigiert. Er brachte wesentliche Textänderungen ein und stand fest an der Seite seines älteren Bruders. Gemeinsam folgen sie denn auch dem Ruf an die Berliner Universität, wo sie ihre Lebens- und Arbeitsgemeinschaft von der Schulzeit bis zum Lebensende fortsetzten. Jacob beschreibt diese einmalige gemeinsame Gelehrtenwerkstatt mit den Worten: *So nahm uns denn in den langsam schleichenden Schuljahren ein Bett auf und ein Stübchen, da saßen wir an einem und demselben Tisch arbeitend, hernach in der Studienzeit standen zwei Betten und zwei Tische in derselben Stube, im späteren Leben noch immer zwei Arbeitstische in dem nämlichen Zimmer, endlich bis zuletzt in zwei Zimmern nebeneinander, immer unter einem Dach in gänzlicher unangefochtener und ungestört beibehaltener Gemeinschaft unserer Habe und Bücher.*

Jacobs Engagement im ersten deutschen Frankfurter Parlament bildet die letzte Lebensperiode, in der er von Wilhelm getrennt ist. In ihren Werken beschwören sie die deutsche Mythologie, Literatur, Rechtsgeschichte und Nationalliteratur nicht deutschtümelnd, sondern als Triebfeder einer progressiven Reichseinigung. Ihr Bemühen gilt der deutschen Sache, jedoch jenseits von Chauvinismus und germanischer Überheblichkeit. Der Zersplitterung Deutschlands setzten sie, wie bereits beschrieben, Werke wie *Deutsche Sagen, Deutsche Grammatik, Die Deutsche Heldensage, Deutsche Rechts-Alterthümer, Deutsche Mythologie, Deutsches Wörterbuch* entgegen. Das ist ihr geisteswissenschaftlicher Beitrag zum langfristigen Sturz der überlebten absolutistischen Kleinstaaterei in Deutschland, die die wirtschaftliche, politische und kulturelle Entwicklung zwischen Konstanz und Königsberg behindert. Wilhelm formulierte es einmal so: *Das Drückende jener Zeiten zu überwinden, half denn auch der Eifer, womit die altdeutschen Studien getrieben wurden.*

Man kann sich kaum eine engere Brüderschaft wie die von Jacob und Wilhelm vorstellen. Als Wilhelm 1825 Dorothea Wild, das *Dortchen*, heiratet, führt sie den Haushalt bis zum Lebensende der Brüder gleich für beide mit. Man lebt in einer Wohnung, Tür an Tür. Jacob heiratet nie. Ob er Frauen erotisch nicht zu begehren vermag, wissen wir nicht. Als er, zwanzigjährig, in Paris die Rubensgemälde im Palais Luxembourg besichtigt, schreibt er an Wilhelm: *Das Fleisch an den nackten Weibern ist abscheulich.*

Wie Wilhelm tut er alles für seine Geschwister, denn so bemerkt er: *Eltern und Kinder leben nur ein halbes Leben miteinander, Geschwister ein ganzes.* Er animiert Ludwig dazu, die Geschwister in Abständen immer wieder neu zu porträtieren. Er pflegt die Fest- und Gedenktage wie die Briefkontakte. 1820 legt der fürsorgliche Älteste für die vier

Geschwister und Wilhelms *Dortchen,* das er zum Ehrengeschwister ernennt, ein *Hausbüchel* an, um die Geschwisterbande noch zu stärken. Er schreibt ihnen dazu: *Liebe Geschwister, ich schenke euch allen zu diesem Weihnachten ein immer währendes Hausbuch… Ein jeder kann sich nun eintragen, was er will, und jeder wird dann auch in der Fremde wissen, wann unsere Tage fallen … Ein Stern bedeutet geboren werden und ein Kreuz gestorben sein. Welche Tage in der Zukunft gezeichnet werden, steht allein bei dem lieben Gott. Er verleihe mir, dass ich keinem unter euch je ein Kreuz mache in keinerlei Sinn. Dass ich dich mit hineingezogen habe, ehrliches Dortchen, vergib mir, denn es geschah, teils um durch dich das Büchelchen etwas ansehnlicher zu machen, teils weil ich dich so lieb habe als meine Geschwister, was gewiss genug sagen will … Hier mit Gott befohlen und seid hübsch alle, ihr Viere brüderlich, ihr Zwei schwesterlich, treu eurem getreuen Jacob, der den Anfang machen muss.*

Wilhelm bekräftigt die Anstrengungen Jacobs: *Denn es schien uns beiden Ältesten, als hätten wir die Pflicht, die Verbindungen der ganzen Familie fortwährend zu erhalten.* Das heißt jedoch nicht, dass es den genialen Ältesten gelang, die Idylle der geschwisterlichen Anfänge zu erhalten. Durch diesen Sündenfall des Erwachsenwerdens müssen wohl alle Geschwister hindurch. Dabei gehen die Unschuld und der Schmelz der frühen Jahre verloren – sonst müssten wir infantil bleiben.

Es war bei den Grimms wie bei anderen Geschwistern auch. Die Bindungen zu einzelnen Geschwistern waren unterschiedlich stark. Dem Versuch der Integration von Geschwistern stand deren Absonderung gegenüber. Es gelang nicht, Carl und Ferdinand in den engen Familienverband einzuwurzeln. Ferdinand starb einsam in Wolfenbüttel und hinterließ einen dunklen Fleck in der Familienchronik. Dass er einen Teil seiner Sagensammlungen unter Pseudonym veröffentlichte, spricht für seine Angst oder Unterlegenheit gegenüber den Brüdern.

Natürlich tun sich alle Geschwister dieser Welt auch mit den angeheirateten Schwagern und Schwägerinnen oft schwer. Hier war es Lottes Ehemann Ludwig Hassenpflug, dem Fürstenknecht, mit dem die Brüder weder politisch noch menschlich warm wurden. Gerade schwierige Schwägerinnen und Schwager beschleunigen die zentrifugalen Kräfte der erwachsenen Geschwisterschaft.

Aber auch alle zentripedale, also zusammenhaltende Kraft verantwortungsvoller Geschwister nutzt nichts, wenn ein Geschwister, wie Lotte 1833, im Alter von vierzig Jahren stirbt. *Nach der Geburt ihres sechsten Kindes* heißt es in den Aufzeichnungen lapidar. Es ist eine Tragödie für den Ehemann, die Kinder, die fünf Brüder.

Wilhelm war an das Sterbebett seiner Schwester geeilt und hatte sie bis zuletzt gepflegt. Ludwig, der Malerbruder, fasste seinen tiefen Schmerz in die Worte: *Ich konnte nicht schlafen, nicht weinen und fühlte mich entsetzlich elend. Ich konnte auch nicht bei dem Begräbnis sein. Man hatte ihr mit ihrer Lieblingsblume, der Rose, der schönsten, die zu bekommen war, den ganzen Sarg ausgeschmückt. Sie ist neben unserer teuren, liebsten Mutter und zwischen ihren zwei verstorbenen Töchterchen begraben worden.*

Das war nicht das einzige Kreuz, das Jacob im *Hausbüchel* notieren musste: 1845 eines für Ferdinand, er hatte ihn noch am letzten Tag besucht, 1852 eines für Carl, 1859 eines für Wilhelm, 1863 eines für Ludwig. Wie konnte Jacob ahnen, dass er als Ältester all seine Geschwister überleben würde. Dies auszuhalten ersparte ihm das Schicksal nicht. Dorothea, Wilhelms Frau, pflegte ihn bis zum Tode.

In seiner Gedenkrede auf den Bruder Wilhelm vor der Königlich Preußischen Akademie der Wissenschaften 1860 verschweigt Jacob nicht die Unterschiede zu seinem sanguinischen, lebensfrohen Bruder: *Wie manchen Abend bis in die späte Nacht habe ich in seliger Einsamkeit über den Büchern zugebracht, die ihm in Gesellschaft, wo ihn jedermann gern sah und seiner anmutigen Erzählungsgabe lauschte, vergingen; auch Musik zu hören machte ihm große, mir nur eingeschränkte Lust.* An anderer Stelle bekennt er: *Mein Bruder und ich* (waren – M. J.) *von je her in entschiedener, unzertrennlicher und wechselseitig aushelfender Gemeinschaft der Studien und Schicksale.*

Auch wenn man die hochgestimmte Rede des

spätromantischen Zeitgeistes berücksichtigen muss, so wünsche ich mir für mich selbst doch ein Stück dieser sternenhaften Bruderliebe. Als der kränkelnde Wilhelm 1811 einmal glaubt, bald sterben zu müssen – er lebte noch achtundvierzig Jahre, fertigt er eine Notiz an, die der Bruder nach seinem Tode lesen sollte:

Liebster Bruder, wenn deine Augen dieses Blatt lesen, so haben sie schon um mich geweint. Du hast noch einmal mein blasses Gesicht geküsst, das aber nicht mehr davon ist bewegt worden, und das dir nicht hat danken können: Ach! Das ist mir der traurigste Gedanke, dass du neben mir stehst und weinst, und ich kann dir kein Wort mehr sagen, weil diese Lippen auf ewig zugeschlossen sind, und kann dich nicht trösten. Wie wir bei der liebsten Mutter Leiche standen, da habe ich dich so festgehalten und so heiß geküsst, wo ich nur konnte, und damals habe ich schon für dich über mich geweint ... Mein liebster Jacob, die Liebe zu dir hat keine Minute aus meinem Herzen weg sein können. Sie ist mein Allerliebstes und mein Erstes auf der Welt gewesen.

Zwanzig Jahre später schreibt Jacob in den Widmungstext des dritten Teils der *Deutschen Grammatik: Lieber Wilhelm, als du vorigen Winter so krank warst, musste ich mir auch denken, dass deine treuen Augen vielleicht nicht mehr auf dieses Buch fallen würden. Und ich saß an deinem Tisch, auf deinem Stuhl und betrachtete mit unbeschreiblicher Wehmut, wie sauber und ordentlich du die ersten Bände meines Buches gelesen und ausgezogen hat-*

test; mir war, als wenn ich es nur für dich geschrieben hätte und es, wenn du mir genommen würdest, gar nicht mehr möchte fertigschreiben.

*

Ein Bruder, dem der Bruder beisteht, ist wie eine feste, hohe Stadt; er ist stark wie ein wohlbegründetes Schloß.

Sprüche 18, 19

Schattenkinder

Ich weinte, wenn ich in den Spiegel schaute. Wirklich,
ich war hässlich! Dieses Selbstbild hat mich nie verlas-
sen. Ich hätte alles gegeben, um Mijanou mit ihrem
taillenlangen roten Haar, den veilchenblauen Augen
zu ähneln und der Liebling meiner Eltern zu sein.

Brigitte Bardot
Memoiren

Schattenkinder, das kann man zweifach verstehen.
In meinem Fragebogen wollte ich wissen, ob der
Schreiber ein mittleres Kind und damit möglicherweise ein wenig beachtetes *Schattenkind* sei. Das ist
wohl auch die Hauptbedeutung dieses Wortes. Aber
es gibt noch eine andere. Die Jungianer sprechen
von *Schattengeschwistern.* Das kann heißen, dass
ein Geschwister Anteile lebt, die ich selbst nicht
lebe, die ich unterdrücke, und dies nicht immer zu
meinem Besten. Dazu später.

Schattenkinder fühlen sich unerwünscht und
sind es manchmal, nicht immer, auch. In dem
Roman *Anna Karenina* von Leo N. Tolstoj ist es
Alexej Karenin, der penible, bürokratische Ehemann der tragischen Heldin und Ehebrecherin, der
seine kleine Tochter Tanja liebt, den jüngeren Sohn
Grischa ablehnt. Da heißt es einmal: *Das Mädchen,*
der Liebling des Vaters, lief ungestüm auf ihn zu,
umarmte ihn und hing sich lachend an seinen Hals,
wie immer entzückt von dem Parfumduft seines

SCHATTENKIND

Bartes ... Er war sich bewusst, dass er den Jungen weniger lieb hatte, doch bemühte er sich, die Kinder gleich liebevoll zu behandeln. Aber der Knabe fühlte es dennoch und ließ das kühle Lächeln des Vaters unerwidert.

Im Schatten der älteren Schwester wuchs auch Brigitte Bardot auf, wie sie in ihren *Memoiren* berichtet: *Ich spürte, dass ich mich täglich mehr von meinen Eltern entfernte, während sie sich Mijanou immer mehr annäherten. Diese offenkundige Bevorzugung meiner kleinen Schwester habe ich bis heute nicht verkraftet.* Es war, glaubt man dem Sexsymbol meiner Jugend, *eine himmelschreiende Ungerechtigkeit.* Ständig hörte Brigitte die strafenden Worte: *Nimm dir ein Beispiel an Mijanou!* Diese war eine Musterschülerin mit Haaren auf den Zähnen: *Sie war hübsch, zart, ein bisschen falsch und lief dauernd zu den Eltern, um mit tränenerstickter Stimme zu petzen, was ich ihr wieder Böses angetan hätte. Resultat: Ich bekam die Peitsche! Mein Höschen klebte an den Striemen, die sie auf der Haut zurückließ. Ich hörte meine Mutter zu ihren Freundinnen sagen: „Zum Glück habe ich meine Mijanou, die mir alle Freude dieser Welt bereitet. Die arme Brigitte wurde von der Natur in jeder Hinsicht stiefmütterlich behandelt!"*

Der Zweifel nagte. War sie adoptiert worden? Brigitte sah nämlich keinem in der Familie ähnlich. Sie fand, sie sei ein Abgrund von Hässlichkeit, alle anderen Familienmitglieder aber seien Schönheiten: *Ich weinte, wenn ich in den Spiegel schaute. Wirk-*

lich, ich war hässlich! Dieses Selbstbild hat mich nie verlassen. Ich hätte alles gegeben, um Mijanou mit ihrem taillenlangen roten Haar, den veilchenblauen Augen zu ähneln und der Liebling meiner Eltern zu sein. Warum hatte der liebe Gott mich mit dunklem, glattem Haar erschaffen, das nicht zu bändigen war, mit kurzsichtigen Augen, die mich zur Brillenschlange machten, und mit Zähnen, die vorstanden und mich zwangen, eine Zahnspange zu tragen? Zum Glück nützte die Spange nichts, und ich behielt meine Hasenzähne, denn sonst hätte es den weltberühmten Schmollmund nie gegeben! Glück im Unglück.

Als Erwachsener liest man solche Schilderungen kindlichen Elends mit einer gewissen Distanz. Weiß man doch, dass das Leben nach so viel Schatten auch wieder Licht zu bringen pflegt. Aber das Kind ist in seiner ägyptischen Finsternis wie in einer alttestamentarischen Plage eingeschlossen.

So fühlte sich Isabell als viertes von vier Geschwistern kreuzunglücklich, weil sie sich als unerwünscht empfand. Wie sich Kinder mit hysterisch inszenierenden Charakteranteilen zu behelfen versuchen, so machte es auch sie. Sie spielte den Pausenclown und zog damit Aufmerksamkeit auf sich. Heute ist sie versöhnt mit ihren Geschwistern: *Da wir alle recht tolerant sind, haben wir uns auch lieb, wenn wir unterschiedlicher Meinung sind. Wenn einer von uns eine Krise hat, sind die anderen für ihn da.*

Das war nicht immer so. Mit ihrer Schilderung

gibt Isabell die knappste Definition eines Schatten-kindes: *Ich erinnere mich noch gut daran, wenn früher von uns Kindern einer gefragt hat, „wie war das denn, als ich geboren wurde?", dann kam bei mir immer die Antwort: „Ja, dich, dich wollten wir gar nicht mehr." Auch hat meine Mutter erzählt, wie sie versucht hat, mich mit heißen Bädern und literweise Rotwein wieder loszuwerden, das heißt abzutreiben.*

In ein Loch zwischen den Geschwistern fiel auch Ria. Die Mutter bevorzugte ihre ältere Schwester, der Vater die jüngere. Anfänglich war sie Papas Liebling gewesen. Bis die jüngere Schwester kam. So simpel sind Tragödien gestrickt.

Manchmal hausen die Schattenkinder auch, wie im Märchen, im Wortsinne in der Küche. Ulrike ist das widerfahren: *Bei Feiern oder wenn wir Besuch hatten, musste ich in der Küche essen und durfte nicht mit ins Wohnzimmer. Alle erzogen ständig an mir herum, „sei leise", „misch dich nicht in die Gespräche der Erwachsenen", „wasch dir die Hände", „sei nicht so vorlaut", „habe nicht immer das letzte Wort", „kau nicht an den Nägeln", „geh ins Kinderzimmer", so und ähnlich höre ich die Worte immer noch.* Ulrike fühlte sich zu schwach gegen die Übermacht der Erwachsenen und der Geschwister. Das waren vier, ein Junge und zwei Mädchen. Als Ulrike geboren wurde, stand der Vater mit seiner Freude allein. Er war, für einen Friseur verheerend, mit einem steifen Arm aus dem Krieg zurückgekehrt und konnte seinen Beruf nicht mehr ausüben. Die Zeiten waren schlecht. Es war schon mit zwei Kindern schwer. Die Mutter hatte weder Freude an ihrer dritten Schwangerschaft noch an dem Kind Ulrike: *Zu allem Unglück war ich auch noch mit schwarzen Haaren auf die Welt gekommen und von Anfang an ein Schreihals, wie meine Mutter sagte. Sie nannte mich immer „kleines Biest", weil ich wohl so ganz anders geraten war als die beiden Großen. Diese Ablehnung blieb wohl auch meiner Schwester nicht verborgen. Sie bekämpfte mich mit ihren kindlichen Mitteln. Einmal sollte sie mich ausfahren. Sie fuhr mich in den Wald und ließ mich stehen. Auf Nachfrage meiner Mutter sagte sie mir: „Ulrike habe ich in den Wald geschoben. Die können die Wölfe fressen!"*

Die Wunde der Ungeliebten trieb Ulrike um. *Oft dachte ich: „Warum bin ich kein Junge geworden?" Sie hatten es meiner Meinung nach leichter. Sie durften sogar frech sein. Dann stellte ich mir oft vor, wie es wäre, wenn ich ein Junge wäre. Einmal, so erinnere ich mich heute, stellte ich mich beim Pullern sogar hin. Heute muss ich lachen darüber. Ich zog mich an wie ein Junge, ertrug die Schläge ohne Tränen und war mächtig stolz auf mich, wenn ich trotz Schmerzen nicht zu weinen brauchte.* Die Mutter war offensichtlich ein hartes Kaliber. Wenn Ulrike doch einmal vor Schmerzen weinte, dann pflegte sie zu sagen: *Heule nur ein bisschen, da brauchst du einmal weniger pullern gehen. Ich breche dir deinen Eigensinn schon noch. Du wirst es mir später einmal danken!"*

Fast wäre der Eigen-Sinn, das Kostbarste eines Menschen, der kleinen Ulrike gebrochen worden: *Ja, ich hatte viel Angst. Sie machte mich schwach und klein.* Hinzu kam auch hier, dass sie im Schatten der Schwester, diesmal der Jüngeren, stand und sich gedemütigt fühlte: *Meine kleine Schwester wurde gehegt, gepflegt und geliebt von allen. Sie war ein niedliches blondes Mädchen mit vielen Locken. Ich war enttäuscht. Wieso war ich nicht so schön?* Aber man darf sich Ulrike trotzdem nicht als Trauerweide vorstellen. Sie hatte viele Freunde und war selten zu Hause. *Es machte mir Spaß, mit ihnen durch die Wälder, Wiesen und Felder zu stromern. Es gab viel zu entdecken. Wir hatten viel Spaß. Unter uns wohnte eine Bauernfamilie. Sie hielten Kühe, Schweine und Pferde. Bei ihnen verbrachte ich ganz viel Zeit. Ich liebte alle Tiere und war immer sehr traurig, wenn man sie schlachtete. Mein Schulfreund Fritz und ich verlebten eine wunderbare Zeit.*

Schattenkinder suchen oft außerhalb der Familie ein Sonnenplätzchen und finden es dann auch. Aber die Entwertung steckt, wie die Devaluierung einer Währung, in ihnen. Sie fühlen sich als ein Nichts. Da sie ihren Wert nicht spüren, können sie sich auch schlecht abgrenzen. Wenn es Mädchen sind, sind sie sexuellen Übergriffen gegenüber eher machtlos. Ulrike hat dieses Leid gleich zwei Mal erfahren: *Ein Erzieher im Landschulheim erkannte wohl meine Unsicherheit. Bei der nächtlichen Kontrolle kam er jede Nacht zu mir und betastete mit seinen kalten, ekligen Händen meinen Körper. Es schaudert mich immer noch, wenn ich daran denke. Meine Angst vor jeder Nacht wuchs, und ich traute mich auch nicht, es irgend jemandem zu sagen. Am Tage, wenn er beim Essen an unserem Tisch vorbeiging und mir mit der gleichen Hand über den Kopf strich, wollte ich erstarren und mir war sehr schlecht. Meiner Mutter schrieb ich, sie solle mich holen – natürlich tat sie es nicht.*

Das Schattenkind Ulrike versuchte, sich in seinem eigenen Schatten zu verbergen: *Ich wechselte mit anderen Kindern das Bett und verkroch mich ganz nach hinten. Wenn ich dann die Taschenlampe aufblitzen sah, wollte ich erstarren. Niemand erzählte ich davon. Ich schämte mich unsagbar. Ich wusste, Mutti würde mir nicht glauben.*

Schattenkinder stehen ein Stück außerhalb der familiären Kommunikation. Sie werden wenig angesprochen, man hört sie nicht. Irgendwann teilen sie sich auch, aus gutem Grund, nicht mehr mit. Das kann gefährlich werden, wenn das Kind, wie Ulrike, in Gefahr gerät: *Später mit elf bis zwölf Jahren lockte mich ein Bekannter meines Vaters in seine Wohnung. Er gab mir Geld, und ich überwand für diese Zeit meine Angst und ließ diese schlimmen Spiele zu. Ich tat es einmal und wollte dann nie wieder hingehen. Aber das Geld lockte mich, und ich tat es immer und immer wieder. Erst als der Ekel und der Schmerz unerträglich wurden und er immer weiter und weiter ging, hatte ich die Kraft, es sein zu lassen. Meine Angst war riesig, meine Leistungen in*

191

der Schule schlecht, mein Benehmen zu Hause unmöglich. Es folgten Schläge, Vorwürfe und die Drohung, in ein Heim für Schwererziehbare einge- wiesen zu werden. Ich konnte abends nicht einschla- fen. Ich hatte, wenn ich schlief, schlimme Träume und holte jede Nacht meine kleine Schwester in mein Bett, um nicht allein zu sein.

Die Wende kam, als eine warmherzige und ver- antwortungsbewusste junge Frau, eine Lehrerin, in Ulrikes Leben trat. Solche Feen, manchmal auch männliche Zauberer, gibt es in jeder Kindheit. Ich habe darüber ausführlich in meinem Buch *Das häss- liche Entlein. Die Erlösung vom Minderwertigkeits- komplex* (emu Verlag) geschrieben. Diese „Feen" und „Zauberer" sind die besonderen Retter der Schattenkinder: *Sie erkannte wohl mein Leid und half mir so gut sie konnte. Sie gab mir Nachhilfeun- terricht, redete mir gut zu und ließ mich ihre Zunei- gung spüren. Sie mochte mich und ich sie. Alles, was ich dann an Gutem tat, tat ich für sie. Sie wollte ich keineswegs enttäuschen. Meine Leistungen wurden besser, mein Betragen wurde besser. Doch auch die- ses Glück war nicht von Dauer: Diese wunderbare Frau bekam mit achtundzwanzig Jahren Lymph- drüsenkrebs und starb ganz furchtbar. All meine Hoffnungen waren kaputt.*

Ein Kind, das stört, ist, wie bereits erwähnt, zu- vor gestört worden. Ulrikes Störung, der Kälte- strom, der sie umgab, drückte sich in der Verpan- zerung als Erwachsene aus: *Bei Männern hatte ich wohl kein Glück. Vielleicht war es meine ableh-*

nende Haltung und meine große Kälte, die ich
zumindest nach außen zeigte. Gleichwohl hat
Ulrike ihren Weg geschafft. Sie hat sich auch um
das Geschwisterverhältnis bemüht. Verlassen wir
sie an diesem Punkt.

Wie ein Schattenkind sich emanzipiert und sich
von dem niederdrückenden Milieu befreit, erzählt
die gebürtige Polin Annemarie. Sie war das zweite
Kind. Das einzige Geschwister, das Mädchen Ilona,
war, wie wir das jetzt schon kennen, der Sonnenschein der Familie, *ein schönes, süßes Kind mit*
leicht gewellten dunklen Haaren, süßem Lächeln
und schöner Stimme. Sie war und ist bis heute
extrovertiert, ging auf die Leute zu, gab ihnen die
Hand, sagte, was die Eltern hören wollten. Auf
Familienfesten sagte sie Gedichte auf und sang auch
Lieder mit süßer Kinderstimme. Da ich heute selber
Mutter von zwei Kindern bin, kann ich mir vor-
stellen, dass sie einfach die Krönung für die jungen
Eltern und deren ganzer Stolz war – die Erstgebo-
rene eben!

Neben einer solchen Primadonna degeneriert
wohl jedes nachfolgende Kind zum hässlichen Entlein. So war es denn auch: *Ich kam auf die Welt mit*
orangefarbenen Haaren, mit starker Körperbehaa-
rung und großer Nase. Ich war lang und dürr. Ich
muss für meine Eltern ein Schock gewesen sein! Die
Eltern, der Vater Betriebswirt, die Mutter Juristin,
legten großen Wert auf Äußerlichkeiten. Für sie war
eine *nette Vorzeigefamilie* wichtig. So wuchsen die
beiden Mädchen im gemeinsamen Zimmer auf, die

aggressive, herrschsüchtige und vitale Ilona, und die *introvertierte Maus, aber auch sture Stier* Annemarie. Annemarie war bestimmt von *Ängstlichkeit und Gehemmtheit.* Sie war untergewichtig und kränkelnd.

Die Mutter bestand darauf, wie es die meisten Kinder dieser Generation kennen, *dass alles gegessen wird, was auf dem Teller liegt: Ich entwickelte eine Essensneurose, erbrach oft, verweigerte die Speisen. Jetzt weiß ich, dass dies meine Ablehnung gegenüber der Übermacht der Mutter war. Sie hat mich ständig mit Ilona verglichen. Und so wuchs ich im Schatten von Ilona auf. Ich entwickelte eine Hassliebe zu ihr. Sie kommandierte mich, schubste und schlug mich, wenn ihr etwas nicht passte oder wenn sie ihren Ärger mit den Eltern an mir abreagieren wollte.*

Diese Erfahrung taucht übrigens in manchen Berichten der Jüngeren auf. In der Psychologie nennt man das eine *Aggressionsverschiebung.* Das bedeutet die Verschiebung feindseliger Impulse auf ein jüngeres und schwächeres Geschwister, wenn das ursprüngliche Ziel der Aggression ein übermächtiger Gegner ist, meistens die Eltern, an denen sich zu rächen allein schon in der Fantasie Angst auslöst. In der Psychoanalyse zählt die Verschiebung aggressiver Impulse auf unschuldige Objekte zu den wichtigsten Abwehrmechanismen, wenn die Kontrolle eigener starker Aggressionsimpulse notwendig, aber schwierig ist. Zu gut deutsch, man schlägt den Sack und meint den Esel.

Als Jüngster, so klagte ein Klient von mir, *haben mir einige Male die älteren Brüder den Frack verhauen, weil sie an mir das Mütchen kühlen konnten. Geärgert hatten sie sich wohl über „die Alten".*

Doch zurück zu Annemarie: Ihre Eltern interessierten sich, so empfand sie es wenigstens, ausschließlich für Ilona. Diese machte immer Probleme, wollte nicht lernen, flog aus den Schulen, war frech, brannte von zu Hause durch, wurde drei Tage lang von der Polizei gesucht und hatte mit nicht mal fünfzehn Jahren ihre erste Abtreibung hinter sich. Annemarie: *Ich lief nebenbei. Ich war kein Überflieger, schaffte jedoch jeweils die nächste Klasse ohne nennenswerte Schwierigkeiten. Unser schwesterliches Verhältnis war gespannt. Wir stritten um jede Kleinigkeit, und sie schlug mich.*

Das geschwisterliche Subsystem kann, so banal das klingt, nur so lange funktionieren, als es existiert. Das ist grundsätzlich nicht anders als beim Beziehungssystem der Ehe. Verlässt einer den Bannkreis der Gemeinsamkeit und der neurotischen Spiele, dann bricht die jahrelange Choreographie der immer gleichen Beziehungsabläufe im gleichen Augenblick zusammen. Das ist für die Betroffenen meist eine phänomenale Entdeckung der Befreiung wie der Beschämung. *Warum habe ich das so lange ausgehalten?* fragen sie sich.

Diesen „Systemzusammenbruch" erlebte auch Annemarie, als sie größer und kräftiger wurde: *Meine Schulfreundin überredete mich, zu den Pfadfindern zu gehen. Dort lebte ich auf. Ilona war nicht da, keiner piesackte mich mehr. Ich wurde geliebt, hatte plötzlich viele Freunde, die an mich glaubten. Ich konnte Aufgaben erledigen und lösen, an die ich mich früher nie gewagt hätte. Ich lernte mich durchzusetzen. Das ist wörtlich zu nehmen: Als ich das erste Mal zurückschlug, war meine Schwester baff. Seitdem hat sie mich in Ruhe gelassen.*

Ilona ist eine chaotische Frau geblieben. Die Schwestern haben sich voneinander entfernt und sind zerstritten über die künftige Erbregelung. Gleichwohl sind sie sich nicht gleichgültig: *Wenn wir uns einmal in ein paar Jahren treffen, dann ist es mit ihr lustig, aber auch anstrengend. Mit ihrem Temperament, ihren Gefühlsausbrüchen, Streitigkeiten und ihrer Unordnung ertrage ich sie nicht lange.* Da die Eltern keine vernünftige Erbregelung treffen, weiß Ilona, die seit ihrer Pfadfinderzeit aus dem Schatten der strapaziösen Schwester getreten ist, nicht, wie sie sich in diesem Fall verhalten soll: *In jedem Fall werde ich die finanzielle Verliererin sein. Das belastet zusätzlich unser Verhältnis. Ich kann nicht verstehen, warum bekommt sie so viel Unterstützung von anderen und kann trotzdem ihr Leben nicht ordnen? Ich dagegen muss um alles hart allein kämpfen und soll noch meine Erfolge mit ihr teilen?* Annemarie unterstützt nämlich die Eltern bei der Renovierung von deren Eigentumswohnung finanziell. Annemarie schließt: *Das Leben geht oft seltsame Wege!*

Vielleicht könnte man auch, liebe Annemarie, sagen, dass du ein „braves Mädchen" bist, überaus ordentlich, und dass die „schlimme Ilona" mit ihrem rasanten Lebensstil *deine* nicht gelebte Wildheit, Anarchie und Verwegenheit lebt. Damit will ich dich nicht kränken. Gute Mädchen kommen, wie der Bestsellertitel verrät, in den Himmel, böse Mädchen kommen überall hin. Vielleicht lebst du aber auch umgekehrt mit deiner Disziplin, Tüchtigkeit und Verlässlichkeit Ilonas ungelebte Charakterseiten *ihrer* Schattenpersönlichkeit. Dann seid ihr euch, wie so viele Geschwister, *Schattengeschwister* im Sinne C. G. Jungs.

Wovor wir uns fürchten, es aber insgeheim begehren, das stecken wir, nach Auffassung des Schweizer Psychoanalytikers, in den Schattensack unserer Persönlichkeit. Dort lebt es und lebt doch nicht. Nehmen wir zwei Schwestern. Die eine hat ein Leben lang turbulente Männergeschichten. Sie kleidet sich sexy, genießt ihre Weiblichkeit, flirtet, was die Strapse halten, und lässt keine erotische Sause aus. Dafür hat sie mehrere Abtreibungen und Scheidungen hinter sich, ihre Finanzen sind chronisch schlecht und gesundheitlich hat sie sich vernachlässigt. Ihre Schwester ist genau das Gegenteil. Sie ist etwas bigott, von enger konservativer Frömmigkeit, ein Putzteufel, monogam wie eine Graugans, tüchtig, geradlinig, hundertprozent verlässlich, aber auch etwas langweilig, engstirnig und hausbacken. Wenn wir beide Frauen im Sinne der Familientherapie systemisch, also als zwei zusammenhängende Teile eines Familienmobiles, begreifen, sehen wir sofort, dass jede Schwester den Schatten der anderen darstellt:

Die Bigotte hat, unbewusst natürlich, alle Lebenslust, Frechheit und Weiblichkeit an die wilde Schwester „delegiert", die Wilde die notwendige Lebensdisziplin und Treue an die brave Schwester abgegeben.

Schön wäre es, wenn jede von der anderen ein Stück der fehlenden Hälfte adaptieren könnte. Dann wären beide Schwestern im Sinne C. G. Jungs *ganz*, worunter er auch die Akzeptanz der von uns verleugneten positiven *Schattenpersönlichkeit* meinte. Meist nehmen wir den Schatten nur in unserer Projektion auf andere Menschen wahr. Wo uns die Genussfähigkeit, die sprühende Sinnlichkeit, die Extraversion oder die Introversion eines anderen Menschen nervt, nehmen wir in Wahrheit etwas wahr, was selbst in uns tief verborgen ist und nicht leben darf. Unser Schatten ist Virtualität, „mögliche Möglichkeit", unterentwickeltes, nicht artikuliertes Potenzial.

Es braucht Bereitschaft, die kryptischen Botschaften aus der eigenen Unterwelt zu spüren, die Morsezeichen aus dem Zentrum des Ichs zu decodieren. Nichts fürchten wir mehr als unseren Schatten. Wenn ich eine Schwester oder einen Bruder habe und mich an ihr/ihm reibe, so sollte ich mich einmal fragen: *Welchen von mir nicht gelebten „schattigen" Persönlichkeitsanteil lebt mein Geschwister mir vor?*

Das klingt vielleicht akademisch und abstrakt. Ich möchte es an einem literarischen Exempel erläutern. Da gibt es, um ein Beispiel heranzuziehen, in

Thomas Manns Familienepos *Buddenbrook* die Brüder Christian und Thomas; ein Spieler, Bonvivant, Hypochonder und sozialer Nichtsnutz der eine, ein bienenfleißiger, steifer und seelisch gepanzerter Kaufmann der andere. Gegen Ende der Familientragödie kommt es zu einer leidenschaftlichen Auseinandersetzung zwischen den verfeindeten Brüdern. Thomas, der Senator, hat die „nervösen" Krankheiten und die Bummelei seines Bruders Christian satt: *„Und du begreifst nicht, Mensch", rief Thomas Buddenbrook leidenschaftlich, „dass alle diese Widrigkeiten Folgen und Ausgeburten deiner Laster sind, deines Nichtstuns, deiner Selbstbeobachtung! Arbeite, höre auf, deine Zustände zu hegen und zu pflegen und darüber zu reden! ... Wenn du verrückt wirst – und ich sage dir ausdrücklich, dass das nicht unmöglich ist –, ich werde nicht im Stande sein, eine Träne darüber zu vergießen, denn es wird deine Schuld sein, deine allein ..."*

„Nein, du wirst auch keine Träne vergießen, wenn ich sterbe."

„Du stirbst ja nicht", sagte der Senator verächtlich.

„Ich sterbe nicht? Gut, ich sterbe also nicht! Wir werden ja sehen, wer von uns beiden früher stirbt. ... du bist ein Egoist, ja, das bist du! Ich liebe dich auch, wenn du schielst und auftrittst und einen niederdonnerst. Aber am schlimmsten ist dein Schweigen, am schlimmsten ist es, wenn du auf etwas, was man gesagt hat, plötzlich verstummst und dich zurückziehst und jede Verantwortung ablehnst, vornehm

und intakt, und den anderen hilflos seiner Beschä-
mung überlässt ... Du bist so ohne Mitleid und Liebe
und Demut ... Ach!", rief er plötzlich, ... "Wie satt
ich das alles habe, dies Taktgefühl und Feingefühl
und Gleichgewicht, diese Haltung und Würde ... wie
sterbenssatt! ..." Und dieser letzte Ruf war in einem
solchen Grade echt, er kam so sehr von Herzen und
brach mit einem solchen Nachdruck von Widerwillen
und Überdruss hervor, dass er tatsächlich etwas
Niederschmetterndes hatte, ja, dass Thomas ein
wenig zusammensank und eine Weile wortlos und
mit müder Miene vor sich niederblickte. "Ich bin
geworden, wie ich bin", sagte er endlich, und seine
Stimme klang bewegt, "weil ich nicht werden wollte
wie du. Wenn ich dich innerlich gemieden habe, so
geschah es, weil ich mich vor dir hüten muss, weil dein
Sinn und Wesen eine Gefahr für mich ist ... Ich spre-
che die Wahrheit."

Kurz darauf stirbt der disziplinierte Senator
Thomas Buddenbrook. Ein Schlaganfall rafft ihn
grausam hinweg. Der letzte Senator der Sippe Buddenbrook hat seine Lebendigkeit, seine Leichtig-
keit, seine künstlerische Ader, seine Sehnsucht nach
Müßiggang, Spiel, Eros und tänzerischer Balance
nie gelebt. Sein ungelebtes Leben hat ihn buchstäblich totgedrückt. Thomas Schatten, der nicht aus-
agierte Teil seiner Persönlichkeit, war die Lebendigkeit und anarchische Lebenslust. Der Bruder
Christian verkörperte diesen abgespaltenen Teil des
älteren Bruders in purer Essenz. Christians Cham-
pagnerblut bedeutete jedoch für Thomas eine

Gefahr, weil er diesem faszinierenden Fremden zu erliegen fürchtete. Er verdrängte – und er verlor. Paradoxerweise entsteht dem Senator Thomas Buddenbrook in seinem Söhnchen Hanno wiederum just das Schattenbild. Dieses musische Kind verweigert sich dem Mathematisch-Kaufmännischen und der knöchernen hanseatischen Disziplin. Es flüchtet sich, wie Onkel Christian Buddenbrook, in die Welt des Theaters, der Poesie und der schwelgerischen Musik eines Richard Wagner.

Umgekehrt hat aber auch der Bruder Christian einen Schatten, eine nichtgelebte „zweite Persönlichkeit"; in dem Erstgeborenen, Thomas. Denn Christian verleugnet wichtige, konstitutive Persönlichkeitsmerkmale wie Verantwortungsgefühl, Tradition, Geschäftssinn, kommunales Engagement, also Thomas' Qualitäten, indem er sie einseitig als spießig diskreditiert und als buchhalterische Philosophie herzloser Pfeffersäcke herabwürdigt.

Die Brüder Buddenbrook sind sich derart „Schattenbrüder". Jeder hat eine ungelebte Seite, die ihm schließlich das Genick bricht. Christian stirbt als dementer Pflegefall in einem Altenheim.

*

Meine Mutter hatte ziemlich viel Ärger mit mir, aber ich glaube, sie genoss es. Sie hatte nie Ärger mit meinem zwei Jahre jüngeren Bruder Henry. Ich nehme an, dass ihr seine stets gleichbleibende Bravheit, Ehrlichkeit und Folgsamkeit zur Last geworden wäre, hätte ich nicht mit dem Gegenteil Erleichterung und Abwechslung verschafft ... Ich habe nie erlebt, dass Henry sich mir oder anderen gegenüber boshaft verhielt – aber, dass er stets das Richtige tat, ist mir schlecht bekommen. Es war seine Aufgabe, meine Sünden zu berichten, wenn es nötig war, und er nahm seine Aufgabe sehr ernst. Er ist Sid in Tom Sawyer. Aber Sid war nicht Henry. Henry war ein viel besserer Junge, als Sid jemals gewesen ist.

Mark Twain,
Autobiographie

Sexueller Missbrauch

Alle Frauen mit inzestuösen Geschwisterbeziehungen hatten ein schwaches Selbstkonzept, das von Psychosen bis zu zwanghaften Selbstdiskriminierungen reichte. ... Sehr viele konnten in einer erwachsenen, reifen Partnerschaft keine Befriedigung finden, entweder durch Misstrauen und Schwierigkeiten bei der Partnerwahl oder weil sie Liebe von Sexualität abgespalten hatten. ... Es gab zahlreiche Probleme in den Bereichen Intimität, Kommunikation und Sexualität ... Der Schatten des Geschwisterinzests hing fast greifbar immer noch über dem Leben dieser Frauen – ein Teil der Vergangenheit, dem sie verzweifelt und vergeblich zu entfliehen versuchten.

Stephen P. Bank/Michael D. Kahn,
Geschwister-Bindung

Eine einzige Frau hat mir wegen eines sexuellen Missbrauchs durch den Bruder geschrieben. Rund zwanzig Briefe von Frauen behandeln einen Missbrauch durch den Vater, einen Onkel oder eine außerhäusige Person. Fast war ich versucht, dieses Kapitel zu unterlassen. Doch aus erschütternden Gesprächen in meiner psychotherapeutischen Praxis weiß ich, dass der Missbrauch von Mädchen durch ältere Brüder häufig ist. Er richtet psychische Verheerungen an.

Da jeder Missbrauch einer Schwester – auch eines Bruders –, gleichgültig von welcher Seite er

FAMILIENGEHEIMNIS

kommt, in die Geschwistergemeinschaft eingreift, ein Kind separiert und als *kritisches Ereignis* nicht aus der Geschwisterdynamik wegzudenken ist, behandele ich hier einige Fälle. Mich leitet dabei auch die Absicht, missbrauchten Frauen Mut zu machen, sich ernst zu nehmen und sich auf jeden Fall für die Aufarbeitung dieses traumatischen Komplexes therapeutische Hilfe in der Einzelbehandlung oder einer Gruppe zu holen (in meiner Vortragskassette *Sexueller Missbrauch* gebe ich anhand einer Märcheninterpretation eine kleine Hilfestellung). *Mit dem Missbrauch*, so sagte einmal weinend eine Patientin zu mir, *endete mein Glaube an die Welt*.

Corinna, sie hat inzwischen einen schönen indischen Sannyasin-Namen angenommen, leidet heute noch unter *schwachem Selbstbewusstsein, Schwierigkeiten zu reden, Suchtstrukturen*, obwohl sie verheiratet ist und einen guten Weg geht. Sie hat zwei ältere Brüder, Janus, zehn Jahre älter, und John, fünf Jahre älter. Sie kennt ihre Brüder *nicht wirklich. Janus ist ständig mit Frauengeschichten beschäftigt (als wäre Sex das Wichtigste auf der Welt!), John lebt einsam mit Alkoholmissbrauch auf Großbaustellen.* Janus war der Täter. Wie Corinna die Tat und die Folgen beschreibt, das ist so knapp und aufwühlend, dass ich es unkommentiert stehen lassen will:

Mein Bruder Janus hat mich oft (jahrelang) sexuell missbraucht. Ich durfte nichts erzählen. Ich sollte stolz darauf sein, praktisch das Liebesleben zu lernen, anstatt mich mit Aufklärungsbüchern zu beschäftigen. Meinen Eltern war es peinlich, über Sexualität zu reden. Für mich war es schrecklich. Es tat weh, und ich habe mich oft versteckt. Ich sollte auch Pornoblätter lesen. Und: *Ich habe später Männer gehasst, chaotische Beziehungen und viele Trennungen gehabt. Selbsthilfegruppen, Selbsterfahrungsgruppen, Therapie gemacht. Als ich vierzig Jahre wurde, bin ich in eine schwere Depression gefallen. Insgesamt zweieinhalb Jahre war ich dann in Kliniken, Psychiatrien und Tageskliniken. Immer wieder Rückfälle und auch Selbstmordversuche.*

Bei Erika war der Vater der Täter. Sie hat eine zehn Jahre ältere Schwester, Hildegard. Der Vater, ein Spätheimkehrer, zeugte Erika nach dem Krieg. Erika: *Meine Schwester wandte sich dem Vater zu und hoffte auf seine Liebe, aber sie wurde missbraucht und konnte sich nicht dagegen wehren. Meine Mutter wusste davon und hat weder meine Schwester noch später mich beschützt.* Der Vater missbrauchte auch Erika. Besonders schlimm war in dieser Situation, dass Erika ohnehin gegen die dominante, ein Jahrzehnt ältere Hildegard ankämpfen musste. Noch heute spürt sie beim Schreiben ihres Briefes an mich, wie Furcht und Angst in ihr hochkommen: *Beim Schreiben scheint es mir logisch zu sein, dass in mir so viel Furcht ist. Ich musste mich gegen meine Schwester behaupten und habe Mutter und Vater nicht als Beschützer erlebt, sondern als Missbraucher. Ich war immer allein. Jetzt heule ich, und alles tut mir weh.*

Erika hat den Missbrauch inzwischen mit ihrer

Schwester besprochen. Sie gönnte sich eine Therapie und hat sich, man staune, *mit meinem Vater ausgesprochen – meine Mutter starb ganz plötzlich, da war es nicht möglich. Meine Schwester hat versucht, ihren Missbrauch über den Weg der Religion zu verarbeiten.* Auch den letzteren Weg muss man respektieren.

In den Selbsterfahrungsgruppen bezeichnen sich die missbrauchten Frauen als *Surviver*, als *Überlebende*. So ist es. Denn wenn sie sich ein Leben lang als Opfer deklarieren, machen sie sich zum zweiten Mal zum Opfer und lassen den Missbraucher am Ende siegen. Eine Frau mit einer kindlichen Missbrauchserfahrung ist mehr als ihr Missbrauch. Genau das spürt auch Erika: *Gleichzeitig kommt in mir hoch, dass ich so viele Fähigkeiten mitbekommen habe, so viele Menschen mir entgegengekommen sind, so viel Schönes mir begegnet ist. Aber,* so schränkt sie ein, *nicht von der eigenen Familie.* Die beiden Sätze, mit denen sie ihren Brief an mich beschließt, dürften allen Frauen (und Männern) in einer ähnlichen Situation Mut machen: *Ich habe viel an mir gearbeitet (Therapie, Selbsterfahrung), um zu gucken, wer ich bin und um positiv sein zu können. Ich bin zufrieden, glücklich und immer noch entwicklungsbereit und habe Freundinnen als Schwesterersatz gefunden.*

Der Missbrauch durch einen Onkel hat Simone gleich zwei Mal tief geschädigt. Sie besitzt einen drei Jahre älteren Bruder, Georg. Als Simone elf Jahre alt ist, zieht der Vater, *ohne uns auf Wiedersehen zu sagen,* nach Berlin. *Ich glaube, ab da, ich weiß es nicht mehr, fingen mein Bruder und ich mit den sexuellen Spielen an.* Diese „Spiele" waren zwar übergriffig (*weil Bruder und Schwester Dinge getan haben, die sie nicht hätten tun dürfen*), aber Simone glaubt nicht an eine Schädigung. Die amerikanischen Experten Stephen P. Bank und Michael D. Kahn unterscheiden im Spannungsfeld der sexuellen Anziehung zwischen Brüdern und Schwestern zwischen *spielerischer Neugier, Liebe, ödipalen Verwicklungen und Inzest (Geschwister-Bindung).* Simone und Georg scheinen sich hauptsächlich auf dem Territorium der spielerischen Neugier bewegt zu haben.

Schlimm war etwas ganz anderes. In der Familie von Simone und Georg gibt es einen Onkel, der offensichtlich ein monströser Missbraucher ist. Er missbrauchte alle Frauen in der Familie. Die Mutter Simones, Simone selbst, und ein viertel Jahrhundert später die Tochter Simones wie die Tochter von Georg. Die beiden letzten Mädchen hatten es Simone unter dem Siegel der Verschwiegenheit erzählt, vor allem wollte die Nichte nicht, dass es ihr Vater Georg und ihre Mutter erfuhr. Simone versprach der Nichte, das Geheimnis zu bewahren, fühlte sich damit aber *hilflos und gelähmt.* Dann kam das Geheimnis heraus, und die Katastrophe war da: *Mein Verhalten warfen mir mein Bruder und meine Schwägerin vor und brachen den Kontakt schlagartig ab. Ich bin in meinen Gedanken verrückt geworden. Ich war ein halbes Jahr still und habe abgewartet. Dann habe ich ihm einen Brief geschrieben. Ich habe ihn gefragt, ob unsere Schwierigkeiten, die wir haben, in unserer Vergangenheit liegen, weil Bruder und Schwester Dinge getan haben, die sie nicht hätten tun dürfen. Die Antwort kam per Einschreiben mit Rückschein. Er kündigte mir die Geschwisterschaft „wegen Dummheit". Er drohte mir, wenn ich das irgendjemandem erzählen würde, würde er mich anzeigen. Ich war entsetzt und habe sofort um Verzeihung geschrieben und ihm deine Kassette „Verzeihen und versöhnen" geschickt. Aber es kam keine Antwort.*

Alle leiden. Auch Simones Tochter. Sie studiert und ist Bulimikerin seit ihrem siebzehnten Lebensjahr. Warum wohl? Simone möchte ihr gern helfen. Das geht nicht: *Sie redet nicht mit mir darüber. Sie sucht auch den Kontakt nicht zu mir. Ich muss warten.*

Bei Missbrauch, der nicht aufgedeckt wird und bei dem das Mädchen keine Hilfe bekommt, kann das Kind auch unter vielen Geschwistern mutterseelenallein sein. So erging es Doris, die das fünfte von ursprünglich zehn Geschwistern ist; eine Schwester starb einen Tag nach ihrer Geburt. Doris war kein Sonnenkind oder Liebling, sondern das Schattenkind. Ihre Geschwister verletzten sie sozusagen unfreiwillig: *Sie haben mich nur damit verletzt, dass ich nirgends dazugehörte. Nicht zu den Großen und nicht zu den Kleinen, mit der Folge, dass ich oft enttäuscht und einsam war. Ich traute mich meist nicht mehr zu fragen, ob ich irgendwo mitdürfe, weil ich Angst vor einer erneuten Ableh-nung hatte.* Und es gab das Trauma: *Meine Schwes-tern und ich wurden von unserem Vater sexuell missbraucht. Irgendwie spürte ich, dass nicht nur ich allein ein Opfer bin. Trotzdem haben wir bis vor ein paar Jahren nicht darüber gesprochen. Auch heute noch ist es nicht möglich, über den genauen Hergang zu reden. Wie stark mich das in mich eingeschlossen hatte, wurde mir erst bei einem Seminar in Lahn-stein klar, das ich mit einer meiner Schwestern zusammen besucht habe.*

Drei der Schwestern haben ihren Missbrauch in einer Therapie bearbeitet. Das hat Doris und sie *eng zusammengebracht.* Überhaupt kann, so zeigt das Beispiel von Doris, das Verständnis von Geschwis-tern eine gewaltige Hilfe darstellen. Wenn es doch nur immer so wäre! Doris bilanziert nämlich dank-bar: *Ich glaube, wenn ich meine Geschwister nicht gehabt hätte, würde ich heute nicht mehr leben. Sie haben mich gehalten, als es mir sehr schlecht ging. Meine älteste Schwester war mir Mutter, Beraterin, Freundin und Begleiterin, als ich Therapie machte. Meine Geschwister waren und sind für mich da.*

Michaela, eine Klientin von mir, fand bereits als Kind – im Unterschied zu Doris –, als sie von ihrem Vater missbraucht wurde, seelische Unterstützung bei ihrem drei Jahre jüngeren Bruder Johannes. Er seinerseits war das Prügelopfer dieses üblen Vaters. Beide Kinder bekamen keinen Schutz von der Mut-ter, die ihrerseits alkoholabhängig war und sich dem Ehemann wie ein geschlagener Hund unterwarf.

Schwester und Bruder, die eine zehn Jahre, der andere sieben Jahre alt, trösteten sich gegenseitig abendlich und rückten eng im Bett zusammen. Sie hegten gemeinsam Rache- und Tötungsfantasien gegen den Missbraucher. Sie fütterten sich mit Schokolade. Sie bewahrten treu ihre kleinen Geheimnisse und malten sich, kompensatorisch zu ihrem kindlichen Elend, eine gemeinsame schöne Zukunft aus. Michaela erinnerte sich in der Praxis mit Rührung an die Worte von Johannes, den sie heute noch wie einen Zwilling liebt: *Wenn ich groß bin, haue ich Vati zu Brei und baue uns beiden ein großes Haus, weit weg!*

Auf wissenschaftlicher Ebene würdigen Stephen P. Bank und Michael D. Kahn (in *Geschwister-Bindung*) den Sachverhalt so: *In der psychotherapeutischen Praxis tauchen häufig genug Geschwister auf, die wie in dem bekannten Märchen von „Hänsel und Gretel" die nötige Zuwendung nicht von den Eltern bekommen haben, sondern sie beieinander suchen mussten. Die Beziehungen und Identitäten solcher Geschwister sind oft lebenslang unauflösbar miteinander verwoben, weil sie zusammen mit traumatischen psychischen Verlusten in wichtigen Entwicklungsphasen konfrontiert waren. Gegenseitige Loyalität und Fürsorge haben ihnen das physische und psychische Überleben möglich gemacht.*

*

*Beim Geschwisterinzest ist selbst in den Fällen ein
Element sexueller Ausbeutung enthalten, in denen
kein direkter Zwang angewandt wird. Und das häu-
figste Opfer dieser Ausbeutung sind Schwestern ...
Ich widerspreche der optimistischen Einschätzung des
Geschwisterinzests deshalb, weil Inzest unabhängig
vom Altersunterschied und unabhängig von Ausbeu-
tung und Manipulation immer gegen das wohl
grundlegendste Tabu unserer Gesellschaft verstößt.
Dieser Verstoß muss zwangsläufig zu psychischen
Schäden führen, vor allem bei denjenigen, die sich als
Opfer fühlen.*

Francine Klagsbrun,
Der Geschwisterkomplex

Trauer um ein Geschwister

*Mit meiner Schwester ist mir so eine starke Wurzel,
die mich an die Erde hielt, abgehauen worden, dass
die Äste, von oben, die davon Nahrung hatten, auch
absterben müssen.*

Goethe am 16. November 1777,
nach dem Tod seiner Schwester Cornelia

Trauerarbeit ist nach dem Tod eines Familienange-
hörigen ein lebenswichtiger Prozess. Wird sie nicht
geleistet, gerät das seelische Gleichgewicht der
Hinterbliebenen aus den Fugen. Wie abgrundtief
Eltern über den Verlust eines Kindes trauern und
manchmal kaum mehr in die Realität zurückfinden,
das wissen wir alle. Als Therapeut erlebe ich hier
immer wieder meine Ohnmacht. Ich werde nie vergessen, wie Esther, eine junge Mutter, knapp um die
Dreißig, einfach nicht mehr leben wollte, als ihr
ältestes Söhnchen im Alter von fünf Jahren, unbe-
merkt in der Nacht, nur wenige Zentimeter von ihr
entfernt im Ehebett, starb.

Die Ärzte hatten wegen einer unheilbaren
Krankheit seinen Tod prognostiziert, aber sie hatte
es nie glauben wollen. Jetzt zermarterte Esther sich
mit Schuldvorwürfen, dass sie den Jungen, der in
den letzten Tagen seines Lebens an einer Grippe
laborierte, nicht vorsorglich ins Krankenhaus
gebracht hatte. Nur der Gedanke an das Schicksal
seines Brüderchens ließ Esther, eine zarte, empfind-

same Frau, überleben. Für sich selbst sah sie keinen Sinn mehr im Leben. Ein von mir empfohlenes Wochenendseminar bei dem großartigen Gestalt- und Trauertherapeuten Jorgos Canacakis in Essen brachte Esther dann den Durchbruch zum Leben.

Für Mütter wie Esther in ihrem unermesslichen Leid haben die Gebrüder Grimm die Geschichte vom *Totenhemdchen* in ihre Märchensammlung aufgenommen. Wie erinnerlich trauert hier eine Mutter nach dem Tod ihres Kindes so herzzerreißend und untröstlich, bis ihr endlich das Kind im Traum erscheint. Es sagt: *Ach Mutter, höre auf zu weinen, sonst kann ich in meinem Sarg nicht einschlafen, denn mein Totenhemdchen wird nicht trocken.*

Aber wie steht es mit dem Kind, das ein Geschwister verliert? Was ändert sich möglicherweise in seinem Charakterbild? Wie arrangiert sich das Geschwistergefüge neu? Wie geht ein Kind mit seiner Trauer um? Darf es sie überhaupt leben? Oder, umgekehrt, darf es trotz der Trauer noch leben? Delegieren die Eltern an das überlebende Kind die Aufgabe, die sie dem toten Geschwister ursprünglich zugedacht hatten?

Erich, heute ein älterer Mann, erlebte, was viele Deutsche in der Folge des Zweiten Weltkrieges erlebten, dass sie nämlich zum *Stellvertreter* des gefallenen Bruders wurden und an dessen Stelle rückten. Erich war der Dritte von fünf Kindern, ein sogenanntes *Sandwich-Kind*, eingeklemmt zwischen die Schwestern Eleonore und Gabriele. Der

215

älteste Bruder Robert blieb vermisst im Krieg, in Kurland, zurück. Der jüngste Bruder Erwin war zu klein, um seine Position in der Familie auszufüllen. Das hatte Konsequenzen für Erichs ganzes Leben: *Weil mein Bruder nicht aus Russland zurückkam, musste ich nach dem Tod meines Vaters 1949 die Ausbildung abbrechen und den elterlichen landwirtschaftlichen Betrieb übernehmen. Wegen der Ungewissheit über den Verbleib meines Bruders, des Hoferben, geschah dies ohne schriftliche Vereinbarung. Ich war als mittleres Schattenkind zunächst gern gesehen. Nach meiner Heirat 1951 und dem Aufblühen des Betriebes wurde ich jedoch bald zum Neidobjekt meiner Mutter, der Besitzerin des Hofes, und meiner drei Geschwister.*

Es gab Hass, Neid und Forderungen. Weil die Mutter Erwin den Hof nicht überschreiben wollte, lehnte Erwin die Auszahlung der Erbteile an Mutter und Geschwister ab. Letztlich musste der Hof verkauft werden. Es gab schweren Ärger bei den Erbregelungen. Heute begrüßen und unterhalten sich die Geschwister zwar, *aber gegenseitige Besuche finden nicht statt.* Erwin hat sich jedoch, wenn man so will, neue Geschwister „adoptiert": *Da wir mit den fünf Geschwistern meiner Frau ein inniges Verhältnis haben, können wir uns die Gemeinschaft mit meinen Geschwistern schlecht vorstellen. Irgendwann würde das alte Thema wieder hervorgekramt werden.* Wenn Erwin noch einmal mit dem 1945 gefallenen Robert sprechen könnte, würde er ihm sagen: *Melde dich bitte bald mal.* Gott möchte Erwin bitten:

Mache es möglich, dass wir Roberts letzte Ruhestätte finden. Ein Bruder ist eben doch ein Bruder.

Gleich zwei Brüder verlor Hannah, die Jüngste von sechs Kindern, im Krieg: *Hermann und Gustav.* Sie blieb mit der Schwester Erika und den Brüdern Egon und Fritz zurück. Gustav war ihr Lieblingsgeschwister gewesen. Um ihn hat sie *lange* getrauert: *Vor den anderen Geschwistern hatte ich immer Respekt. Ich bewunderte sie und fühlte mich als Jüngste, als die Dümmste. Ich habe ewig Minderwertigkeitskomplexe.* Nach dem Tod von Hermann und Gustav rückt die Familie zusammen. Auch hier änderten sich die Lebensperspektiven der Geschwister: *Durch den Verlust, auch für unsere Eltern, sind wir Geschwister wohl zu Hause geblieben, um die Eltern zu unterstützen. Denn wir hatten einen selbstständigen Handwerksbetrieb auf dem Lande, mit Feld- und Gartenarbeit nebenbei. Es wurde ein Schwein gefüttert, Hühner und Ziegen gehalten, alles für den Lebensunterhalt.*

Die überlebenden Geschwister kamen nicht so richtig zusammen, aber schon gar nicht auseinander: *Weil ich glaubte, viel retten zu müssen, habe ich das ganze Grundstück übernommen. Mein Bruder wurde Alkoholiker. Er hat ein Wohnrecht. Die Zusammenarbeit mit ihm ist nicht gut. Sein Verhalten ist destruktiv, und ich fühle mich einsam. Zwar bin ich die Besitzerin des Eigentums, und wir haben zu Dreien räumlich auch genug Platz, aber ich stehe irgendwie immer unter „Kuratel", das heißt, indirekt wird viel dirigiert.*

Der Tod der Brüder hat Hannahs Leben bestimmt. Sie sind auch heute noch gegenwärtig. Zwar hat Hannah, die unverheiratet geblieben ist, einen Sohn, den sie über alles liebt und der von ihren Geschwistern liebevoll angenommen wurde, aber sie denkt als heute fünfundsiebzigjährige Frau immer wieder darüber nach, wie alles so gekommen ist: *Ich war noch sehr jung, als meine Brüder im Zweiten Weltkrieg gefallen sind. Meinen ältesten Bruder habe ich sehr verehrt. Ich habe immer gedacht, wie wohl alles geworden wäre mit den geliebten Geschwistern, die nicht mehr unter uns weilen. Es macht mich nachdenklich, wie ich so wenig „die Zeit" damals ausgekostet habe. Heute im Alter sprechen wir noch mehr über unsere Erinnerungen. Im letzten Jahr war ich zur Einweihung eines Soldatenfriedhofes in Polen, auf dem mein ältester Bruder begraben ist. Nie konnten wir vorher dort hin. Dieser Besuch war ein gedenkendes, „zwiesprachiges" schönes Erlebnis.*

Oft löst der Tod eines Kindes Schuldgefühle bei einem Geschwister aus, vor allem wenn die Eltern mit der Trauer nicht fertig werden und das verstorbene Kind idealisieren. Annette schreibt: *Wir waren zwei Mädchen. Brigitte war zwei Jahre älter als ich und war der ganze Stolz meiner Eltern gewesen, denn sie war eine blondgelockte Schönheit, überaus lebendig, gescheit und witzig mit ihren zehn Jahren. Dann starb sie innerhalb kürzester Zeit an einem ärztlichen Kunstfehler, einer schweren Infektion im Bauchraum nach einer eigentlich banalen Blind-*

darmoperation. Wir waren alle wie gelähmt vor Entsetzen. Du musst wissen, dass ich, im Gegensatz zu Brigitte, mit meinen acht Jahren ein pummeliges Kind war und wegen einer starken Sehschwäche dicke Brillengläser tragen musste. Ich war nicht so das Kind „zum Vorzeigen". Meine Eltern errichteten um die tote Brigitte einen richtigen Kult. Tag und Nacht brannte ein „ewiges Licht" in einem roten Plastikbecherchen unter ihrem Foto im Wohnzimmer. Alle ihre Kleider wurden aufgehoben. Vier Jahre ließ meine Mutter ihr Zimmer unberührt, so wie man im Museum das Zimmer eines großen Dichters konserviert und mit einer Kordel vor zudringlichen Besuchern absperrt. In der Erinnerung verklärten die Eltern meine Schwester immer mehr zu einem Engel. Brigitte war nur edel, lieb und rein gewesen, dabei konnte sie selbstverständlich auch ein Biest sein und hat mich manchmal ganz schön geärgert. Einmal hatte sie mir sogar meinen ersten kleinen Freund ausgespannt! Das galt jetzt alles nicht mehr. Brigitte war in den Stand der Engel erhoben.

Das Schlimmste war, dass Mutti, wenn sie mich bei irgendetwas erwischte, immer sagte: „Das hätte Brigitte nie getan." Oder: „Nimm dir Brigitte als Vorbild." Als ich einmal bei einer solchen Situation in Wut geriet und meine Eltern anschrie, „Lasst mich endlich einmal mit der heiligen Brigitte in Ruhe", da verdrosch mich mein Vater fürchterlich. Meine Eltern hätten gerne aus mir die attraktive und schöne Brigitte gemacht, das spürte ich, aber das *war nicht meine Rolle. Ich stemmte mich mit aller Kraft gegen diese Erwartungen. Ich war, vor allem in der Pubertät, pampig und wurde in allem das Gegenteil von Brigitte.*

Dadurch kam ich überhaupt nicht dazu, richtig um sie zu trauern. Ich weiß nur, dass mir ein Stein vom Herzen fiel, als Mutti endlich das „Museumszimmer" mit Brigittes Sachen auflöste und sich eine gewisse Normalität einstellte. Heute, wo ich selbst zwei Töchter im Alter von vierzehn und zwölf Jahren besitze, spüre ich anhaltende Trauer um Brigitte. Wie schön wäre es, wenn sie lebte. Sicher hätte sie auch Kinder, und wir würden viel zusammen mit ihnen unternehmen und uns austauschen. Vielleicht würde Brigitte auch staunen, was aus ihrer Schwester, dem „Pummel" von damals, geworden ist.

Wie Kinder den Tod eines Geschwisters erleben und verarbeiten, das hängt natürlich in erster Linie vom Verhalten der Eltern ab. Anton schildert einen Umgang mit dem Tod, der dem Bericht von Annette diametral entgegengesetzt ist. Sie waren drei Geschwister, Josef, Klara und Anton, jeweils im Abstand von zwei Jahren. Auf einem Zeltlager einer katholischen Jugendorganisation verunglückte Josef tödlich. Anton hing an seinem älteren Bruder mit unerschütterlicher Vasallenliebe: *Josef hatte mir alles beigebracht, was ich konnte. Er war handwerklich geschickt, er bastelte von morgens bis abends. Er war ein glänzender Tischtennisspieler, Schwimmer und Leichtathletiker. Er war kräftig und brachte mir das Ringen bei. Im Modellflugbau war er ein As. Er* nahm mich überall mit zu seinen Freunden und genierte sich nicht für mich. Wenn mich ein anderer Junge angriff, baute er sich vor diesem auf und sagte: „Willst du was von meinem kleinen Bruder? Vielleicht klärst du das erst einmal mit mir!" Er hat mich auch viel gelobt, wenn mir etwas gelang. Eigentlich war er so etwas wie ein Ersatzvater für mich, denn mein wirklicher Vater arbeitete auf Montage und war während der Woche fast immer weg. Ein Leben ohne Josef war für mich nicht denkbar.

Anton hätte Hilfe bei seiner Trauer gebraucht. Vor allem aber hätte die Trauer überhaupt einen Raum haben dürfen. Das Gegenteil war der Fall. Etwas Eigentümliches geschah, was sich Anton heute noch nicht erklären kann:

Meine Eltern schwiegen einfach. Die Beerdigung wurde lieblos und, wie mir schien, in einem atemberaubenden Tempo durchgezogen. Es gab kein Gespräch, kein Verweilen, kein miteinander Weinen. Ich bat meine Eltern, Josef im Sarg noch einmal sehen zu dürfen. Das verboten sie mir einfach, ohne jede Begründung. Meine Mutter zog Josefs Bett ab, mein Vater verbrannte es hinten im Hof. Was ich am schlimmsten fand war, dass die Eltern Josefs Spielsachen an ein Waisenhaus verschenkten. Ich hätte sie doch so gerne gehabt, und Josef hätte sie mit Sicherheit mir und Klara geschenkt. Jede Erinnerung an Josef wurde ausgelöscht. Nicht einmal ein Bild von ihm wurde aufgestellt. Es war so, als ob es ihn nie gegeben hätte. Wenn beim Besuch von Verwandten die Rede auf Josef kam, verstummten die Eltern sofort. Mutter ging aus dem Zimmer. Ein einziges Mal nur seufzte meine Mutter und sprach den seltsamen Satz aus: „Warum hat Josef uns das angetan?" Bei mir erweckte das den Eindruck, als ob Josef etwas verbrochen hätte. Die Stimmung in unserem Haus war über Jahre hin frostig. Ich habe nur noch außer Haus gelacht. Es herrschte eine unheimlich sachliche Atmosphäre. Warum kamen meine Eltern aus ihrem Panzer nicht heraus?

Heute ist Anton achtundvierzig Jahre alt. Man sollte denken, die Trauer um Josef hätte sich erledigt. Dem ist nicht so. Die Trauer, die nie offen gelebt werden durfte, holt ihn heute noch ein: *Letztes Jahr erlebte ich in Teneriffa am Strand eine brüderliche Szene. Da war ein zwölfjähriger Junge, der seinem etwa zwei Jahre jüngeren Bruder von morgens bis abends geduldig alles beibrachte. Er tauchte mit ihm, spielte Fußball mit ihm, brachte ihm ein Kartenspiel bei und zeigte ihm Judotricks. Als der kleinere Bruder sich beim Rennen den Fuß an einem auf dem Strand liegenden Surfbrett verletzte und in Tränen ausbrach, da wickelte ihm der ältere Bruder ganz fürsorglich ein Frotteehandtuch um die Prellung, rannte schnell weg und brachte ihm (und sich) ein Eis zum Trost. Ich weiß nicht, was mit mir geschah – plötzlich musste ich weinen und konnte an einem strahlenden Sonnentag kaum mehr aufhören. So, fühlte ich, war Josef zu mir gewesen.*

Schuldgefühle bilden nicht selten die Hinterlassenschaft nach dem Tod eines Geschwisters. Marita war als die Ältere von zwei Kindern verpflichtet, auf ihren vier Jahre jüngeren Bruder Albert aufzupassen. Oft war sie mit dieser Aufgabe auch überfordert. Die Mutter arbeitete stundenweise in der Bäckerei des Mannes mit, wenn viel Betrieb war, wurden es auch ganze Tage. Dann war Marita als Ersatzmutter mit dem Kind viel zu viel alleine und überfordert.

Welche Katastrophe sich dann ereignete, das schildert sie so: *Meine Mutter hatte mir vorgeschlagen, mit dem Albertchen, so nannten wir ihn immer, ins Strandbad zu fahren, weil so schönes Sommerwetter war. Das tat ich gern. Sie packte uns leckere „Teilchen" aus der Bäckerei ein und gab mir noch Geld mit, damit ich mir und Albertchen ein Eis kaufen konnte. An diese Details erinnere ich mich noch so genau, als ob es gestern gewesen wäre. Dann stieg ich aufs Fahrrad, Albertchen wie immer, gut geschützt auf seinem Kindersitz. Am Hinterrad waren tiefe Schutzbleche angebracht, damit Albertchen sich nicht mit seinen kleinen Füßen in den Speichen verfangen konnte.*

Ich fuhr wie immer vorsichtig, so wie es meine Mutter gesagt hatte, auf dem Bürgersteig. Sie hatte mir immer eingeschärft, „Pass auf den Verkehr auf, er ist so gefährlich". An einer Stelle, an der ich heute noch täglich beim Einkaufen vorbeikomme, musste ich jedoch, da sich der Bürgersteig verengte, auf die Straße und um eine Kurve fahren. Da geschah es: Ein Lastwagen überholte mich, bog um die Kurve und schwenkte mit seinem langen Anhänger unkontrolliert aus. Dieser traf den Vorderreifen meines

Rades, und ich stürzte mit hohem Bogen vom Fahr-
rad und fand mich mehrere Meter entfernt auf dem
Boden wieder. Albertchen knallte mit dem Kopf auf
den Asphalt und war sofort tot.

Hier reagierte die Familie angemessen auf das entsetzliche Ereignis: Mutter, Vater und Marita trauerten offen, jeder auf seine Weise um das verlorene Kind. Alle Drei fanden in religiösen Tröstungen einen Halt. Vor allem aber erklärten die Eltern der bestürzten Marita immer wieder, dass sie keine Schuld an diesem Unglück treffe, dass der Unfall genauso dem Vater oder der Mutter hätte passieren können.

Trotzdem kam Marita nicht über den Gedanken ihrer Schuld hinweg: *Jahrelang zerbrach ich mir den Kopf, warum ich nicht an dieser Stelle vom Rad abgestiegen und es geschoben hatte. Warum hatte ich es nicht vorgezogen, mit Albertchen zu Fuß zum Strandbad zu gehen, wo es doch gar nicht so weit war? Ich fühlte die Augen von Albertchen vorwurfsvoll auf mich gerichtet und war in meinen eigenen Augen eine Versagerin, ein Mensch, der seine Fürsorgepflicht gegenüber einem hilflosen Kind vernachlässigt hatte. Außerdem machte ich mir Vorwürfe, dass ich manchmal auf Albertchen sauer gewesen war und mich nicht um ihn gekümmert hatte, sondern zu meiner Freundin ausbüxte. War ich ihm nicht eine schlechte Schwester gewesen?*

Jetzt, als erwachsene Frau und Mutter von drei Kindern, fürchte ich nichts mehr als den Vorwurf, ich sei eine Rabenmutter. Da bin ich ganz verletz-

bar. Mein Mann sagt, ich sei schon ganz zwanghaft in meiner ständigen Fürsorge für die Kinder. Ich habe mich schon dabei ertappt, dass ich in der Großen Pause zum Schulhof der beiden Älteren gefahren bin, um zu kontrollieren, ob sie noch leben und ob sie ihr Pausenbrot gegessen haben ...

Der Tod von *Albertchen* hat bei Marita eine Leerstelle hinterlassen: *Heute hängt sein Bild neben denen meiner Kinder. Er ist ja immer Kind geblieben, und doch wäre es so schön, heute einen erwachsenen Bruder, einen richtigen stattlichen Mann, zu besitzen. Ich habe dann immer die Vorstellung, dass ich gerne tanzen gehen würde mit ihm, dem schönen Bruder, und alle würden mich beneiden um ihn.*

Ähnlich sagte es auch Ilse. Sie hat einen Bruder, Konrad, der mittlerweile mit dreiundfünfzig Jahren bereits Pensionär ist. Eigentlich hätte sie noch zwei Brüder gehabt. Der erste *wurde meiner Mutter stückweise herausgesägt, das zweite Kind, es wäre auch ein Junge gewesen, war schon im Mutterleib in Verwesung übergegangen.* Ilse bekennt: *Wenn meine Mutter von diesen schrecklichen Erlebnissen sprach, kam in mir ein großes Bedauern hoch, dass ich diese Brüder nicht hatte. Es wäre doch zu schön gewesen, sich von drei großen Brüdern beschützen und verwöhnen zu lassen. Oft sagte ich auch: „Wenn ich drei große Brüder hätte, dann ..."*

Wo Tod ist, da ist jedoch auch immer Leben. So registriert denn Ilse dankbar, dass Konrad und sie sich hatten: *Da wir ja nun zu zweit waren, existierte kein anderer für mich und auch für ihn. Wir waren*

uns sehr verbunden, aus unterschiedlichen Beweg-
gründen. Er aus seiner Liebe und aus seinem Ver-
antwortungsgefühl zu mir, und ich wohl ebenfalls
aus Liebe (er ist der Größte für mich) und aus
Bewunderung heraus. Er war so stark und konnte so
viel, was ich natürlich noch nicht konnte.

Der Tod konstelliert die Geschwister neu. Bernhard, ein Bauernsohn, hat dies, so makaber es klingen mag, als eine positive Höherplatzierung erfahren. Sie waren vier Kinder: Alexander, Friedrich,
Bernhard und Elisabeth. Bernhard fühlte sich jahrelang auf dem Abstellgleis. Alexander und Friedrich
hielten als die beiden Älteren fugenlos zusammen.
Bis sie zehn und neun Jahre alt waren, ließen sie
ihn, den Achtjährigen, nicht in ihr Bündnis hinein.
Umgekehrt war Elisabeth mit ihren vier Jahren als
Spielgefährtin und als „Weib" (Originalton Bernhard) unattraktiv für ihn. Dann starb Friedrich. Er
wurde von einem Traktor überrollt. Das war um so
tragischer, als der Vater chronisch alkoholisiert am
Lenker saß und beim schwunghaften Rückwärts-
Einparken seinen auf dem Boden sitzenden Sohn
nicht bemerkte. Es war eine Familienkatastrophe,
die fast zur Scheidung der Eltern führte. Der Vater
war ab sofort trocken …

Jetzt war der Älteste, Alexander, plötzlich allein.
Er hing in seinem Zimmer herum. Es dauerte ungefähr ein Jahr, dann kam Alexander aus der schlimmsten Trauer heraus – und erblickte Bernhard. Jetzt
wurden die beiden unzertrennlich: *Ich rückte an*
Friedrichs Stelle und genoss die Freundschaft meines

226

älteren Bruders. Bis heute stehen wir uns sehr nahe und sind gegenseitig Paten bei je einem unserer Kinder. Wenn ich heute noch einmal einen Satz zu meinem verstorbenen Bruder Friedrich sagen könnte, dann wäre es dieser: „Ich danke dir, dass du mir Alexander geschenkt hast."

Noch heute ist für Nadja der älteste Bruder seelisch gegenwärtig, obwohl er im Alter von achtzehn Monaten starb und sie ihn nie erlebt hat: *In mir war als Kind eine starke Sehnsucht nach diesem unbekannten Bruder, der „bei meinen verstorbenen Großmüttern ist".* Dann kam noch einmal ein Bruder, Marius. Auch ihn hat sie verloren. Er starb mit fünfundzwanzig Jahren. Jetzt ist sie als einziges Geschwister übrig geblieben. Marius und Nadja haben sich Süßigkeiten vom Mund abgespart, um sie dem anderen an Ostern zu schenken. Sie spielten Theater miteinander: *Ich erinnere mich mit Freude an den Tag, als ich die Sekretärin meines Bruders sein durfte, der einen Holzhändler spielte.*

Als Erwachsene haben sie sich gut verstanden: *Als unsere erste Tochter geboren wurde, kam er oft zu Besuch. Ich bewirtete ihn, und er genoss das Spielen mit dem Baby. Bei seinem Tod verbot mir meine Mutter, mein Weinen zu zeigen. Über Jahre hinweg, sagte sie mir, wie schlimm der Tod meines Bruders sei, da sie doch keine anderen Kinder habe ...* Um ihrer Schwägerin und der kleinen Nichte die Rente zu sichern, schlug Nadja eine Autopsie des toten Bruders vor. Noch immer leidet sie darunter: *Mich belastet bis heute der Bericht, durch den ich erfahren habe, dass dadurch sein Körper zerlegt, gewogen und inspiziert wurde. Ich litt dadurch lange Zeit unter schlimmen Albträumen.* Geschwister sind ein Stück von uns.

Manchmal sterben Geschwister nicht nur für sich, sondern gleichsam auch stellvertretend für das andere Geschwister. Markus hat dies Mitte der achtziger Jahre als Familientragödie erlebt. Er litt tief unter seinen gefühlskargen Eltern. Der Vater war ausgezogen und lebte mit einer anderen Frau zusammen. Mit literarischer Verdichtung schildert Markus die Situation: *Als ich in die Wohnküche trat, sah ich Mutter dort auf einem Stuhl sitzen, in sich zusammengesackt, weinend. Es musste etwas von außergewöhnlicher Tragweite geschehen sein. So hatte ich sie noch nie erlebt. Sie konnte sich ihrer Gefühle nicht erwehren. Mein Stiefvater und seine Eltern waren ebenfalls zugegen. Diese wirkten wie Statisten auf einer Bühne. Ratlosigkeit breitete sich aus. Sodann sagte Mutter mit sichtlich betroffener Stimme, aber gefasst: „Die Natjana ist tot" … Kaum merklich murmelte ich: „Das kann doch nicht wahr sein. Wie ist dies geschehen?" Mutter wimmerte: „Natjana hat sich mit der Pistole durch den Kopf geschossen."*

Nüchtern protokolliert Markus das entsetzlichste Geschehen seines Lebens: *Sie hatte sich selbst hingerichtet. Wie später der herbeigeholte Arzt, seit langem ein passionierter Jäger und Bekannter meines Vaters, attestierte, war meine Schwester auf der Stelle tot. Das Mantelgeschoss hatte den Gaumen* sowie lebenswichtige Hirnareale durchdrungen und einen Teil der hinteren Schädelpartie beim Ausschuss durch Aufpilzung zerfetzt.

Der Abschiedsbrief der Schwester lag geöffnet auf dem Küchentisch. Markus las ihre letzten Worte: *Liebe Mutti, verzeihe mir, ich wollte, ich wäre niemals geboren, so müsste ich dir dies nicht antun. Ich habe Angst vor Kritik, Angst vor der Zukunft, Angst vor dem, was kommt. Bitte, mach Papa keine Vorwürfe – wegen der Pistole –, es war so der einfachste Weg für mich. Dem Markus wünsche ich alles Gute. Er ist anders als ich. Natjana.*

P.S: Ich möchte bei der Oma begraben werden.

Fünf Tage später gab die Staatsanwaltschaft die Leiche frei. Markus kann den Anblick seiner toten Schwester nicht vergessen: *Es war ein erschütternder Augenblick. Natjana lag friedlich da. Sie hinterließ den Eindruck einer jungen schlafenden Frau, was keine Rückschlüsse auf ihr gewaltsames Ende zuließ. Leichte Blässe zog über das immer noch schöne Antlitz, die Haut glich einer elfenbeinfarbenen Wachsschicht. So gut es eben ging, war es dem Bestatter mit Geschick und Improvisationsgabe gelungen, das Gesicht, ihr Haar wie die Hände von den Blutspuren zu säubern. Es hatte für mich den Anschein, dass ihre Frisur an der Ausschussstelle ungleichmäßig aussah. Nur bei genauerem Hinschauen stellte ich noch geronnenes, verkrustetes Blut in ihren Nasenlöchern fest. Eine schwarze Korallenkette, in Perlenform verarbeitet, gab ihrem Aussehen ein Hauch von Lebendigkeit. Die Hände waren ineinander verschränkt und von einem Rosenkranz umgeben. Ein leicht säuerlicher Geruch, der mich an Essig erinnerte, durchzog den ganzen Raum.*

Am Grab konnte Markus endlich weinen. Die Mutter flüchtete sich in Kompensationen und Lügen. *Einen besonders schönen Grabstein soll sie bekommen*, sagte sie Markus, *auch wenn er ein Vermögen kostet.* Dann bagatellisierte sie die Selbsttötung ihrer Tochter mit den Worten: *Vielleicht hatte die Natjana ja einen Tumor in dem Kopf gehabt, der ihr auf die Nerven drückte.*

Markus fühlte einen stechenden seelischen Schmerz: *Wie konnte die eigene Mutter die naheliegenden, wahren Gründe, welche zu dem Tod ihrer Tochter führten, nur so verdrängen? Dieser Zwischenfall stand für viele vernarbte Wunden, die nun erneut in mir aufgerissen wurden und zu bluten anfingen. Hier offenbarte Mutter ihre Ignoranz, Leichtfertigkeit und Verantwortungslosigkeit, wie sie diese uns Kindern gegenüber immer wieder zeigte ... Während ich ein abgebranntes Grablicht entfernte und dabei war, dies in den naheliegenden Behälter an der Friedhofsmauer zu werfen, riet ich ihr: „Lies dir den Abschiedsbrief einmal richtig durch. Dann weißt du, warum sich Natjana umgebracht hat!"*

Markus macht sich keine Illusionen über die familiären Schädigungen seiner Schwester: *In der Tat litt Natjana unter erheblichen Depressionen und wurde von immensen Zukunftsängsten gequält. Die körperliche Schönheit und Makellosigkeit, ihre aparte Ausstrahlung sowie die Intelligenz und Herzensbildung konnten nicht über ihr tiefes Grundgefühl mangelnder Eigenliebe und Wertlosigkeit, welches bis zur Selbstaufgabe führte, hinweghelfen. Ihr Selbsterhaltungstrieb war gebrochen.* Das war exakt das eigene Problem, das Markus in die Therapie zu mir führte.

Aber enden wir mit etwas Fröhlichem, das doch in seinem ernsten Kern die Angst der Geschwister umeinander und ihre existenzielle Fürsorge, wenn auch humoristisch, symbolisiert. Wir erinnern uns an die Passage aus dem Alten Testament: *Und Gott befahl Abraham, seinen Sohn als Opfer darzubringen: „Nimm deinen Sohn, deinen einzigen, den du liebst, Isaak." Gott stellte Abraham auf die Probe. Doch Gott zeigte Mitleid und gab Abraham einen Widder, den er statt seines Sohnes opferte.*

Maria schreibt mir dazu: *Diese Geschichte hörte ich, als ich sieben Jahre alt war, in der ersten Klasse der Volksschule. Der Religionsunterricht hatte mich von Anfang an fasziniert. Es war stets für mich eine bilderreiche Märchenstunde. Nur die Drohungen von fürchterlichen Strafen am Ende der Geschichten, die sich noch auf uns auswirken sollten, die gefielen mir ganz und gar nicht! Hatten sich doch die Zwänge der fünfziger Jahre in meiner Erziehung, eines streng katholischen Elternhauses, wie ein großer Käfig über mich gestülpt! Meine Brüder Paul, Karl und Kurt waren zu diesem Zeitpunkt fünfzehn, dreizehn und elf Jahre alt. Es war in der letzten Schulstunde, als unsere Lehrerin, eine Cou-*

sine meiner Mutter und ehemalige Nonne, mit großer Dramatik von Abraham und seinem blinden Gehorsam erzählte. In mir stieg die pure Angst hoch, denn meine Gedanken waren plötzlich bei meinem Vater, der gut einen Widder schlachten konnte. Er war Metzgermeister, und wir hatten in der Stadt ein Geschäft.

Allein die Vorstellung, in diesem Augenblick könnte Gott meinem Vater diesen Befehl geben und er wäre mit einem meiner Brüder bereits zum Opfergang unterwegs, veranlasste mich dazu, gar nicht das Ende der Stunde abzuwarten. Ohne Schulranzen und Mantel verließ ich die Klasse und rannte so schnell ich konnte nach Hause.

Meinen Vater, der auf dem Weg zur Wurstküche war, fing ich im Hof ab. Ich trat ihm mit aller Wucht ans Bein, zerrte an seiner Schürze und drohte mit all meiner angestauten Wut und unter Tränen, dass er es nie wagen sollte, auf diesen grausamen Gott zu hören und einen meiner Brüder zu schlachten! Mein Vater konnte mich kaum bändigen und war auch viel zu überrascht von diesem plötzlichen Überfall.

Maria musste noch oft an diese Angstsituation denken, wenn ihre Brüder auf ihre Kosten Witze machten oder sie erziehen wollten: *In der Tiefe meines Herzens wusste und weiß ich auch heute, dass wir immer füreinander da sind und uns helfen, wenn wir in Not sind. Als mein ältester Bruder mit vierundfünfzig Jahren plötzlich starb, dachte ich als Erstes: Dieses Mal gab es keinen Widder.*

Kinder verlieren so viel, wenn ein Geschwister stirbt ... Wenn sie ihre Schwester oder ihren Bruder verlieren, verlieren sie ihre Familie, so wie sie sie kennen. Sie verlieren ihre Eltern, zumindestens für eine gewisse Zeit, weil Eltern durch ihren Kummer mit sich selbst beschäftigt sind. Ihr Platz in der Familie hat sich für immer verändert, und auch die Familie selbst. Sie haben weniger Hilfsmittel als Erwachsene, um mit dieser Situation zurechtzukommen.

Barbara D. Rosof,
Wenn ein Kind stirbt.
Wie Familien mit Tod und Trauer umgehen

Verletzungen

Alles ist Wundenschlagen
und keiner hat keinem verziehn.
Verletzt wie du und verletzend
lebte ich auf dich hin.

Ingeborg Bachmann

Aus der Fülle der Briefe ist zu ersehen, wie stark wir oft noch in einem endlosen psychologischen Krieg mit Geschwistern verstrickt sind. Wir kommen damit auch von unserer Vergangenheit nicht los. Wir verhalten uns regressiv, nach rückwärts gerichtet. Wir bleiben in unserem Seelenkern infantil. Wir gewinnen nicht die souveräne Erwachsenenperspektive. Wir leben *museal*, nämlich, wie schon früher gesagt, im *Museum unserer Verletzungen*.

Genauso ist es mit der *Vaterwunde* und der *Mutterwunde*. Wir lassen sie einfach nicht verheilen. Wir schwingen uns noch Jahrzehnte später zu Staatsanwälten gegen unsere Eltern oder Geschwister auf und fordern unerbittlich Strafe oder wie unsere Urväter *Rache für Sedan*. Dabei ignorieren wir einen psychologischen Grundsachverhalt völlig, nämlich die *Dialektik von Täter und Opfer*. Das klingt etwas hochgestochen. Das meint jedoch nichts Einfacheres, als dass jeder von uns in jeder Fundamentalbeziehung abwechselnd Opfer und Täter ist. Wir werden verletzt und wir verletzen. Wir kriegen Senge und wir teilen aus. Man nenne

mir eine Beziehung, in der das nicht der Fall ist. Ewige Güte gibt es, bestenfalls, zwischen den himmlischen Oberengeln, den Cherubinen und Seraphinen. Wie schreibt doch Angelika, die zweite von vier(!) Schwestern so erfrischend: *Meine Schwestern waren ganz schön fies, aber ich konnte noch fieser sein, Gott sei Dank.*

Es gibt also vielfache Verletzungen in der Geschwisterschaft. Die, welche *uns* von den Geschwistern als Kinder und im Erwachsenenalter zugefügt wurden und die, welche *wir* als Kinder und als Erwachsene den Geschwistern zufügten. Es fällt mir oft auf in der therapeutischen Praxis, dass Geschwister über ein wahres Elefantengedächtnis verfügen. Was man uns angetan hat, das vergessen wir den Geschwistern nie. Dass wir selbst ihnen wehgetan haben und oft noch aktuell weh tun, das verdrängen wir.

Die Schriftstellerin Eva Strittmatter hat diesen tiefenpsychologischen Verdrängungsmechanismus einmal lyrisch so beschrieben:

Schuld

Ach, wieviel Schuld in meinem Leben.
Wer bedenkt die eigene Schuld?
Wie schnell hat man sich selbst vergeben.
Doch das Gedächtnis hat Geduld,
Wenn andere uns mit Gram geschlagen.
Wir wissen noch nach tausend Tagen,
Gewicht und Preis der fremden Schuld.

Knapp und rückhaltlos ehrlich bringt Bertram seine Verletzung und sein Verletzen auf den Begriff: *Ich hatte einen fünf Jahre älteren Bruder, Rupert, und einen drei Jahre jüngeren Bruder, Maximilian. Bei uns gab es eine spezielle Form von Familienterror, die wir die „Prügelorgel" nannten. Mein Vater war ein Schläger. Er war, denke ich heute, über sein Leben frustriert. Als Sohn einer Akademikerfamilie, sein Vater war Apotheker, hatte er als einziger seiner drei Geschwister auf dem Gymnasium versagt und war „nur" Chemiefacharbeiter geworden. Das reichte meiner Mutter nicht, sie wollte höher hinaus und hielt ihm ständig seine Lebensuntüchtigkeit vor. Wir wohnten schäbig und mussten sparen. Ein einziges Mal in all den Jahren sind wir in einen – bescheidenen – Urlaub in den Hochschwarzwald gefahren. Meine Eltern wohnten dort in einer Pension, wir zelteten draußen im Garten. Mein Vater hatte es auf Rupert abgesehen. An ihm ließ er seinen ganzen Frust ab. Er verdrosch ihn manchmal jeden Tag erbarmungslos mit einem Gürtel, der eine Metallspange hatte. Er verletzte dabei wiederholt meinen Bruder, so dass ihn meine Mutter verarzten und vom Turnunterricht freistellen musste, denn man hätte die schlecht heilenden Narben sehen können. Eigentlich wäre das Ganze ein Fall für das Jugendamt gewesen.*

Je mehr mein Vater den armen Rupert schlug, desto bockiger und hinterhältiger wurde dieser. Rupert log und hat gestohlen, und er vertrimmte mich, ständig und aus nichtigen Gründen. Ich musste ihn nur ruhig anschauen, schon sagte er: „Was willst du von mir? Du suchst Streit, das kannst du haben!" Und schon platzierte er einen Kinnhaken in mein Gesicht. Die Stimmung zwischen uns war grässlich, ich habe ihn gehasst wie die Pest und ihm nicht nur einmal den Tod gewünscht. Als er eines Tages ernsthaft an einer schweren Lungenentzündung erkrankte, betete ich tatsächlich zu Gott, er möge Rupert sterben lassen! Rupert hat mir das Leben zur Hölle gemacht, so wie unser Vater ihm das seine. Ich denke mit Grauen an diese Jahre der Kindheit zurück. Ich verstehe mich bis heute noch nicht mit ihm. Vielleicht ist es kein Zufall, dass Rupert, der nach Australien ausgewandert ist, bei der Beerdigung des Vaters vor fünf Jahren nicht dabei war und von uns allen nichts mehr wissen will. Eigentlich ist das traurig.

Aber Bertram schont auch sich selbst nicht. Er hat, wie er ehrlich zugibt, die Pedalen der familiären *Prügelorgel* kräftig getreten. Seine *Aggressionsverschiebung* richtete sich auf den kleinen Bruder: *Ich lebte ständig in einer Stimmung der Wut. Heute fällt mir auf, wieviele Spielsachen ich mutwillig kaputtgemacht habe. Es gab kaum etwas unter meinen Habseligkeiten, was ich pfleglich behandelt hätte. In der Schule war ich einer der großen Zerstörer. Ich bekam sogar einen Zeugniseintrag, weil ich das Klassenbecken im Schulzimmer in einem Wutanfall demoliert hatte. Das wäre ja alles noch hingegangen, aber ich schlug meinen kleinen Bruder Maximilian beim geringsten Anlass. Einmal, er war fünf Jahre*

alt, schlug ich ihm mitten ins Gesicht, dass er Nasen-
bluten bekam. Dabei war er nur in mein Zimmer
gekommen und hatte gefragt, ob ich mit ihm spielen
wolle. Maximilian sagt heute noch zu mir „Du warst
ein harter Bruder und hast ganz schön zugelangt".
Aber er hat mir verziehen. Wir schätzen uns heute
sehr. Ich habe ihn zu den Freimaurern gebracht, bei
denen wir uns beide karitativ engagieren. Das war
so eine Art Wiedergutmachung von mir, und er hat
es auch so verstanden. Ohne meinen „kleinen" Bru-
der möchte ich heute nicht mehr leben.

Kleine Kinder – kleine Sorgen, große Kinder –
große Sorgen, heißt es. Man könnte das Sprichwort
variieren und formulieren: *Kleine Geschwister –*
kleine Verletzungen, große Geschwister – große
Verletzungen. Mathilde schreibt, dass ihre Schwester Mechthild und sie sich als Erwachsene *aus einem*
ganz nichtigen Grund heraus zwei bitterböse Briefe
schrieben und sich von diesem epistolaren Gefecht
bis heute nicht richtig erholt haben (*heute sieht man*
sich ab und zu). Schade, dass wir die Briefe nicht
lesen können. Sie haben jedoch, so scheint es, einen
lebensgeschichtlichen Hintergrund. Denn Mechthild, Mathilde und der Bruder Uli wuchsen alle im
Kinderheim auf, und zwar im gleichen, aber nicht
gemeinsam.

Die Verletzung zwischen beiden geschah unbewusst. Mathilde war das Opfer: *Bevor wir ins Heim*
kamen, wurde von unseren ständig wechselnden
Bezugspersonen, mal Oma, mal Tante, mal Onkel,
viel Neid zwischen uns beiden geschürt. Ich sah aus

wie eine „Puppe" und meine Schwester war dick. Also war ich meist die Bevorzugte. Dies wurde mir aber erst später klar. Einen Tag, bevor wir ins Heim kamen, sagte meine Mutter zu meiner Schwester: „Dir gönne ich es, dass du ins Heim kommst, Mathilde aber nicht." Ich weiß, dass mich dieser Satz so getroffen hat, als hätte sie ihn mir gesagt. Meine Schwester hat die Schläge bekommen, meist war es so, und ich habe geweint. Als wir dann im Heim waren, hatte ich keine Schwester mehr. Sie hat sich nicht um mich gekümmert; es war so, als wäre ich alleine dort hingekommen.

Später verkehrten sich die Verhältnisse: Mathilde hatte dann einen Reitunfall und wurde sehr schlank, und sie wurde eine hübsche Frau. Ich bekam hässliche Zähne und Warzen auf der Hand und am Gesicht. Jetzt war alles umgekehrt, und meine Schwester schien es zu genießen … Ich war die Fleißige und meine Schwester die Hübsche. Den Bruder Uli, der ein Halbbruder ist, sah Mathilde nur wenig und sieht ihn auch heute nicht. Zaghaft schreibt sie: Manchmal wünsche ich mir mehr Kontakt unter den Geschwistern. Wie wäre es, wenn du, liebe Mathilde, die Initiative zu einem Geschwistertreffen, ohne die Partner, ergreifen würdest?!

Im Älterwerden verkrachen sich Geschwister so ungefähr über alles, worüber man sich entzweien kann. Aus den Briefen wie aus der Praxis entnehme ich, dass sich Schwestern stärker als Brüder um die Klärung von Unstimmigkeiten und die Wiederannäherung bemühen. Ihnen sind die Beziehungen wich-

tiger. Als Frauen sind sie meist auch beziehungser-
fahrener. Brüder sind Männer, und Männer nehmen
Beziehungsunfälle oft als ein nicht weiter zu hinterfragendes und nicht veränderbares Fatum hin. Sie
lassen die gestörte Beziehung einfach schleifen.

Ich war verblüfft, wieviel Gründe für anhaltende
Geschwisterstreitigkeiten von den Schreiberinnen
und Schreibern angegeben wurden: Fast gleichlau-
tend beschwerten sich eine Internistin und ein
Metzgermeister, die Schwester, beziehungsweise der
Bruder habe im gleichen Stadtteil eine konkurrie-
rende Internistenpraxis respektive eine Fleischerei
aufgemacht ...

Marianne schreibt: *Ich bin Yogalehrerin. Mein
Bruder, der Abteilungsleiter an einer Elektronik-
firma ist, achtet mich nicht. Bei der Goldenen Hochzeit unserer Eltern sagte er abschätzig lächelnd zu
meinem Mann: „Zu mehr reichte es bei Marianne
nicht." Das hat mich so verletzt, dass ich ihn nie wieder sprechen will.*

Volker klagt: *Wir sind drei Geschwister. Meine
Schwester Johanna und ich haben uns große Mühe
bei der Erbauseinandersetzung gemacht, um unserer ältesten Schwester, wie von den Eltern gewünscht, das Elternhaus zu erhalten. Wir haben ihr
die fälligen Auszahlungen an uns gestundet und sind
ihr im Schätzwert des Hauses stark entgegengekommen. Das hat sie uns schlecht gelohnt, denn sie hat
jetzt das wunderschöne Haus einfach als eine markt-
gängige Immobilie zu einem Dreifachen des Schätz-
wertes verkauft und uns in keiner Form an diesem*

Zugewinn beteiligt. Seitdem gibt es keinen Kontakt zwischen uns und ihr mehr.

Erbstreitigkeiten scheinen ohnehin zu den häufigsten verletzenden Geschehen unter erwachsenen Geschwistern zu zählen. Das hat einerseits schlichte materielle Gründe, denn es geht oft um immense Werte, wie man sie nie mehr im Leben aus eigener Kraft erwirtschaften kann. Oft spielen aber auch verborgene Motive eine Rolle, die einer psychoanalytischen Klärung bedürfen. Horst Petri hat sich in seinem Buch *Geschwister – Liebe und Rivalität* einmal Gedanken gemacht, warum Geschwister sich oft erbittert um etwas Silberbesteck, Schmuck oder einen Perserteppich streiten und daran sogar ihre Beziehung zerbrechen lassen. Was geht hier in der Tiefe vor?

Hören wir Horst Petri: *Eine Funktion der Gegenstände und sonstigen Werte, die bei der Erbschaft zur Verteilung kommen, darf nicht unerwähnt bleiben. Über ihre schöne Nützlichkeit hinaus werden sie nach dem Tod der Eltern zu Partialobjekten umgewandelt. Dabei werden jedes Service, jedes Silberbesteck, jedes Ölbild, jede Geldanlage zu Teilen der Eltern, als diese die Dinge erworben und mit ihnen gelebt haben, in denen also die elterlichen Eigenschaften in quasi materialisierter Form überleben.* Die Dinge präsentieren also die Eltern selbst und ihre Aneignung die Form der Elternbeziehung.

Horst Petri fährt fort: *In der Erwerbung einzelner dieser Gegenstände geht es um mehr als um*

242

Erinnerungen, die einen mit dem Toten verbinden sollen; es geht in einer tieferen Schicht um die Aneignung und Aufbewahrung von elterlichen Anteilen, die als gute innere Partialobjekte verinnerlicht werden. In diesem Sinne verwandelt sich die Erbschaft zur inneren O b j e k t r e p r ä s e n t a n z, die eine gewisse Verwandtschaft zu sogenannten Übergangsobjekten hat. Wie in der Kindheit Kuscheltiere, Bettzipfel oder andere weiche Gegenstände zu ständigen Begleitern, Schützern und Tröstern werden, um den Übergang von der Mutter-Kind-Symbiose in die Autonomie zu erleichtern, garantieren auch die äußerlich besonders behüteten und als Partialobjekte verinnerlichten Erbschaftsstücke die Kontinuität der inneren Beziehung zu den Eltern, wenn diese einen mit dem Tod verlassen haben. Sie lassen ihren Besitz symbolisch als „Liebespfand" zurück, als Teile von sich selbst, die sich die Kinder „einverleiben" sollen.

Petri kommt zu einem überraschenden, aber einleuchtenden Schluss, der vieles an den so oft fanatisch geführten geschwisterlichen Erbauseinandersetzungen klärt: *Je stärker die ungelöste Bindung, umso größer ist das Loch, das die Eltern hinterlassen, und umso unersättlicher kann der Wunsch nach ihrem Ersatz durch das Erbe werden. Ungelöste Bindungen sind regelhaft ein Hinweis auf Defizite in Bezug auf gute verinnerlichte Elternbilder und somit Ausdruck mangelhafter erfahrener Liebe. So schließt sich der Kreis, der die Unersättlichkeit und Kompromisslosigkeit bei Erbschaftskonflikten erklärt.*

So erlebte es auch Anna-Maria, die Zweitjüngste von sieben Kindern, die auf eine wunderschöne Kindheit, als „niedliches" weibliches Nesthäkchen zurückblickt (*dankbar bin ich allen Geschwistern, dass sie mich als Kind so aufwachsen ließen, wie es mir gefiel. Ohne Druck und ohne Intrigen*). Das Ende der Beziehung zum ältesten Bruder Hannes kam mit dem Erbe. Auch hier folgten die Geschwister dem Wunsch des verwitweten Vaters, dass der Älteste das Elternhaus übernehme: *Es sollte nicht in fremde Hände gelangen.* Hannes übernahm es für seinen Sohn zu einem niedrigen Preis, jedes der Geschwister sollte zehntausend D-Mark ausbezahlt bekommen. Doch dann verkaufte Hannes das Haus zum mehrfachen Preis. Die Geschwister beteiligte er nicht am Gewinn. Die Folgen für die geschwisterliche Liebe waren verheerend.

Anna-Maria: *Ich habe ihm das nicht verziehen. Zu seinem Geburtstag gratuliere ich ihm jedes Jahr. Zu seinem Siebzigsten war kein Geschwister anwesend. Er lud auch keines ein.* Inzwischen hat Anna-Maria Vermittlungsversuche zwischen ihren Geschwistern und Hannes unternommen. Zunächst ergebnislos. Sie schreibt: *Wenn ich ihn sehe, bedeutet er mir viel! Ich möchte, dass auch er zeigt, dass ihm noch etwas an seinen sechs Geschwistern gelegen ist. Es wäre gut, solange wir leben eine Aussprache und eventuelle Versöhnung zu erreichen.*

Manchmal geschehen noch Wunder. Einige Monate nach diesem Brief traf ich Anna-Maria im Foyer unseres Dr.-Max-Otto-Bruker-Hauses. Wir kennen uns und mögen uns. Was sie mir mit strahlender Miene zu berichten hatte, ließ mich förmlich aus den Socken kippen. Der Versöhnungsversuch der Geschwister mit ihrem ältesten Bruder ist erfolgt – und gelungen! Anna-Maria hat mir, auf meine dringliche Bitte hin, den spannenden Prozess der Wiederannäherung in einem Brief beschrieben.

Anna-Maria führt aus: *Ich hatte im vergangenen Jahr schon einmal den Versuch gestartet zu einer gemeinsamen Aussprache. Dieser scheiterte an meinem jüngsten Bruder, der wie der Älteste (der Gemiedene) im gleichen Ort wohnt. Die beiden Frauen meiner Brüder sind Einheimische und boten genug Stoff an Schuldzuweisungen. Da der Jüngste derjenige ist, mit dem ich den engsten und liebsten Kontakt habe, respektierte ich seine Ablehnung. Nun, nach einem Jahr des „Älterwerdens" und auch des Vernünftigerwerdens, sprach ich ein Geschwister nach dem anderen deswegen nochmals an, wobei ich bis auf den Jüngsten mir im vornherein sicher war, dass ich Erfolg haben würde. Ihn konnte ich letztendlich auch überzeugen, dass er sich nichts vergibt, wenn er an diesem Zusammentreffen teilnimmt.*

Anna-Maria bewegte sich in einem verminten Gelände. Wie leicht konnten Minen hochgehen: *Der größte „Brocken" blieb bis zum Schluss, meinem ältesten Bruder mitzuteilen, dass, wenn er zu einem Gespräch bereit ist, alle anderen Geschwister es auch seien. Dazu wartete ich bis zu seinem Geburtstag, um es nicht zu spektakulär wirken zu lassen. Sein Sohn, mit dem ich immer große Kontakte pflegte –*

früher! –, gab mir auf meine Frage, ob sein Papa den Wunsch hege, mit seinen Geschwistern Frieden zu schließen, ein Ja zur Antwort und war über mein Vorhaben sehr glücklich. Danach sprach ich mit meinem ältesten Bruder und kam so ins Weinen, nein es war ein Schluchzen und Aufschreien, mit dem ich ihn ansteckte. Wir haben uns noch lange unterhalten, bis ich gleich danach die restlichen fünf Geschwister informierte und nach einigem Hin und Her einen Sonntag im Juli 2001 festlegen konnte.

Als ich Hannes als Letztem den Termin offerierte, rief er mich am Morgen des nächsten Tages ganz aufgeregt an. Er hätte die ganze Nacht nicht schlafen können vor lauter Gedanken, wie man mit ihm umgehen würde. Er kam am nächsten Morgen, wie er es selbst wünschte, zu mir nach Hause, und wir hatten uns genügend Zeit gelassen, um vieles zu besprechen und zu beweinen und auch zu belachen. Ich gab ihm die Sicherheit, dass es bei diesem Treffen fair zugeht, jeder seinen Standpunkt mitteilen kann, es aber nicht zu einem erneuten Streit und „Weglaufen" kommen wird. Ich werde stark genug sein, „die Zügel in der Hand zu halten".

Die Spannung spitzte sich zu wie in einem Westernfilm. Highnoon. Die Helden betreten den Platz vor dem Saloon. Anna-Maria berichtet: *Nach einem erneuten Telefonat mit allen Geschwistern war jeder Einzelne erleichtert und sentimental. Ich wartete gespannt nun auf den kommenden Sonntag, an dem ich Supskuchen nach Art des Hauses Bruker servieren und alle zum Abendessen dabehalten würde. Ich* hatte alle zwischen 14.00–15.00 Uhr eingeladen. Meine Schwester konnte nicht kommen. Sie war aber auch nicht der Auslöser unserer Abstinenz und hatte bisher weiterhin mit allen Geschwistern freundschaftlichen Kontakt. Eine gewisse Spannung lag schon in der Luft. Dadurch, dass alle einen Schlussstrich unter Vergangenes ziehen wollten und keiner zu Provokationen bereit war, fühlte sich Hannes allmählich entspannter. Nach einem „gelungenen" Kaffee und Kuchen und einer Zigarettenpause des Ältesten (als einziger Raucher!) wollten wir restlichen fünf Geschwister endlich unsere Absicht zum Frieden kundtun. Das übernahm der Zweitälteste (69) und bot mit emotionaler Stimme unser aller Bekenntnis zum künftig akzeptablen und freundschaftlichen Miteinander an. Alle waren ziemlich aufgeregt und gerührt ob dieser „Friedensbotschaft".

Hannes, der Älteste (71), war sehr gerührt. Er kämpfte mit den Tränen und wünschte, dass es nicht nur beim Lippenbekenntnis bleiben möge. Er sagte: „Wir haben alle Fehler gemacht, der eine mehr, der andere weniger, die wollen wir ab heute vergessen und nur noch nach vorne schauen." Und: „Wir sollten Gott dankbar sein, dass sieben Geschwister von einundsiebzig bis achtundvierzig Jahren noch alle da sind und auch relativ gesund erscheinen."

Es wurde ein richtiges Versöhnungsfest: Drei Stunden verblieben die beiden Ältesten, weil sie familiäre Verpflichtungen erfüllen mussten, die restlichen drei Geschwister blieben bis zum Abend. Es *war wohltuend, wie wir alte Zeiten hervorgruben, herzlich lachen konnten und zum Teil vergessene Geschichten von Großeltern und Eltern aufleben ließen. Es wurde nichts mehr erwähnt vom erschlichenen Erbe oder anderen heiklen Machenschaften. Meine Brüder waren g r o ß a r t i g, wie ich es mir kaum vorstellen konnte. Dafür liebe ich sie wieder neu und noch mehr! Der Drittälteste (64) hat uns alle zu seinem fünfundsechzigsten Geburtstag im September, diesmal mit Ehepartnern, eingeladen. Er verlangte aus Sicherheitsgründen gleich eine Zusage, die er auch bekam. Bevor wir uns einer nach dem anderen trennten, haben wir Fotos geschossen, Hand in Hand vereint! Es war ein Hoch der Gefühle!*

Ein Post scriptum von Anna-Maria hat mich besonders gefreut. Anna-Maria schreibt nämlich: *Durch die Vorbereitung zu deinem Geschwister-Buch hast du mich inspiriert, über das Leben mit meinen Geschwistern intensiv nachzudenken und daran zu arbeiten, dass wir wieder wie früher einmal ungezwungen und freudig aufeinander zugehen können und auch dankbar sein dürfen, dass es uns allen gelungen ist, Größe im Vergeben gezeigt zu haben! Ich danke dir von ganzem Herzen, dass ich durch deine Arbeit so stark und überzeugt geworden bin. Heute war ich auch bewusst stolz auf m i c h, weil ich einem eventuellen Scheitern dieses Vorhabens keinerlei Chancen gewährte! Dieser Sonntag läutet eine neue Familienära ein, eine glückliche! Danke! Anna-Maria.*

Zwischen Geschwistern tun sich, wie wir gerade gesehen haben, Abgründe auf. Sie tun sich schwer Fassbares an. Könnte es nicht doch vergeben werden? Milena ist das vierte von insgesamt fünf Kindern. Mit ihrer drei Jahre älteren Schwester Anni hat sie *keinen Draht* mehr: *Wir finden nicht zueinander. Außer belanglosen Dingen gibt es nichts zu reden. Ich habe sie vor fünfundzwanzig Jahren so sehr verletzt, dass ich es mir lange nicht verzeihen konnte.*

Was war passiert? Milena fühlte sich als Kind und Jugendliche von ihrem Vater abgelehnt. Umso mehr genoss sie es, dass Annis Mann Donald sich ihr freundlich zuwandte: *Er verteidigte mich sehr oft vor meinem Vater. Er zeigte väterliche Gefühle, so dachte ich. Ich musste bald erkennen, das sein männliches Verlangen eben auch zählte für ihn. Nach meiner Facharbeiterprüfung ging ich zu meiner ältesten Schwester und zu meinem Schwager. Wir wollten die Prüfung feiern und tranken Alkohol. In der Küche wurden Drinks gemischt und ich trank. Dann passierte es, dass ich mit ihm schlief.*

Die Folgen waren fürchterlich – bis heute: *Ich fühlte mich hinterher eklig, mir war schlecht. Das Gefühl ging nicht mehr weg. Wochenlang belästigte Donald mich, bis ich diesen Druck nicht mehr aushielt und es meiner Schwester erzählte. Sie versprach mir, es meinem Vater nicht zu sagen, aber sie tat es trotzdem.* Es sieht so aus, als ob Milena durch diesen Fehltritt mit dem Schwager die Schwester und den Vater zugleich verlor. Denn Milena schreibt:

Für meinen Vater war ich ab dann eine „Hure".
Schläge bekam ich nicht. Das war auch nicht nötig,
denn das Gefühl, dass ich nun noch weniger wert
bin, tut mehr weh als Schläge. Es tut mir leid, dass
ich meiner Schwester so etwas Gemeines antat.
Wenn es ginge, würde ich es rückgängig machen. Es
tut mir wirklich leid. Sie hat diesen Schmerz mir
nicht verzeihen können.

In meinem Buch *Versöhnung. Töchter – Söhne –*
Eltern habe ich über die Gnade des Verzeihens
geschrieben. Das gilt auch für die Geschwisterläsio-
nen. Wer verletzt wurde, kann heute sagen: *Ich*
wurde verletzt. Ich habe überlebt und viel daraus
gelernt. Ich lebe. Ich bin in Ordnung. Für die Ver-
letzungen, die mir ein Geschwister zufügte, bin ich
nicht verantwortlich. Ich war ohnmächtig, jetzt bin
ich meiner mächtig. Ich bin kein Opfer mehr. Ich
habe das Steuer in der Hand. Ich kann mein Leben
gestalten, wie ich es möchte. Ich bin ein erwachsener
Mensch. Ich stehe zu meinem Schmerz, aber ich
kann auch verzeihen, weil ich selbst nicht ohne
Tadel bin. Bin ich selbst der Verletzer, so kann ich
nicht mehr tun als du, liebe Milena, nämlich das verletzte Geschwister um Verzeihung bitten.
Wir sind als Geschwister miteinander verstrickt.
Wenn die Verzeihung nicht erfolgt, dann ist eines
unerlässlich: Dass wir uns selbst die Verzeihung
gewähren. In uns liegt das Sakrament der Absolu-
tion: *Ego me absolvo, Ich spreche mich los.*

*

*Die gelebte und erlebte Geschwisterbeziehung ist
stets janusköpfig: Geschwisterrivalität, Geschwister-
kampf und -mord, sowie Geschwisterinzest einerseits,
als auch Geschwister-Liebe, -unterstützung,
Geschwisterhilfe und -rat andererseits sind jene Pole,
zwischen denen Geschwisterlichkeit ausgespannt und
eingebunden ist und sich entwickelt.*

Gunther Klosinski,
Verschwistert mit Leib und Seele

*

*In einer Zeit, in der die Entfremdung zwischen den
Menschen wächst und in der der Einzelne sich selbst
fremd wird, kann die Geschwisterliebe als früh verinnerlichte Erfahrung in der Nähe und Zusammengehörigkeit eine Gegenwelt gegen eine „lieblose
Welt" errichten.*

Horst Petri
Geschwister – Liebe und Rivalität

Fülle und Vorbilder

*Die Geschwistererfahrung prägt die großartigsten
und die gemeinsten menschlichen Gefühle. Die ganze
Bandbreite von Gefühlen ist in dieser Beziehung enthalten, deren Komplexität sich jeder Definition ent-
zieht. Es dürfte ... deutlich geworden sein, dass es
keinen Prototyp der Geschwisterbindung gibt, sondern jede einzeln in all ihren Varianten betrachtet
werden muss.*

Stephen P. Bank/Michael D. Kahn
Geschwister-Bindung

Wir hielten es schon am Anfang dieses Buches
fest: Geschwister entwickeln sich durch gegenseitige Identifikation und Deidentifikation. Indem ich
Fähigkeiten und Eigenschaften des anderen imi-
tiere und zu den eigenen mache, erweitere ich meinen Ich-Komplex, die Möglichkeiten des Selbster-
lebens und des Handelns. Umgekehrt nehme ich
mich selbst um so schärfer wahr und modelliere
meine unverwechselbare Identität heraus, je mehr
ich das andere Aussehen, den anderen Charakter,
das andere Geschlecht, die andere Fantasie und
Veranlagung des Bruders, der Schwester wahr-
nehme. In dem Maße, in dem ich mich abgrenze,
gewinne ich eigene Gestalt: Je stärker ich eigene
Gestalt annehme, desto selbstbewusster grenze ich
mich ab.

Horst Petri hat die Funktion dieser horizontalen

Geschwisterliebe einmal an der Fülle ihrer Manifestationen sichtbar gemacht: *Das Gefühl wechselseitiger Anwesenheit, Zärtlichkeit, Bestätigung und Bewunderung; die im Lachen aufgehobene gemeinsame Fröhlichkeit und Freude; die Erfahrung von Hilfe, Schutz, Sorge, Orientierung, Mut machen und Vorbildsein; das gemeinsame Erlernen von Sprache, sozialer Verantwortung, Teilung von Besitz; das Abenteuer der ersten Welteroberung; die Bewältigung von Schwierigkeiten durch Gedanken- und Gefühlsaustausch und gemeinsames Handeln; die Grunderfahrung sexueller Lust und sexueller Identität. Dieses Spektrum an menschlicher Erfahrung macht jenseits aller theoretischen Begrifflichkeit deutlich, dass Geschwisterliebe durch keine andere Liebe ersetzbar ist, dass sie eine unverwechselbare Form der Beziehung zwischen zwei und mehreren Geschwistern darstellt, die von Lebensbeginn an und für das ganze Leben miteinander verbunden sind (Geschwister – Liebe und Rivalität).*

Die Fragen unter dem Punkt 11 des im ersten Kapitel abgedruckten Geschwisterkatalogs solltest du, liebe Leserin, lieber Leser, einmal für dich beantworten – und deinen Geschwistern auch danken: *Was hast du von deinen Geschwistern, praktisch, intellektuell, psychologisch gelernt? Gaben sie dir Vorbilder? Was war gut? Welche positive Konkurrenz gab es? Was macht dich dankbar?*

Das Nesthäkchen Evelyn ist dankbar für ihre beiden älteren Geschwister Roland und Christine; zur Letzteren hat sie ein engeres Verhältnis. Was

schätzt sie an ihnen? *Von meiner Schwester ordent-*
liche Haushaltsführung, von meinem Bruder, durch
eigene Arbeit sich sein Leben zu gestalten und etwas
aufzubauen. Die positive Konkurrenz war für mich,
dass meine Schwester neun Jahre vor mir geheiratet
hat und ich daraus lernen konnte, wie ich es noch
besser mache. Ich bin dankbar, die beiden Geschwis-
ter zu besitzen und zu den drei Mädchen meiner
Schwester ein so inniges Verhältnis zu haben.

Nie vergessen kann Evelyn, wie fürsorglich sich
Christine einmal, bereits im Erwachsenenalter, zu
ihr verhalten hat: *1971 habe ich zwei Schneidezähne*
überkront bekommen. In dieser Zeit wurden die
Zähne wie kleine Mausezähne abgeschliffen, und
ich musste drei Tage auf die Kronen warten (ohne
Ersatz). Jeder Windzug, Essen und Trinken, was also
an die Zähne kam, machte mir Schmerzen. Als ich
meine Schwester besuchte, hat sie mich mit Babykost
versorgt, damit ich überhaupt eine Nahrung zu mir
nehmen konnte.

Verletzung und Versöhnung liegen bei Geschwistern oft nahe beieinander. Adriane fühlte sich
von ihrer älteren Schwester Julia missachtet, weil sie
selbst ein schüchternes Kind war: *Meine Schwester*
sah in mir ein dummes Kind, sie zeigte mir stets, dass
sie intelligenter, selbstständiger, selbstbewusster war.
Dafür war der ältere Bruder Sigi ein Trüffel: *Mein*
Bruder war immer mein Beschützer. Er wurde nie
richtig anerkannt von meinem Vater. Wir waren
eine verschworene Gemeinschaft und hatten zusam-
men ein Zimmer, bis ich sechzehn war. Eigentlich

waren wir eine „Leidensgemeinschaft". Mein Bruder war mein treuer Freund und Begleiter, selbst schwach und manchmal Sorgenkind. Mit ihm habe ich viele schöne Erlebnisse gehabt. Früher in der Kindheit durfte ich immer auf seinem Rücken reiten, später tanzten wir Rock n' Roll auf allen Partys. Irgendwann haben wir Spielzeugpistolen und Munition geklaut und wurden erwischt. Wir waren damals zehn und dreizehn Jahre alt, und sie ließen uns laufen. Wochenlang haben wir gebibbert, ob nicht doch eine Anzeige folge. Starke Fürsorge erhielt ich von ihm, als ich mit dreizehn Jahren von einem Auto angefahren wurde, vor seinen Augen. Meine Mutter erzählt heute noch, wie fassungslos und verzweifelt er damals war.

Erst einige Jahre darauf näherte sich auch die Schwester an: *Schön waren die späteren Jahre, ich etwa zwanzig bis vierundzwanzig Jahre alt, mit gemeinsamem Shopping, Sauna, guten Gesprächen über Gott und die Welt.* Beide Geschwister sind für Adriane Vorbilder. Von Sigi lernte sie, Kassetten und Tonbänder aufnehmen, einen Ölwechsel machen, Luftdruck prüfen, aber auch die beiden Lebensmaximen: *Hilf dir selbst, sonst hilft dir keiner. Man muss auch einmal bockig sein!* Von Julia übernahm sie die Fähigkeit, Dinge selbst in die Hand zu nehmen, auch die Bohrmaschine, *sich selbst zu lieben, kritisch zu sein.* Ganz konkret hat Jutta ihr auch Mathematik beigebracht. Heute denkt Adriane über die ältere Schwester: *Ich bin dankbar, dass sie so anders ist und dass es sie gibt!*

Geschwister sind schon deswegen Fülle an sich, weil sie, militärisch gesprochen, eine geschlossene Truppe im gelegentlichen Kriegszustand mit den Eltern darstellen: *Wir Kinder waren eine Bastion gegen die Eltern, wir waren die Guten und in der Überzahl.* So köstlich und schneidend formuliert es Sigrid. Sie waren vier Geschwister, Britta, Sigrid, Markus und Herbert. Bei allen Differenzen und im Einzelnen so unterschiedlichen Bindungsstärken erkennt Sigrid heute rückhaltlos: *Durch meine Geschwister habe ich gelernt, Toleranz zu üben gegen Menschen, die nicht denken wie ich, die andere Interessen und Vorlieben haben.*

Besonders wichtig im Leben wurde die einzige und ältere Schwester Britta. Die Bindung war und ist ebenso kostbar, wie sie kompliziert begann: *Sie war dreieinhalb Jahre vor mir da, und ich konnte mich anstrengen, wie ich wollte, ich holte nicht auf. Ich war nie gleichwertige Freundin, so sehr ich mich bemühte. Ich war immer die kleine Schwester, und sie war perfekt. Sie war, was die Äußerlichkeiten anging, hübsch, adrett, gepflegt, fleißig und ordentlich, freundlich und höflich. Ich denke, ich habe sie immer sehr geliebt und bewundert. Ich habe versucht, sie zu verstehen und ihr nahe zu sein und wäre ihr gern Freundin und Vertraute gewesen. Das war ich aber nie, und so habe ich mich nie von ihr genauso wiedergeliebt gefühlt, geschweige denn als gleichwertig akzeptiert.*

Die Krankengymnastin Sigrid (die eigentlich leidenschaftlich an Kunst und Literatur interessiert ist) erlebt eine ähnliche Geschwisterkonstellation zwischen ihrem vierjährigen Sohn und der eineinhalbjährigen Tochter: *Sie hängt an ihm und an seinen Lippen. Was er tut, ist das Maß aller Dinge. Während ich umgekehrt empfinde, dass er sie liebt und mitzieht, aber an einem gewissen Punkt ist sie eben die langweilige kleine Schwester. So ähnlich, denke ich, kommt mein Verhältnis zu meiner Schwester zu Stande. Ich hatte auch immer Angst, meine Schwester zu verlieren … Ich habe ungefähr, bis ich sieben oder acht Jahre alt war, mit meiner Schwester im Doppelbett geschlafen, und wenn wir uns gefürchtet haben, haben wir uns zum Einschlafen die Hand gehalten.*

Geschwister haben hieß, in der frühen Kindheit nicht allein sein: *Mir fallen viele kleine Situationen ein, die für mich in dem Gefühl zusammengefasst sind, dass wir Geschwister eine Einheit bildeten, wenn es darum ging, unsere Interessen gegen die Erwachsenen zu vertreten. Als Kind fühlte ich mich nie allein. Erst später in der Pubertät, als jeder mehr und mehr seine eigenen Wege ging und seine eigenen Probleme zu lösen hatte, kam auch die Einsamkeit.*

Sigrid und Britta nahmen sich gegenseitig wahr und profitierten davon: *Ich beneidete meine Schwester um ihre Schönheit, die für mich dem Idealbild entsprach, und um ihre Alltagstauglichkeit, was Ordnung und Sauberkeit betraf. Aber ich fühlte, dass sie mich auch beneidete um meine Talente, meine Schlagfertigkeit und meinen Willen, Dinge anders zu machen als andere.* Sigrid kommt zu dem Schluss: *Ich empfinde meine Geschwister als große Bereicherung meiner Kindheit und meines Lebens. Ich möchte meinen Kindern auch die Möglichkeit geben, Geschwisterliebe als eigenständige Beziehung in der Familie zu erleben. Wir erwarten unser drittes Kind.*

Was sind die häufigsten Vorbildfunktionen, die die Schreiberinnen und Schreiber nennen? Ich habe sie einmal in der Reihenfolge der Nennungen aufgelistet: *Mut, Warmherzigkeit, Geradlinigkeit, Hilfsbereitschaft, Ordentlichkeit, Sportlichkeit, handwerkliche Geschicklichkeit, Einfallsreichtum und Fantasie, Zuverlässigkeit, Humor, Stärke, Zartheit, Genussfähigkeit, Musikalität, Belesenheit, Durchsetzungsvermögen, Freundlichkeit, Genialität, Schönheit, Dickköpfigkeit, Engagement, Abenteuerlust.*

Eigentlich jeder Schreiber stellte an seinem oder seinen Geschwister/n Eigenschaften fest, die ihm selbst fehlen. Die Schreiber äußern Bewunderung über die besonderen Qualitäten ihrer Geschwister. Eigentlich möchte ich jeden Schreiber fragen: *Hast du das deinem Geschwister auch einmal gesagt?* Weil wir so ängstlich oder maulfaul sind, nennen wir die schönen Qualitäten unserer Geschwister nie beim Namen und wundern uns, dass auch wir keine verbalen Geschenke zurückbekommen. Jeder von uns will doch auch für bestimmte Fähigkeiten und Leistungen von seinen Geschwister/n bewundert werden!

Manchmal bin ich sprachlos, wie wenig Geschwister wissen, wie sie eigentlich untereinander wahrgenommen werden. Besonders Männer tun sich schwer, danach einmal die Schwester oder den Bruder zu fragen. Dabei könnten so wundervolle Antworten kommen. Als ein ganz besonderes Geschenk empfinde ich es, dass mir einige Geschwister aus *einer* Familie den Fragebogen beantwortet und in verschlossenen Umschlägen übergaben. Ich fand die Lektüre spannend wie einen Kriminalroman.

Hören wir beispielsweise von Horst, Bärbel, Christa und Marina. Horsts Fragebogen war der am knappsten beantwortete: *Ich bin der Älteste und der einzige Junge,* stellt Horst fest. Zur Frage, welche Rolle er unter den Geschwistern einnimmt, antwortete er: *Ich weiß eigentlich gar nicht, welche Rolle ich hatte oder habe. In der Zeit, als wir noch als Familie in einem Haushalt zusammengelebt haben, war ich mir sicher nicht bewusst, eine Rolle auszufüllen. Ab meinem dreizehnten Lebensjahr haben sich die Berührungspunkte mit meinen Schwestern mehr und mehr auf familiäre „Standardsituationen" wie gemeinsame Mahlzeiten, Feiern usw. reduziert. Nachdem jeder ein eigenes Zimmer hatte, habe ich mich auch dorthin zurückgezogen und war mehr mit mir selber beschäftigt.*

Auf die Frage nach der Entwicklung im Verhältnis zu seinen erwachsenen Geschwistern Bärbel, Christa und Marina erwidert Horst: *Ich würde es am ehesten als Wechsel zwischen Nähe und Distanz bezeichnen. Jeder ist phasenweise mal mehr mit sich selbst beschäftigt, mal mehr den anderen zugewandt.*

Ich bin aber immer daran interessiert zu wissen, wie es meinen Schwestern geht oder was sie gerade so machen. Da funktioniert der Austausch von Neuigkeiten im Großen und Ganzen recht gut.

Ob Klärungen oder Entschuldigungen anstünden, wollte ich wissen. Horst antwortet nach Genscher-Art mit der unangreifbaren Allgemeinheit eines gestandenen Diplomaten im Auswärtigen Amt: *Ich bin nicht so vermessen zu behaupten, wir würden uns so gut kennen, dass im Zweifelsfall nichts zu klären wäre oder wir uns nicht erst auseinandersetzen müssten. Bisher ist nur noch nichts passiert, das eine solche Auseinandersetzung nötig gemacht hätte. Ich persönlich denke aber, dass es zwischen uns möglich sein sollte, mögliche Konflikte zusammen zu lösen.* Immerhin beantwortet unser brüderlicher Diplomat auf die Frage nach dem Segen einer Wiederannäherung in einem behutsamen Konjunktiv: *Ich könnte heute von meinen Geschwistern etwas über mein bisheriges Brudersein erfahren.*

Voilà – hier erfährst du es. Von deinen Schwestern. Bärbel, die Zweitgeborene und das älteste Mädchen, offenbarte in ihrem verschlossenen Briefumschlag: *Ich war vielleicht Papas Stolz, weil ich so intelligent war. Mein älterer Bruder hatte da wahrscheinlich drunter zu leiden, weil ihm immer vorgehalten wurde, was ich immer schon alles konnte.* Sie empfand sich als klug, aber schwierig, als Sorgenkind. Bärbel fand die vielen Geschwister toll und wollte später auch mal so viele Kinder haben, *und jetzt erwarte ich tatsächlich mein viertes.* Ursprünglich hat sie sich mit Horst und der nächst jüngeren Schwester Christa am besten verstanden, *heute verstehe ich mich mit allen gleich gut. Mein Bruder hat sich so ein bisschen vom Rest der Familie entfernt, was wohl an seiner Frau liegt, mit der wir nicht immer so ganz einverstanden sind. Es sind keine Feindseligkeiten da, aber man sieht sich nicht so oft.*

Mit der jüngsten Schwester Marina hatte Bärbel eine ganze Zeit lang *überhaupt kein Verhältnis. Warum, weiß ich nicht. Sie wirkt, auch heute noch, oft etwas schroff und abweisend. Sie ging später als Einzige von uns auf die Hauptschule und hatte daher ein ganz anderes Umfeld, das mir fremd war. Ich kannte sie irgendwie gar nicht. Vielleicht sind wir uns auch einfach zu ähnlich? Heute verstehen wir uns gut.* Hier wird wieder einmal das Ungeklärte und Rätselhafte in Geschwisterbeziehungen sichtbar.

Auch geheime Verletzungen gab es. Sie entstanden unfreiwillig. Bärbel: *Als wir in der Pubertät waren und sie schon Liebesbeziehungen hatten und ich noch nicht, war ich ziemlich eifersüchtig, neidisch und traurig, weil sie sich so von mir entfernten.* Doch Bärbel selbst war für die Geschwister offensichtlich eine Last: *In der Pubertät hatte ich Magersucht und war wohl eine ziemliche Plage für die ganze Familie. Bewusst verletzt, denke ich, habe ich keinen. Deshalb habe ich mich auch nicht entschuldigt. Ich glaube, sie hatten Verständnis für mich.* Na ja, wir werden gleich auf eine Antwort stoßen.

Was Bärbels Attraktivität gegenüber den Geschwistern ausmachte, wollte ich wissen. Wie ihr Bruder Horst hat sie *keine Ahnung*. Dankbar macht Bärbel bei den Geschwistern, *dass es sie gibt und dass wir uns wohl nicht gegenseitig im Stich lassen würden.* Befragt nach besonders schönen, unvergesslichen Geschwistererlebnissen nennt sie zwei: *Mein Bruder war eigentlich immer sehr fürsorglich. Er hat mir in unserer ersten Wohnung kurz vor der Geburt unseres ersten Kindes sehr viel geholfen (weil ich damals noch nicht mit der Bohrmaschine umgehen konnte) und uns auch später zur Geburt ins Krankenhaus gefahren, weil wir noch kein eigenes Auto hatten. Bei meiner Schwester* (welche? – M. J.) *erinnere ich mich an ein Erlebnis, als ich Abitur machte und die Mathematikarbeit schreiben sollte. Ich hatte schreckliche Angst, obwohl ich immer alles konnte, aber sie sagte (in der Garage, bevor wir mit den Mofas wegfuhren) in beruhigendem Tonfall: „Du schaffst es schon", so, dass ich es wirklich selber glaubte, das hat mir geholfen.*

Zwischen den Geschwistern gab es auch ein Geheimnis, das *Geheimnis vom Brötchen*, das sie heute noch zitieren: *Es ging wohl darum, dass meine Schwester* (welche? – M. J.) *ein Stück Brötchen, das sie nicht mehr essen wollte, einfach unter die Küchenbank hatte fallen lassen, und wir Geschwister das wussten, meine Eltern aber nicht.*

Über die Entwicklung zwischen den Geschwistern protokolliert Bärbel: *Annäherung unter uns Schwestern (meistens per E-Mail), aber ein wenig mehr Distanz vom Bruder. Streit gab es schon ewig nicht mehr, wir können über alles reden.* Was könnte Bärbel von den Geschwistern lernen? Ihr fällt spontan nur eines ein: *Wenn ich handwerklichen Rat bräuchte, würde ich meinen Bruder fragen.*

Christa, die Dritte, bezeichnet sich eher als *Schattenkind, ruhig und unkompliziert.* Teilweise übernahm sie Funktionen, die der älteren Schwester Bärbel zugekommen wären, *zum Beispiel löste ich mich früher von meinen Eltern, hatte als Erste einen Freund usw.* Ihre Rolle unter den Geschwistern bezeichnet sie als *vermittelnd,* sie fungierte als *Ausgeglichene, Umsichtige, Reife* und als *Trösterin.* Schließlich auch als eine *Verbündete, die ein Geheimnis für sich behalten konnte.* Auch sie findet es *Klasse, so viele Geschwister zu haben und denke heute auch, dass dies eine Bereicherung meines Lebens ist.* Ein Lieblingsgeschwister hat sie nicht, *allenfalls ist der Kontakt zu meinem Bruder heute etwas dürftig.* Horst, zugehört!

Mit Bärbel war es nicht immer einfach. Christa berichtet: *Meine ältere Schwester konnte für uns Geschwister in der Zeit ihrer Magersucht als „negatives" Geschwister erscheinen, da sie alle Aufmerksamkeit und Zuwendung unserer Eltern an sich zog.* Überhaupt lag da offensichtlich einiges im Argen zwischen den beiden älteren Schwestern: *Ich habe gespürt, dass meine ältere Schwester phasenweise neidisch auf mich war, weil ich angeblich besser aussah, die bessere Figur hatte, früher einen festen*

Freund usw. Diesen Neid konnte ich nie so recht nachvollziehen. Meine ältere Schwester war immer intelligenter und willensstärker, was ich an ihr sehr bewunderte. Durch ihre über einige Jahre andauernde Magersucht, habe ich mich in die Pubertät zurückgesetzt gefühlt, da meine Eltern sich immer mehr dem „Problemkind" zugewandt haben. Bärbel war immer die „Ängstliche", die „Problematische" und „Super-Intelligente", ich dagegen musste die „Normale" und „Ausgeglichene" sein. Das führte dazu, dass ich mich früh daran gewöhnte, eigene Probleme im „Stillen" mit mir auszuhandeln. Das wäre vielleicht ohne die Magersucht meiner Schwester anders verlaufen.

Man sieht, das Geschwisterpsychogramm ist hoch komplex, jeder ist mit jedem verstrickt. Im Unterschied zu Horst weiß Christa präzise, was sie von ihren Geschwistern gelernt hat: *Über meinen Bruder bekam ich ersten Zugang zur Musik. Meine ältere Schwester Bärbel machte mir vor, dass man stundenlang in ein Buch vertieft im Bett verbringen kann. Von meiner kleinen Schwester Marina lernte ich eher praktische Dinge, wie zum Beispiel, dass eine Frisur mit etwas Styling-Schaum einfacher in den Griff zu bekommen ist.* Dankbar macht Christa, *dass man nie allein war und immer jemanden zum Spielen hatte, da der Altersunterschied so gering war. Im Wesentlichen hatten wir eine harmonische, von Kummer, Krankheit oder finanziellen Sorgen freie Kindheit, wofür ich heute sehr dankbar bin. Auch dafür, dass meine Eltern viel Zeit für uns hat-*

ten. *Meine Mutter hatte ihren Lehrerberuf für uns aufgegeben, mein Vater war als Grundschullehrer nachmittags immer zu Hause.*

Ihr unvergessliches Geschwistererlebnis? *Ich erinnere mich gern an eine Szene mit meiner älteren Schwester, wir waren etwa acht oder neun Jahre alt: Wir liegen auf einem ziemlich hohen Grünschnitt-Haufen im Garten meines Elternhauses und singen liegend, die Füße an die Hauswand gelehnt, lauthals und ausgelassen alle möglichen Lieder, die uns in den Kopf kommen.*

Auch Christa sieht keinen Streit und keine Entfremdung unter den erwachsenen Geschwistern: *Als Erwachsene haben wir uns zunächst sehr auf unsere Partner und Familien konzentriert und uns eher voneinander entfernt. Räumlich sind wir alle nicht so weit voneinander entfernt. Wir stehen in lockerem Kontakt und sehen uns regelmäßig bei Familienfeiern. Seit wir E-mail nutzen können und meine jüngere Schwester von ihrem Mann getrennt lebt, habe ich häufigen Kontakt, vor allem zu meinen beiden Schwestern.* Wenn geschwisterliche Funkstille eintritt, sagt Christa, *bin ich es oft, die den ersten Schritt macht und zum Telefonhörer greift.*

Hören wir das Nesthäkchen Marina, Jahrgang 1965. Zwar fühlte sie sich *nie so richtig als typisches Nesthäkchen*, weil die Eltern die vier Kinder *eigentlich immer gleich* behandelten. Marina bekam jedoch als Einzige Kosenamen von ihrem Vater: *Er nannte mich immer „Käfer" und tut es heute noch ab und zu. Der Name „Käfer" begleitet mich. Meine älteste Schwester hat mir vor ein paar Jahren eine Tasse geschenkt mit Käfern drauf. Meine zweitälteste Schwester schenkte mir einen Käfer als Stofftier. Wenn ich so darüber nachdenke, bin ich halt immer für sie die „kleine Schwester", die Papas Käfer bleibt. Ob sie neidisch auf diese Position sind, weiß ich nicht. Auch im Büro habe ich einen kleinen Käfer am Bildschirm kleben. Er erinnert mich immer daran, dass ich in meiner Familie der „Käfer" bin und gibt mir immer wieder das Gefühl, dass ich geliebt werde.*

Marina nimmt unter den Geschwistern eine Sonderposition ein, ohne dass sie dadurch Nachteile erlebt hat: *Ich war immer die praktisch Veranlagte und eher Tüchtige, was körperliche Arbeit betraf. Ich war die Einzigste, die nicht das Abitur gemacht und nicht studiert hat und einmal sitzen geblieben ist. Ich hatte immer das Gefühl, dass ich völlig aus der Reihe getanzt bin, beziehungsweise die Gene für mich nicht ganz ausgereicht haben. Ich war das letzte Kind, die Muttermilch reichte nicht mehr. Ich hatte die hellsten Haare (die Farbe war also auch schon verbraucht) und für Abitur und Studium hat es geistig nicht gereicht. Musisch oder künstlerisch begabt bin ich auch nicht. Ich war diejenige, die früher Papa im Garten geholfen hat, die das Auto wusch und mit Papa zum Fußballspiel ging. Ich war diejenige, die einen normalen Beruf erlernte und als Erste eigenes Geld verdiente. Aber ich hatte bei meinen Geschwistern nie das Gefühl, dass sie mich deshalb weniger mochten. Meine Eltern haben uns allen immer klar gemacht, dass jeder andere Fähigkeiten und Qualitäten hat.*

Aber so ganz spurlos ist der Sonderweg an Marina doch nicht vorbeigegangen. Ob die Geschwister das wissen? *Trotzdem habe ich bis heute das Gefühl, nicht mithalten zu können, zum Beispiel wenn sich beim Familientreffen alle unterhalten und es um allgemeine Themen geht, über die „man" eigentlich Bescheid wissen sollte. Ich fühle mich dem oft nicht gewachsen, weil ich nicht so gebildet bin wie sie. Ich weiß, dass mir ein Großteil an Allgemeinbildung fehlt. Ich kann zwar offen sagen, dass ich keine Ahnung davon habe oder dieses und jenes nicht weiß, aber im Stillen fühle ich mich damit nicht immer wohl. Meine Mutter erwähnt heute noch regelmäßig, dass ich die praktisch Veranlagte unter uns Geschwistern bin. Ich habe den Eindruck, dass sie das Gefühl hat, mich mehr loben zu müssen als die anderen, um das Defizit auszugleichen. Bei meinen Geschwistern habe ich aber nicht das Gefühl, weniger wert zu sein. Ich bin der Meinung, dass jeder die Fähigkeiten des anderen schätzt und kennt.*

Hier wird etwas deutlich, was bei anderen Geschwistern oft zum Sprengsatz wird – Ausbildungs- und damit Bildungsunterschiede. Ich erinnere mich an Burkhard, den tüchtigen Inhaber eines florierenden Herrenmodengeschäftes, der mit seinen beiden Brüdern gebrochen hatte, *weil sie so den Akademiker heraushängen lassen.* Burkhard hatte als Legastheniker das Gymnasium nicht geschafft und folglich nicht studieren können. Geschwister sollten hier, wie im vorliegenden Falle, äußerst achtsam miteinander umgehen.

Auch Marina findet es schön, drei Geschwister zu haben. Sie findet eine kluge Begründung dafür: *Ich denke, dass ich das, was ich heute bin, auch durch meine Geschwister bin. Niemand kann einem das nehmen. Ich empfinde es als ein Geschenk.* Mit Christa hat sie sich am besten vertragen, *vielleicht ist sie doch mein Lieblingsgeschwister.* Wie die meisten Schreiberinnen und Schreiber betont sie aber rasch, *dass ich meine anderen Geschwister auch sehr gern habe. Jeder für sich hat einen eigenen Platz bei mir.* Christa hat ihr *als Einziger aus der Familie Dinge anvertraut, die sonst niemand weiß. Das ehrt mich natürlich.* Heute bekocht Marina sie gerne gelegentlich am Abend.

Das Familienpuzzle setzt sich in den Informationen der Jüngsten aufschlussreich zusammen. Wir erinnern uns, dass Bärbel sich fragte, warum Marina eine ganze Zeit lang zu ihr kein Verhältnis hatte. Hier ist die Antwort: *Mit meiner ältesten Schwester habe ich mich nie so richtig gut verstanden. Ganz besonders schlimm war es in der Zeit, als sie magersüchtig war. Da haben wir uns teilweise so gefetzt, dass ich sogar einmal ein Messer nach ihr geworfen habe. Ich empfand es als sehr schlimm, dass sie mit ihrer Magersucht die ganze Familie tyrannisiert hat. Es drehte sich immer nur um sie. In dieser Zeit wurde ich in der Schule so schlecht, dass ich sitzen blieb, das Gymnasium verließ und auf die Hauptschule wech-*

*selte. Ich denke, dass wir uns ziemlich ähnlich sind
und daher solche Probleme miteinander hatten.*

Der Kontakt war jahrelang nicht sonderlich gut,
bemerkt Marina, *bis zu dem Zeitpunkt, an dem ich
bei dir in Lahnstein ein Selbsterfahrungsseminar
mitgemacht habe. Da wurde mir während einer
Einzelarbeit einer anderen Teilnehmerin – es ging
um ihr Verhältnis zu ihrer ältesten Schwester – sehr
bewusst, wie sehr ich doch meine „negative"
Schwester mag, und wie wichtig es mir wäre, dass sie
das weiß. Danach habe ich ihr den Vorfall beschrieben und meine Gefühle ihr gegenüber mitgeteilt.
Seitdem verstehen wir uns besser, und sie ist auch
offener mir gegenüber geworden. Sie hat mir sogar
intimere Dinge anvertraut.*

Vielleicht müssen meine Schwester Maria-There-
sia, Psychologin in Konstanz, und ich doch unser
Experiment auf der Lindauer Psychotherapietagung
aus dem Herbst 2001 in Lahnstein wiederholen, als
Geschwister Geschwistern eine Selbsterfahrungsgruppe zur Geschwisterfrage anzubieten!

Was tut Marina von den Geschwistern gut? *Dass
sie da sind, wenn ich sie brauche,* sagt sie und wird
konkret: *Das habe ich erst vor kurzem intensiv
erfahren, als mein Mann sich von mir trennte und
alle meine Geschwister hinter mir standen und mir
Trost zugesprochen haben. Christa bin ich heulend
in die Arme gefallen. Sie hat mich einfach weinen
lassen und mich getröstet, mir Mut zugesprochen,
hat sich Zeit genommen für mich. Mein Bruder hat
mich extra angerufen und mir auch Mut gemacht.*

Bärbel hat sich in längeren E-mails Zeit genommen. Mein Bruder hat mir in meiner neuen Wohnung meine Küche aufgebaut. ... Von jedem meiner Geschwister kann ich immer wieder lernen, egal ob praktische Dinge oder intellektuelle, auf jeden Fall ihre Art zu leben.

Zur Entwicklung der letzten Jahre macht Marina eine spannende Beobachtung: *Die Entwicklung verlief eigentlich genau so, wie wir vorher als Kinder auch den Kontakt hatten.* Hier schlagen die alten Beziehungsmuster durch: *Mein Bruder war recht distanziert von uns allen, was aber auch daran lag, dass er mit seinen Eltern wegen seiner Freundin und jetzigen Frau große Probleme hatte. Zu Christa hatte ich in dieser Zeit wiederum den engsten Kontakt. Ihr habe ich auch von meiner ersten großen Liebe geschrieben, als Christa für ein halbes Jahr in Frankreich war. Das erwähnt sie heute noch ab und zu.* Durch eine Erkrankung an Neurodermitis an einen Wendepunkt ihres Lebens gekommen, brauchte Marina den zeitweiligen Rückzug, um dann erst langsam wieder zur Familie zurückzukehren.

Diese Phasen der Distanz und der Nähe gehören zu dem pulsierenden Rhythmus von Geschwisterbeziehungen. Sie sind durch das Leben und die eigenen Entwicklungsbrüche bestimmt. Man kehrt nach solchen Distanzphasen gerne zu den Geschwistern zurück, so wie man im Winter dankbar den warmen alten Wintermantel aus dem hinteren Bereich des Schrankes herauszieht. Für Marina war eine Therapie wichtig: *Ich habe das Gefühl, dass ich inzwischen einen gefestigteren Platz eingenommen habe, weil ich mich durch eine Therapie in meiner Persönlichkeit entwickelt habe.*

Am Ende des Fragebogens gestehst du mir, liebe Marina, ein Gefühl, das viele Schreiberinnen und Schreiber am Ende gerührt äußern: *Mathias, ich bin überwältigt davon, was die Beantwortung dieser Fragen in mir ausgelöst hat. Ich habe noch nie so stark für meine Geschwister empfunden und war ihnen noch nie so nahe wie jetzt.*

Geschwister sind Vorbilder, Tankstellen und Rückversicherungen. Wir Brüder, lieber Horst, können dabei etwas von unseren Schwestern lernen. Sie machen sich um die Geschwister durch vielfältige Aktivitäten der Kommunikation und Fürsorge verdient und lassen es sich Schweiß kosten.

Der Geschwisterforscher Hartmut Kasten hält dies (in *Geschwister. Vorbilder, Rivalen, Vertraute*) als gesicherten Sachverhalt fest: *Für die positive Qualität in Geschwisterbeziehungen sind Schwestern wichtiger als Brüder! Eine gefühlsmäßige positive Bindung an eine Schwester trägt dazu bei, dass ältere Frauen wie Männer seltener Depressionssymptome und psychosomatische Erkrankungen aufweisen.* Kasten geht davon aus, *dass Schwestern im Alter in die Fußstapfen der verstorbenen Mutter treten. Sie sind – erzogen nach der traditionellen Geschlechterrolle – innerhalb der Familie nun zuständig für die Aufrechterhaltung der Kontakte untereinander, gegenseitige Versorgung, Nähe und* zwischenmenschliche Wärme. *Sie nehmen die Stelle der Mutter ein, zu der in der Kindheit die erste intensive Gefühlsbindung aufgebaut worden war.*

Genau in diesem Sinn schreibt die achtundsechzigjährige Gerda, die sich um ihren verwitweten und gehbehinderten einundsechzigjährigen Bruder Günther kümmert und ihm täglich eine warme Mahlzeit vorbeibringt: *Meine Mutter hat immer gesagt, kümmere dich, wenn ich tot bin, um Günther. Der kann ja nicht einmal kochen und sich einen Knopf annähen. Beides tue ich jetzt halt.*

Das mag zwar die Frauenbewegung um zwanzig Jahre zurückwerfen, aber lieb ist es doch.

*

Die kleine Welt des Kindes, das familiäre Milieu, ist Modell der großen Welt. Je intensiver die Familie ein Kind geprägt hat, desto mehr wird es, wenn einmal erwachsen, geneigt sein, gefühlsmäßig in der großen Welt wiederum seine frühere kleine Welt zu sehen.

C. G. Jung,
Gesammelte Werke 4, 163

Wiederannäherung

Erstarrte Missverständnisse lassen sich auflösen,
indem man die Geschwister zusammenbringt, die
einzelnen Versionen des Problems gemeinsam anhört
und auf die perverse Befriedigung verweist, die sie
aus der „Verletzung" und dem Weitertragen des
„Schmerzes" beziehen. Wenn das nicht hilft, kann
der Therapeut mit „Ritualen der Vergebung" arbei-
ten, also mit mehr oder weniger symbolischen Buß-
übungen, die das vergangene Unrecht ohne die Not-
wendigkeit von Erklärungen auslöschen und einen
neuen Anfang erlauben. Solche Rituale sollten greif-
bar und sichtbar akzentuiert und vom Therapeuten
bestätigt oder sogar „gefeiert" werden, zum Beispiel
durch eine ritualisierte Familienumarmung oder auch
durch eine Flasche Sekt.

Stephen P. Bank/Michael D. Kahn,
Geschwister-Bindung

In einem früheren Abschnitt dieses Buches sagten
wir, an den Geschwisterbeziehungen muss man
arbeiten wie an allen anderen Beziehungen. Wir
zitierten Bert Brecht mit seinem Wort *Liebe ist eine*
Produktion. So sieht alles ganz einfach aus, und
manchmal ist es auch so.

Wer beneidete nicht Rosemarie, wenn sie als
Älteste ihren Bruder Konrad als einen *gestandenen*
herzenswarmen Mann und ihre Schwester Dagmar
als *etwas lebensgewandter als ich* bezeichnet und
bekennt: *Da wir Geschwister nahe beieinander*

wohnen, treffen wir uns hin und wieder zu einem geselligen Abend. Besonders intensiv und oft waren unsere Begegnungen zu den Zeiten, wo unsere Eltern schwer erkrankten und starben. Wir sahen uns oft an den Krankenlagern und wechselten uns einvernehmlich gegenseitig ab. Jedes der Geschwister hat gleichermaßen mitgeholfen, unseren Eltern ihre Krankheit und ihren letzten Weg zu erleichtern.

Wenn in der Kindheit die Betonung von Unterschieden zwischen uns Geschwistern eine unersetzliche entwicklungsförderliche Funktion besitzt, wird dann nicht im Prozess des Alterns, besonders nach dem Tod der Eltern, der gemeinsame Ursprung, die Akzeptanz der eigenen Endlichkeit und die *ars moriendi*, wörtlich die *Kunst des Sterbenmüssens*, eine verbindende Aufgabe?

Katharina Ley sagt das so schön (in dem von ihr herausgegebenen Band *Geschwisterliches. Jenseits der Rivalität*): *Zum Prozess des Älterwerdens gehört denn auch das Relativierenkönnen früherer Unterschiede und das Besinnen auf die Ähnlichkeiten und Gemeinsamkeiten. Im Erwachsenenalter kann die bewusste Suche nach Ähnlichkeiten und Gemeinsamkeiten dazu verhelfen, mehr von der ersehnten Nähe und Vertrautheit zu den Geschwistern zu erreichen ... Die Bewusstmachung wird zum lebenslangen Prozess. Der Bruder, die Schwester, bleiben Teile von einem selber, in inneren und äußeren Ähnlichkeiten und Unterschieden erkennbar, aus Überlebensgründen früher abgewehrt, aus Sehnsucht wieder bewusst gesucht. Die Entfaltung des ge-*

schwisterlichen Begehrens liegt in der Überwindung der bedrohlichen Polarität von „Doppel" und „Rivale", von Spiegelbild und Fremdem, Feindlichem; sie liegt im Dritten, nämlich in der Anerkennung des anderen als anderen.

Aber in der Realität ist es nicht immer so. Deshalb ist auch dieses Buch entstanden. Darum schreiben sich so viele Schwestern und Brüder hier den Schmerz ihrer ungelösten Situation vom Herzen. Ich will es nicht verschweigen, eine ganze Reihe der Schreiberinnen und Schreiber sind am Ende ihrer Kräfte. Sie haben die Akte „Geschwister" entkräftet geschlossen.

Doris zum Beispiel tut sich mit ihrem Leben schwer. Sie hat zwei Suizidversuche, aber auch eine Therapie hinter sich. Als Kind hat sie, die als zweites Mädchen unerwünscht war, unter den älteren Geschwistern gelitten. Trotzdem war sie *immer das Vorzeigekind, musikalisch, Abitur, Studium, toller Beruf im Deutschen Bundestag. Wir hatten nie den richtigen Kontakt zueinander, weil wir zu verschieden waren.* Auf ihren zweiten Selbsttötungsversuch hin äußerte die Schwester nur Vorwürfe.

Doris erinnert sich: *Dieser zweite Versuch öffnete mir ein bisschen die Augen, und ich beschloss, noch intensiver an mir zu arbeiten. Mit Erfolg! Ich mag nicht mehr hinter meiner Schwester herlaufen. Wenn ich etwas wollte, bekam ich nie eine Antwort. Ständig saß ich da und wartete. Ich glaube, dass viele Kleinigkeiten eine große Kluft öffnen können. Für mich gibt es keine Versöhnung mehr. Ich bin zu sehr enttäuscht worden. Ich habe mir immer eine Schwester gewünscht, auf die ich mich verlassen kann, die Hilferufe hört und auch darauf reagiert. Es war aber nie so. Auch nicht, als ich versucht habe, ihr zu sagen, dass mich mein Großvater fast vergewaltigt hat. Es kam nichts.* Doris schließt mit den Worten: *Dank des Schlussstriches geht es mir viel besser. Ich stehe nicht mehr unter Kontrolle.*

Ob Enttäuschung der richtige Ratgeber ist? Was wohl die Wahrheit deiner Schwester, liebe Doris, sein mag? In allen Beziehungen, nicht nur in der Ehe, gibt es *zwei* Wahrheiten. Aber ich will dich nicht missionieren. Bei dem Geschwisterforscher Hartmut Kasten (*Die Geschwisterbeziehung*) lese ich zu deinen Gunsten: *In Geschwisterbeziehungen aber, die die Bürde zahlreicher, auch unerfreulicher Kindheitserinnerungen tragen und möglicherweise lange Jahre ruhten, beziehungsweise durch wenig Austausch und Interaktion gekennzeichnet waren, ergeben sich kaum Chancen zu späteren Entwicklungsphasen angemessenen Veränderungen.*

Ratlos ist auch Lisa, die eine einzige Schwester besitzt. Ihre Mutter meinte immer: *Wenn ich mal nicht mehr bin, so habt ihr euch ja noch!* Lisa hat, nach ihren eigenen Worten, ehrlich versucht, nach dem Tod der Mutter mit ihrer älteren Schwester auszukommen, *aber sie war so bevormundend. Was ich auch tat – sie wusste es besser.* Im Grunde geht es um alte Verletzungen.

Lisa beschreibt sie so: *Als Zweitgeborene fühlte ich mich zurückgesetzt und irgendwie immer schul-*

dig. Sie war ein Wunschkind, ich sollte eigentlich nicht mehr auf die Welt kommen. Leider wurde ich auch noch ein Mädchen. Um auf mich aufmerksam zu machen, wurde ich oft recht ungezogen. Die Strafen waren hart und wurden immer wieder vorwurfsvoll beredet: „Du bist ein Wechselbalg"; „Wer einmal lügt, dem glaubt man nicht"; „Du kannst nicht meine Tochter sein, denn so eine wie dich hätte ich gar nicht auf die Welt gebracht". Meine Schwester nützte die Situation für sich aus. Hatte sie einmal etwas falsch gemacht, so sagte sie: „Das war Lisa!" Bums, hatte ich eine Ohrfeige weg. Manchmal sogar Stubenarrest. Liebesentzug sowieso. Geschmust wurde bei uns nicht. So entwickelte ich wohl einen Hass auf meine Schwester.

Inzwischen herrscht seit zwölf Jahren zwischen Lisa und der älteren Schwester die viel zitierte Funkstille. Lisa ist heute dreiundsiebzig Jahre alt, ihr Mann fünfundsiebzig. Was soll ich tun? Ich lebe ruhiger ohne meine Schwester. Aber losgeworden bin ich sie auch nicht. Kein Happyend.

Ratlos ist auch Christel. Sie hat vier Geschwister und hat sich selbst immer als Schattenkind empfunden. Heute plätschern die Beziehungen der fünf Geschwister so dahin. Obwohl vier meiner Geschwister in der gleichen Stadt wohnen, ist der Kontakt untereinander sehr verhalten. Es gibt keinen offenen Streit, eine gewisse Entfremdung lässt sich nicht bestreiten. Christel möchte ehrlicher umgehen lernen mit ihren Geschwistern. Zu diesem Zweck plant sie etwas Hervorragendes, das ich allen Lesern nur warm ans Herz legen kann, nämlich *meine Familie einmal aufzustellen, um herauszufinden, wo ich heute stehe und wo Klärung nötig ist.*

Christels Geschwister können auch im Angesicht des nahen Todes der krebskranken Mutter nicht über Gefühle sprechen: *Manchmal denke ich, meine Geschwister sind mir so fremd, als hätten wir nicht gemeinsame, schwere Jahre miteinander verbracht.* Christel jedenfalls ist klar, warum sie durch die Erschütterung und Befreiung einer familiensystemischen *Familienaufstellung* gehen will, was ja Mut verlangt: *Die Wiederannäherung an meine Geschwister wäre unglaublich schön und würde Bewegung bringen. Wir könnten wieder lernen, zusammenzuhalten und gemeinsam das Schwere zu meistern. Das gemeinsame Gespräch würde Türen öffnen und Mut machen, alte und neue Gefühle ohne Angst auszusprechen. Es würde einfach vieles leichter!*

Ich wünsche dir, liebe Christel, dieses Glück. In den tiefen Schichten meiner Seele bin ich Optimist, sonst wäre ich wohl nicht Therapeut geworden. Da muss man einfach an das Gute im Menschen und in Beziehungen glauben, auch wenn es sich um vergiftete Geschwisterbeziehungen handelt. In der Medizin sind viele Vergiftungen heilbar.

Eine echte geschwisterliche Schlangenbissgeschichte habe ich gestern Nacht vor dem Einschlafen unter dem sterneblinkenden Himmel des sommerlichen Lago Maggiore in der *Brigitte 6/2001* gelesen. Ich bekenne, ich lese solche Hochglanzzeitschriften mit wahrer Lust und spioniere gerne hinter den weiblichen Linien (dafür zähle ich auch zu den Männern, die wissen, was ein *Push-up* ist und wie Frau den Eyeliner richtig handhabt).

In einer Reportage der Frauenzeitschrift ist die Rede von zwei Schwestern, die sich ausweglos über ein Schmuckstück, ein Kreuz, zerstritten, das die eine von der Mutter zur Firmung erhalten, ihr später aber wieder *geliehen* hatte. Bei der Haushaltsauflösung der toten Mutter hatte die andere es sich stillschweigend angeeignet und wollte, von ihrer Schwester darüber zur Rede gestellt, es partout nicht mehr herausrücken. Das Kreuz mit dem Kreuz war so schmerzhaft, dass die Schwestern achtzehn Jahre lang nicht mehr miteinander sprachen. Einmal gingen die verfeindeten Schwestern in einer Einkaufspassage sogar wortlos aneinander vorbei. Sie verhielten sich wie zwei Fremde. *Danach*, so erzählte die Bericht erstattende Schwester, *fühlte ich mich wie zu Eis erstarrt.*

Zwei Schwestern kämpfen um ein Erbstück, blind vor Eifersucht und Neid. Erst ein kritisches Ereignis von äußerster Brisanz bricht das Eis und beschert Tauwetter. Hören wir die „bestohlene" Schwester: *Im vergangenen Jahr hatte ich einen schweren Autounfall, lag tagelang auf der Intensivstation im Koma. Als ich wach wurde, sah ich das Gesicht meiner Schwester. Sie saß an meinem Bett. Mein Mann hatte sie angerufen. Sie hielt meine Hand. Am nächsten Tag war sie wieder da. Es dauerte noch ein paar Tage, ehe wir beide weinen konn-*

ten, uns küssten, streichelten. Irgendwann legte sie ein kleines Päckchen auf meinen Nachttisch. Das Kreuz war darin. „Nimmst du es mir übel, wenn ich es deiner Tochter schenke?" „Ach nein." Ich hatte meine Schwester wiedergefunden und merkte erst jetzt, wie glücklich und leicht ich mich fühlte. Ich liebe dich, meine kleine Dumme. Magst du deine blöde große Schwester auch wieder? Und dann heulten wir zusammen – um verlorene achtzehn Jahre.

Dass die Zeitschrift *Brigitte* hier nicht eine verlogene Schmonzette auftischt, das entnehme ich den Briefen, die ich zu diesem Buch erhielt. In rund vierzig Briefen tauchen Erbstreitigkeiten auf. Fünfzehn Schreiberinnen und Schreiber berichten, dass sie irgendwann einmal ihr Herz über die Barriere warfen und sich kurzerhand mit dem verfeindeten Geschwister wieder versöhnten.

Da ist Inge, die als Kind viel bei ihrer achtundzwanzigjährigen älteren Halbschwester Anna lebte, die ihr zur zweiten Mutter wurde. Sie wohnte in einem Haus unmittelbar neben Inges Elternhaus: *Als ich sieben Jahre alt war und Masern bekam, ließen mich meine Eltern einen Abend für ein paar Stunden allein. Da wachte ich natürlich auf. Ich war allein! Ich habe mich ganz dick angezogen, bin an das Schlafzimmerfenster meiner Schwester gelaufen und habe dort geklopft. Als meine Eltern nach Hause kamen, lag meine Schwester mit mir im elterlichen Bett. Was hätte ich wohl ohne meine Schwester gemacht? Sie war einfach immer für mich erreichbar.*

Anna hatte durch ihre Heirat mit einem fünfundvierzig Jahre älteren Mann ein großes Vermögen geerbt. Der Schwager war ein geiziger Mann. Wenn Anna ihrer Schwester Inge ein Geschenk machte, durfte der alte Geizkragen nichts davon wissen. Schlimmer noch: *Um fünf Quadratmeter Grund und Boden, die meine Schwester aus Anlass einer Vermessung der gemeinschaftlichen Grenze hätte weniger nutzen können, brach ein kräftiger Streit aus.* Zwei Jahre lang sprachen die (Halb)-Schwestern nicht miteinander. Dann, am Heiligen Abend, hielt es Inge nicht mehr aus: *Ich schrieb ihr einen Brief und bat um Versöhnung. Nach wenigen Stunden kam sie zu uns, und wir fielen uns in die Arme.*

Wie wichtig diese Wiederannäherung war, demonstrierte das Leben selbst: *Vier Jahre nach dem Tod meiner Mutter erkrankte auch meine Schwester Anna an Krebs. Da konnte ich ihr in manch schwerer Stunde beistehen, und ich erfuhr aus ihrem Munde, wie gern sie mich doch hatte. Sie hätte vieles, was zwischen uns war, gerne ungeschehen gemacht. In diesen Stunden erfuhr ich auch aus ihrem Munde, wie schwer sie es in ihrer Ehe mit ihrem Mann gehabt hatte. Ich bin davon überzeugt, wenn wir noch mehr gemeinsame Zeit gehabt hätten, wir waren ja beide älter geworden, wir hätten ein gutes Verhältnis zueinander gehabt. So setzte der Tod allem ein Ende.*

Rudolf, der drei Geschwister besitzt, hatte als „Finanzminister" der Geschwister vor allem Probleme um die künftige Verteilung des Erbes. Er kam zwei Mal in meine Seminare, auch einer latenten Depression wegen. Das tat ihm gut: *Wir hatten in den Seminaren unter anderem erarbeitet, dass ich auf meine Geschwister zugehen sollte und mit ihnen über die Frage der Verteilung reden sollte. Das habe ich auch gemacht. Die gemeinsame Unterredung war positiv. Wir waren uns einig, dass wir später alles zu gleichen Teilen aufteilten.*

Soweit so gut. Es blieb aber ein Schuldgefühl gegenüber dem Bruder Daniel, weil Rudolf als das starke Alpha-Tier den Jüngeren oft verdroschen und *das normale Maß an geschwisterlicher Rivalität überschritten* hatte. Rudolf selbst hatte als Sohn seines Vaters, eines robusten Metzgermeisters, die Rolle des Tüchtigen und Praktischen besetzt. Daniel mit seinen schlechten Augen war der Intellektuelle, der Germanistik und Geschichte studierte und, in den Zeiten des unseligen *Berufsverbotes* der Siebzigerjahre, als Linker keine Lehrerstelle bekam. Er wurde Freiberufler. Sein Traum war es, ein Ferienhaus in Griechenland zu bauen. Inzwischen hat Daniel das, zusammen mit seiner Lebensgefährtin, realisiert. Er hätte dazu Geld gebraucht, aber seine Pläne waren nicht immer realistisch. Kurz, Rudolf half ihm nur mit Vorbehalt, indem er sich ein Teileigentum an der gemeinsam realisierten Immobilie vorbehielt. Heute leben Daniel und er *in ziemlicher Distanz zueinander, sind uns aber nicht böse.*

Nach der schönen Maxime *das letzte Hemd hat*

keine Taschen erwägt Rudolf jetzt einen erlösenden Schritt: *Ich bin auf dem Weg, meinem Bruder meinen Anteil an dem Ferienhaus in Griechenland zu schenken. Irgendwie denke ich, dass das, ob ich nun schuldig oder unschuldig (nicht schuldfähig) bin, ein Weg ist, meine familiären Altlasten loszulassen, auch im Hinblick auf das Erbe.*

Wiederannäherung auch bei Margarethe. Sie wuchs als Älteste von fünf Geschwistern auf. Das dritte Kind der Eltern, genannt das *Rickele,* starb im Alter von sieben Jahren im Kriegswinter 1943. Der Tod des Rickele war für die Eltern ein herzzerreißender Schmerz, für Margarethe eine Demütigung besonderer Art, wie wir sie aus dem Kapitel *Tod eines Geschwisters* kennen: *Ich erinnere mich noch daran, dass ich damals, als Elfjährige, dem traurigen Geschehen hilflos gegenüberstand. Ich war ins Gymnasium eingetreten und hatte noch ziemlich mit Umgewöhnungsschwierigkeiten zu kämpfen. Angesichts der Trauer und des Schmerzes meiner Mutter zog ich mich stärker in mich selbst zurück. Es wurde so oft von den Eigenschaften und den Vorzügen der kleinen Schwester gesprochen, und ich fühlte mich dabei so unendlich minderwertig und überflüssig.*

Trotzdem nahm Margarethe im Laufe der Jahre bei der Mutter so etwas wie eine *Vorzugsstellung* ein. Das Leben unter den Geschwistern war nicht einfach. Drei Schwestern bildeten im Erwachsenenalter eine heimliche Front gegen die Mutter und Margarethe: *Lange Zeit habe ich darunter gelitten,*

285

zu meinen Schwestern keinen echten Kontakt zu bekommen. Ich fühlte mich ausgeschlossen und ausgegrenzt und wusste nicht genau, aus welchem Grund. War es der Umstand, dass Margarethe die *Nummer eins* bei den Eltern war? Dann starb 1995 eine Schwester, zu der Margarethe ein *äußerst kühles Verhältnis* gehabt hatte. Ob die Schwester neidisch gewesen war? Sie war kinderlos. Margarethe dagegen hatte fünf Kinder.

Wieviel potenziell gute Zeit der Gemeinsamkeit haben die Geschwister versäumt! Margarethe: *Es hat lange Zeiten der Funkstille gegeben zwischen meinen Geschwistern und mir, mein Bruder ausgenommen – er war neutral. Vor ihrem Tod hatte meine Mutter mich zur Testamentsvollstreckerin eingesetzt. Das gab wieder Anlass zu verstecktem Neid und Eifersuchtsdenken. Ich habe immer wieder versucht, durch Treffen, Telefonate und Briefe Klarheit zu schaffen, um den Frieden wieder herzustellen.*

Manchmal hat Margarethe mit ihrer Wut und scharfen Formulierungen die Geschwister auch verletzt, aber das Einigungswerk ist ihr gelungen: *Heute bin ich froh, dass ich mit meinen Geschwistern in Frieden lebe und wir uns als Christen gegenseitig vergeben haben. Dankbar macht es mich, dass wir uns gegenseitig die komplizierte Vergangenheit nicht mehr nachtragen.*

Gerade in der zweiten Lebenshälfte werden Freundschaften und Liebesbeziehungen, mit denen wir früher oft achtlos umgingen, kostbarer. Verluste schmerzen deutlich stärker. Wo der Tod in unserem

Leben Lücken reißt, werden wir einsamer. Altern heißt, so scheint mir, unseren menschlichen Besitzstand sorgfältig zu hegen und zu pflegen. Altern heißt, wesentlicher werden, konzentrierter leben.

Immer mehr erscheint mir da die positive Seite der Geschwisterbeziehung, die Geschwisterliebe, als einer der größten Aktivposten meines Lebens, als elementare Erfahrung der näheren Zusammengehörigkeit, als Gegenwelt gegen die Defizite der Kindheit und Jugend, als Erfahrung der Geborgenheit in der Gegenwart, als gemeinsame Meisterung der Zukunft und des eigenen Todes.

Das ist ein aktiver Prozess. Sich im Strom des Lebens ein Heim zu geben und nicht tatenlos an seinen Ufern zu stehen, verlangt, dass ich mich jetzt, als Erwachsener, auf die Geschwister zubewege. Das geht nicht ohne die Anstrengung einer Eigenbilanz ab.

Ich muss mich kritischen Fragen stellen: *Habe ich(!) meinen Bruder/meine Schwester gekränkt? War mir die Beziehung wichtig? Habe ich Zuwendung gezeigt? Habe ich immer den Starken gespielt oder auch einmal meine Schwäche zugelassen? Habe ich Geschwistern geholfen? Hatte ich den Mut, Hilfe von dem Geschwister zu erbitten? Konnte ich den Erfolg eines Geschwisters akzeptieren, oder habe ich ihn klein gemacht? Habe ich den Partner der Schwester/des Bruders angenommen? Habe ich Bruder oder Schwester bei den Eltern schlecht gemacht? Habe ich meinem Geschwister jemals gesagt, wie wichtig es mir ist? Habe ich meine Wut und Enttäuschung klar formuliert oder heruntergeschluckt? Habe ich versteckt agiert? Kann ich die Kritik meiner Geschwister annehmen? Habe ich mich mit den Schattenseiten meiner Persönlichkeit auseinandergesetzt? Weiß ich überhaupt, wie mein Geschwister mich sieht? Hasse ich möglicherweise etwas an meiner Schwester oder an meinem Bruder, was selbst ein Anteil von mir ist?*

Hier gilt es, mit Geschwistern zu sprechen oder einmal einen der mutigsten Briefe seines Lebens zu schreiben. Nicht länger anzuklagen oder zu missionieren, sondern sich selbst aus der Tiefe heraus auszudrücken und dem Geschwister zuzuhören. Dem Geschwister eine *Liebeserklärung* zu machen. Regelmäßig zu telefonieren. Althergebrachtes Zwangsverhalten abzustreifen. Die Fragen und die endlich geäußerte Wut eines Geschwisters auszuhalten. Das Zwiegespräch zu führen. Einmal allein mit dem Geschwister etwas zu unternehmen, vielleicht sogar einen Urlaub. Jetzt geht es endlich darum, eine *Geschwisterkultur* zu entwickeln und zu pflegen.

Sich in der zweiten Lebenshälfte den Geschwistern wieder zu verbinden, gibt die Chance, die eigene Menschwerdung in der Erinnerungsarbeit unter Geschwistern bewusst zu machen. Die alten Orte aufzusuchen, die Fotografien der Kindheit und der Jugend gemeinsam anzuschauen und zu erörtern, das Schwere und das Schöne der gemeinsamen Herkunft zu besprechen, gegen sich selbst gerechter zu werden und die Geschwisterliebe als eine Wärmequelle in sich aufzunehmen.

Das ist, um den Begriff noch einmal zu gebrauchen, die geschwisterliche *ars moriendi*. Rilke hat es einmal gewohnt unübertreffbar in einem kleinen Gedicht ausgedrückt:

In dem Wiedersehen mit
Kindheitsdingen
lernen wir uns wiedersehen.
Zwar wir wussten, dass
die Jahre gehen.
Doch nun fühlen wir auch,
wie wir gehen.

Die Wiederannäherung an die Geschwister kann bedeuten, sich aus dem eigenen Panzer zu erlösen. Das erfährt auch Arnold, der einen älteren Bruder, Manuel, und einen jüngere Schwester, Linda, besitzt. *Etwas tut mir heute Leid: Ich war sehr aufsässig und meinen Geschwistern gegenüber als Kleinkind bis zum Schulkindalter oft recht gewalttätig. Ich habe insbesondere meine Schwester geschlagen.* Inzwischen hat Arnold begonnen, sich zu wandeln: *Als ich vor rund einem Jahr während meiner ersten Beziehung anfing, darüber nachzudenken, warum ich Berührung so schlecht annehmen konnte, kam in mir das Gefühl hoch, dass ich Berührung nicht verdient hätte. Als ich dieses Gefühl dann zum ersten Mal mit meinem aggressiven Verhalten in der Kindheit verknüpfte, fing ich an zu heulen. Ich bin mir heute sicher, dass eine jah-*

relange körperliche Kontaktscheu, insbesondere gegenüber solchen Menschen, die ich mag, auf Schuldgefühlen beruht, die ich damals aufgebaut und nie verarbeitet hatte. Ich befinde mich aber auf dem Wege der Besserung. Zwar ist ein Berührtwerden immer noch eine etwas ambivalente Mischung aus „Brauchen und Wollen" auf der einen Seite und „innerlich Abwehren" auf der anderen, jedoch fällt es mir immer leichter, jemanden zu umarmen und eine Umarmung zu erwidern.

Das drückt sich auch in Arnolds Verhältnis zu seinen Geschwistern aus. Der Bruder Manuel öffnet sich allerdings nicht: Er kann mit Gefühlen nicht umgehen. Ich verfüge ihm gegenüber auch nicht, wie bei Freunden, über die innere Gelassenheit, einfach danach zu fragen. Gegenüber der Schwester Linda vermag Arnold jedoch seine „Ritterrüstung" auszuziehen: Das Verhältnis zu meiner Schwester ist näher denn je. Wenn sie Kummer hat, umarme ich sie manchmal oder lasse sie gar in meinem ausziehbaren Bett schlafen.

Was die Verletzungen angeht, die er, heute vierundzwanzig Jahre alt, vor noch nicht allzuvielen Jahren seinen Geschwistern zufügte, ist sich Arnold sicher: Eines Tages werde ich auch die Bereitschaft finden, selbst um Verzeihung zu bitten. Ich merke, wie sich im Laufe der Zeit meine Hemmungen lösen, diesen Schritt zu gehen.

Arnold hält sein Herz geöffnet. Was er aus all dem lernen könnte, wollte ich wissen. Arnold: Der Segen könnte darin bestehen, dass ich mir selbst *leichter verzeihen könnte, was ich damals getan habe. Vielleicht würde dann noch die eine oder andere Barriere der Berührungsambivalenz brechen.* Und: *Ich beginne in den nächsten Tagen mit einer Therapie.* Herz, was willst du mehr?!

In der Wiedervertrautheit mit den Geschwistern erinnern wir uns an die Streiche unserer Kindheitstage und damit an unsere unverwüstliche Frechheit und Lebendigkeit, die uns im Erwachsenenleben oft abhanden gekommen ist. Karl-Heinz, hier darf ich den richtigen Namen ausnahmsweise nennen, holte mit seinem Bruder Erich – sie waren damals fünf und sieben Jahre alt – in einem Gasthaus Zigarren „für unseren Vater". Das war ganz schön dreist: *Erich sagte zu der Gastwirtin: „Vater bezahlt am nächsten Tag." Die Zigarren rauchten wir dann heimlich in der Scheune.* Die Scheune überlebte die Gefahr gut, die Buben schlecht: *Uns ging es danach sehr übel. Die Gastwirtin sprach dann Tage später unseren Vater an und sagte: „Karl-Heinz hat Zigarren für dich geholt." Unser Vater war völlig entsetzt. Zum Glück hatte es keine Folgen.*

Mit wem können wir sonst das unvergleichliche Aroma, die Geräusche-, Geschmacks-, Geruchs- und Hautempfindungen unserer Kindheit besser beschwören als mit unseren Geschwistern. Das alles hat uns geformt, genährt, getragen und zu den solitären Persönlichkeiten gemacht, die wir heute sind. Das alles ist das Sesam-öffne-dich unseres individuellen Kosmos. Wie schreibt doch Francine Klagsbrun (in: *Der Geschwisterkomplex*): *Geschwister* können sich nicht scheiden lassen. Selbst wenn sie zwanzig Jahre lang nicht mehr miteinander sprechen, bilden Blutsbande und gemeinsame Geschichte ein unauflösbares Band.

Lisbeth beschreibt die Einmaligkeit dieses Glücks mit ihren beiden jüngeren Schwestern so anrührend und farbig, dass man mitspielen möchte: *Als Kinder haben wir oft zu dritt aneinander gekuschelt auf der Couch gelegen und Schallplatten gehört. Wir besaßen nicht viel. Wir konnten uns aber beschäftigen und waren glücklich. Im Hof bauten wir oft Hindernisse auf und durchquerten sie dann mit Fahrrädern und Rollern. Oder wir beschäftigten uns gemeinsam mit unseren Tieren. Wir melkten die Ziege. Ich erinnere mich auch daran, dass Franziska und ich eines Abends auf der Holzbank in der Küche lagen, über Eck und Kopf an Kopf, und uns Sorgen um die Eltern machten. Wir wollten nicht eher zu Bett gehen, als bis sie nach Hause kämen. Wir machten uns gegenseitig Mut. Oder Franziska, Maria und ich bastelten Überraschungen für die Eltern. Das hielt uns zusammen.*

Eine Zeit lang standen wir auch klammheimlich jeden Abend auf und tanzten um einen kleinen Spielblock aus Schaumgummi. Dabei sangen wir „Lalelu – nur der Mann im Mond schaut zu,/wenn die kleinen Kinder schlafen,/drum schlaf auch du". Das war unser Geheimnis.

Wenn dann im Prozess des Alterns der schmerzliche und unfassbare Punkt kommt, dass ein Geschwister stirbt, dann nimmt man es geistig in sich und darf dankbar sein. Horst Petri würdigt diesen Prozess der *Geschwisterkultur über den Tod hinaus* mit den Worten: *Was früher äußerer Dialog war, verwandelt sich in einen inneren. Das verinnerlichte Geschwister begleitet einen weiter, beschützt einen und hält die Erinnerung an den Lebensstrom wach, den man gemeinsam durchschwommen hat – von der Quelle bis zur Mündung, mal näher beieinander, mal weiter entfernt, aber immer in dem sicheren Gefühl, dass man zusammengehört.*

Lalelu – nur der Mann im Mond schaut zu, wenn die kleinen Kinder schlafen, drum schlaf auch du, liebe treue Leserin, lieber geduldiger Leser: Wir sind am Ende unserer Geschwisterreise angelangt. Ich wünsche dir von Herzen den Segen warmer Geschwisterlichkeit.

Zum Abschied unserer Expedition in das aufregende Reich der Schwestern und Brüder schenke ich dir das Gedicht *Dies und Das.* Ina Seidel hat es geschrieben. Die Dichterin rückt den Kreislauf des Lebens mit dem Symbol des Balles ins Bild. Es ist der Ball, dieser Inbegriff der bewegten Lebensganzheit, den der Bruder im Tod an die Schwester weitergibt:

Dies und Das

Du und ich, wir hatten dies und das;
Blanke Kiesel, Muscheln, Vogelnester,
Kugeln auch aus bunt gestriemtem Glas,

293

Und du warst der Bruder, ich die Schwester,
Und wir stritten uns um dies und das;
Um Kastanien, Kolben aus dem Röhricht,
Und wir wurden groß, und es schien töricht.

Es erschien uns alles als ein Spiel,
Als ein Nichts erschien uns dies und das.
Heute nun, da du vor mir des Balles
Müde wardst, und er in meiner Hand
Liegen blieb wie ein vergessnes Pfand,
Weiß ich: dies und das, ach es war viel!
Lieber Bruder, dies und das war alles.

GESCHWISTER-QUARTETT-LIEBE UND MISSTÖNE

Ein Verlag,
ein Haus, eine Philosophie.

Millionen Bundesbürger kennen den kämpferischen Ganzheitsarzt Dr. Max Otto Bruker (1909–2001), aus dem Fernsehen, aus Vorträgen, durch den „Mundfunk" überzeugter Patienten. Vor allem lesen sie aber die rund 30 Bücher des schwäbischen Humanisten und Seelenarztes. Mit einer Gesamtauflage von über drei Millionen Exemplaren ist Max Otto Bruker der wohl bedeutendste medizinische Erfolgsautor im deutschsprachigen Raum. Der – in der Nachfolge des Schweizer Reformarztes Bircher-Benner scherzhaft „Deutschlands Vollwertpapst" genannte – Massenaufklärer, langjährige Klinikchef und Ernährungsspezialist lehrt zwei fundamentale Erkenntnisse Patienten wie Gesunden: Der Mensch wird krank, weil er sich falsch ernährt. Der Mensch wird krank, weil er falsch lebt.

Hinter den Erfolgstiteln des emu-Verlages steht ein bedeutender Forscher und Arzt, eine Bewegung, ein Haus und tausende Schülerinnen und Schüler. 1994 wurde das „Dr.-Max-Otto-Bruker-Haus", das Zentrum für Gesundheit und ganzheitliche Lebensweise, auf der Lahnhöhe in Lahnstein bei Koblenz bezogen. Es stellt die äußere Krönung des Brukerschen Lebenswerkes dar: Der lichte Bau mit seinem Grasdach, den Sonnenkollektoren und den Wasserrecyclinganlagen, seinen Seminarräumen, dem Foyer mit der Glaskuppel und dem liebevollen Biogarten mit seinem Kneipp-Tretbecken ist als Treffpunkt für all jene konzipiert, denen körperliche und seelische Gesundheit, ökologische und spirituelle Harmonie Herzensbedürfnis und Sehnsucht sind.

Hinter dem eleganten Halbmondkorpus verbirgt sich eine Begegnungsstätte für Gesundheitsbewusste, Seminarteilnehmer, Trost-, Ruhe- und Anregungsbedürftige.

Das Dr.-Max-Otto-Bruker-Haus

296

Bücher von Mathias Jung:

Sokrates
Der Störenfried. Der Ortlose. Der Ironiker. Der Begriffsklärer. Der Kritiker des alten Götterglaubens. Die Hebamme des Guten. Sokrates: Der Erotiker. Der Schwule. Der schwierige Ehemann. Der Tapfere. Der Bezwinger der Todesfurcht. Der Nichtwissende.

176 Seiten. Gebunden
ISBN 3-89189-080-X

Das hässliche Entlein
Mit seinem berühmten Kunstmärchen beschrieb Hans Christian Andersen bereits 1845 den Archetypus des unverstandenen Kindes und Außenseiters.

160 Seiten. Gebunden
ISBN 3-89189-081-8

FreiRaum
Sich eigenen Raum nehmen zu können, das ist der entscheidende seelische Reifungsschritt. Frauen, aber auch Männer, müssen diese Frage unbedingt klären.

168 Seiten. Gebunden
ISBN 3-89189-090-7

EiferSucht
Rund 80 Prozent der Frauen und Männer in Deutschland leiden, laut Wickert-Institut, an Eifersucht.

112 Seiten. Gebunden
ISBN 3-89189-079-6

Seneca
Philosophie als Trost auf der stürmischen Seefahrt des Lebens: So versteht der römische Philosoph, Staatsmann und Multimillionär Lucius Annaeus Seneca (4 v. Chr.–65 n. Chr.) sein Denken.

144 Seiten. Gebunden
ISBN 3-89189-091-5

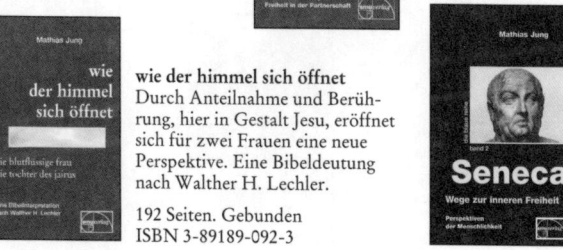

wie der himmel sich öffnet
Durch Anteilnahme und Berührung, hier in Gestalt Jesu, eröffnet sich für zwei Frauen eine neue Perspektive. Eine Bibeldeutung nach Walther H. Lechler.

192 Seiten. Gebunden
ISBN 3-89189-092-3

... weitere Bücher von Mathias Jung:

**Seele – Sucht –
Sehnsucht**
Alltagssüchte … ein
Tabuthema, von dem
fast jeder direkt oder
indirekt betroffen ist.
352 Seiten. Gebunden
ISBN 3-89189-076-1

**Trennung als
Aufbruch**
Trennungen sind
die tapfersten und
schmerzhaftesten
seelischen Leistungen
in unserem Leben.
300 Seiten. Gebunden
ISBN 3-89189-073-7

LebensNachmittag
*(früher: Zweite
Lebenshälfte)*
Die Lebensmitte
stellt uns vor unab-
weisbare Probleme
und kühne Herausfor-
derungen!
256 Seiten. Gebunden
ISBN 3-89189-046-X

Versöhnung
Töchter, Söhne, Eltern
332 Seiten. Gebunden
ISBN 3-89189-077-X

**Das
sprachlose Paar**
Jede dritte Ehe geht
in die Brüche … Wie
sprachlose Paare
wieder Worte für
einander finden,
zeigt dieses Buch.
248 Seiten.Gebunden
ISBN 3-89189-066-4

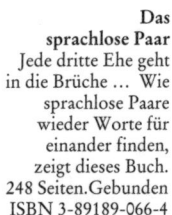

Mut zum Ich
Nichts fällt uns
schwerer, als
selbstbewusst
unseren eigenen
Weg zu gehen…
288 Seiten. Gebunden
ISBN 3-89189-070-2

Reine Männersache
Der Mann stirbt sieben Jahre früher
als die Frau, begeht dreimal so
häufig Selbstmord, endet doppelt so
häufig an Leberzirrhose und
Lungenkrebs und gilt als „emotionales Sparschein". Ein Handbuch
über den männlichen Seelenauf-
bruch.
288 Seiten. Gebunden
ISBN 3-89189-043-5

Vom gleichen Autor erschienen folgende Vorträge als Audiokassetten im emu-Verlag

Tonkassetten (Livevorträge) ca. 1,5 Std.

Lebensberatung

○ Mein Charakter – mein Schicksal?
○ Depression als Chance
○ Das Verdrängte in unserer Seele
○ Die Wunde der Ungeliebten
○ Das Nein in der Liebe
○ Was ist der Sinn des Lebens?
○ Meine Sprache – meine Seele
○ Söhne brauchen Väter – Das Män-
  nerdrama
○ Krankheit als Kränkung und
  Anpassung
○ Eifersucht – ein Schicksals-schlag?
○ Der Mann – ein emotionales Spar-
  schwein
○ Der kleine Prinz – mein
  verschüttetes Ich
○ Geschwisterliebe –
  Geschwisterrivalität
○ Verlassen und verlassen werden
○ Neurodermitis – Fehlernährter
  Körper – Aufgekratzte Seele
○ Froschkönig – Glück und
  Zähneklappern der Liebe
○ Das verletzte Kind in mir oder
  »Hans mein Igel«
○ Sein und Schein oder Des Kaisers
  neue Kleider
○ Schneewittchen oder Das Drama
  des Neides
○ Das sprachlose Paar
○ Die zweite Lebenshälfte –
  Endlichkeit und Aufbruch
○ Siddharta: das Rätsel des Lebens
○ Das Drama der Trennung
○ Wege weiblicher Entwicklung
○ Eisenhans oder Wie ein Mann ein
  Mann wird
○ Mut zur Angst
○ Das tapfere Schneiderlein oder
  Mut zum Leben
○ Sexualität – Lust und Last
○ Eigensinn oder Die Möwe
  Jonathan
○ Außenbeziehung – Krise oder
  Chance
○ Elternablösung – Hänsel und
  Gretel
○ Liebesverträge in der Beziehung
○ Lob der Einsamkeit
○ Aggressionen unter Liebenden
○ Mehr Zeit für mich
○ Alkoholkrank: Der Betroffene
  und seine Familie

Märcheninterpretationen auf Toncassette: Dr. Mathias Jung im emu-Verlag